Für Anna

W0225035

Ludwina Forst

SIEDLUNGS-LEBEN

Von der „Siedlung Branderhof“
zum Denkmalbereich „In den Heimgärten“

Inhalt

Geleitwort

Eine Siedlung ist mehr als die Summe der in ihr versammelten Häuser und Menschen. Die Aachen-Burtscheider ‚Heimgärten' sind ein Idealbeispiel hierfür. Als zwischen 1926 und 1928 durch die Stadt Aachen realisiertes Gesamtkonzept sind sie ein bauliches Zeugnis für eine progressive Sozial- und Baupolitik und die vielgestaltigen Architekturströmungen ihrer Zeit. Sie sind seit ihrer Errichtung baulicher Rahmen für die soziale Einheit der vielfältigen Lebensbilder der in ihr wohnenden Menschen wie auch für ihren Alltag, Handel, Kultur und Brauchtum. Als Denkmalbereich ist die Siedlung anerkanntes Beispiel für ein lebendiges kulturelles Erbe, das mit der zu beobachtenden Balance zwischen Schutz und Erhalt einerseits und Modernisierungs- und Sanierungsdruck andererseits beispielhaft steht für unzählige vergleichbare Ensembles in Deutschland und Europa. Die bis heute ungebrochene Attraktivität der Siedlung und ihre soziale Einheit war der Autorin Ludwina Forst nun Anlass genug, der Sache auf den Grund zu gehen.

Ludwina Forst kombiniert hier mit spürbarer Leidenschaft wissenschaftlich recherchierte Fakten mit detail- und dadurch lehrreichen Schilderungen, Anekdoten und Fotografien aus privaten Beständen. Sie bietet uns dabei ungewohnte Innenansichten: Schilderungen aus vielen Gesprächen mit und Dokumenten von Bewohnern der Siedlung, aber auch aus eigener Anschauung, da sie selbst in der Siedlung aufgewachsen ist. Sie ergänzt den im Buch enthaltenen nüchtern-wissenschaftlichen Blick einer Historikerin immer wieder um persönliche, menschliche, manchmal emotionale Noten, die unser Bild vom wahren Leben in der Siedlung maßgeblich ergänzen. Sie zeichnet ein Bild der Zufriedenheit und Identifikation vieler Bewohner und ihrer selbst mit der Siedlung ‚In den Heimgärten'.

Zudem erkennen wir insbesondere in den Fotografien neben den Schlaglichtern auf die Lebensgeschichten der Bewohner oft im Bildhintergrund historische Zustände der Häuser und der Gesamtanlage. Hierdurch stellen die Fotos auch wertvolle Quellen für das Verständnis und den Erhalt der Bausubstanz dar. Denkmalpflege und Architekturgeschichte stehen immer in engem Zusammenhalt mit der Sozialgeschichte, und solcherlei Studien bieten tiefe Einblicke in die Gesellschaftsstruktur und die Alltagskultur und damit die konkrete Nutzung der Bauten. Sie sind aber auch – wie in diesem Fall – Beleg für den Erfolg des Siedlungsmodells und der Hausentwürfe, da sie unmittelbar vom guten Leben darin erzählen.

Der Blick, der uns durch das Buch auf die Aachener Siedlung ‚In den Heimgärten' ermöglicht wird, ist auch ein Beleg für das Erfolgsmodell der ‚Gartenstadt'. Das Prinzip wurde um die Jahrhundertwende durch Ebenezer Howard entwickelt als gemeinnützige Anlage einer eigenständigen Kleinstadt in der großstädtischen Peripherie, die die Vorteile des Stadtlebens mit denen des Lebens auf dem Land kombinieren sollte. Gleichzeitig war es die Geburtsstunde der Einfamilien-Reihenhaussiedlung. Hier in Aachen-Burtscheid wurden über 20 Jahre später vor allem die formalen Errungenschaften angewandt auf ein einheitlich gestaltetes städtisches Quartier, während die Siedlung nicht die Eigenständigkeit einer Kleinstadt erreichte (und nicht erreichen musste). Ludwina Forst ordnet die typischen baulich-stilistischen Eigenschaften der Siedlung passend ein und erkennt in der eigenwilligen Formensprache der Häuser Beispiele einer ‚gemäßigten Moderne', wie sie typisch ist für das Rheinland der 1920er und 30er Jahre. Umso wichtiger ist es, dass dieses regionaltypische Denkmal möglichst authentisch erhalten bleibt und die Siedlung ihren stellenweise stark beeinträchtigten Charakter wiedererhält. Zu Recht beklagt die Autorin den späten Denkmalschutz, während der Denkmalwert bereits in den späten 1970er Jahren erkannt worden war. Sie würdigt aber gleichzeitig die Errungenschaften und Vorteile, die sich seit der Eintragung in die Denkmalliste erkennen lassen. Gleichwohl ist hier immer wieder Vermittlungsarbeit vonnöten, wie auch die Autorin es mehrfach betont. Ihr Buch wird einen wertvollen Beitrag hierzu leisten.

Ludwina Forst gelingt es mit diesem Werk, ein vielschichtiges, gut recherchiertes und durchweg gut zu lesendes Stück Zeit- und Stadtgeschichte zu erzählen. Man muss sagen: wieder einmal, da sie bereits mit ihren Vorträgen, Ausstellungen und insbesondere bisherigen Veröffentlichungen, beispielsweise zum ehemaligen Stadtkonservator Hans Königs, vielfältige Beiträge zum Verständnis der jüngeren (Bau-)Geschichte Aachens leisten konnte. Ihr neues Buch verbindet erfolgreich die Sozialstudie mit Aspekten der Baukultur – im besten Sinne eine Geschichte über das „Siedlungs-Leben".

Daniel Lohmann
Professor für Architekturgeschichte an der
Fakultät für Architektur der TH Köln

„Das Wissen um das Leben der Menschen in den Siedlungen ist noch immer höchst unvollständig. [...] Aus Sicht der Denkmalpflege kann auf diesen Aspekt der historischen Bedeutung nicht verzichtet werden."

(Walter Buschmann, „Wohn- und Arbeitersiedlungen im Rheinland", 2006)[1]

Abb. 1: Blick in die Heimgärten (um 1931), Foto: Erich Witt

0. Vorwort

Nachdem 1924 die schlimmsten Auswüchse der Inflation überwunden waren, begann im Deutschen Reich eine rege Bautätigkeit, die etwa bis zum Zeitpunkt der Weltwirtschaftskrise 1929 anhielt und sich danach bis 1932 langsam abschwächte. Das enorme Bauschaffen in dieser Phase der Weimarer Republik ist geprägt durch ein hohes Qualitätsniveau mit einer schlichten Formensprache, die auch heute noch beeindruckt. In dieser Zeit entstanden überall in Deutschland Wohn- und Arbeitersiedlungen – auch in Aachen.

Zum Vorzeigestück dieser Entwicklung wurde hier die Siedlung Branderhof, die ab 1926 auf Burtscheider Gelände errichtet wurde. Als städtisches Wohnungsbauprojekt sollte sie der Wohnungsnot der Zwanzigerjahre entgegenwirken und war vor allem für weniger Begüterte und kinderreiche Familien gedacht. Das Siedlungsensemble hat, wenn auch verändert durch Kriegseinwirkungen und Modernisierungen, die Jahre überdauert und steht seit 2005 unter Denkmalschutz. Die Anlage heißt nun Siedlung „In den Heimgärten".

Eine Auswertung der lokalen Presseberichterstattung veranschaulicht, wie sehr die Siedlung Branderhof schon während oder kurz nach ihrer Entstehung die Aufmerksamkeit auf sich zog. Auch in den zeitgenössischen Publikationen zum Wohnungsbau der Jahre 1925-1928 erfuhr die Siedlung eine ausführliche Würdigung[2] und fand selbst auf überregionaler Ebene Erwähnung.[3]

Teilweise bedingt durch die Folgen von Krieg und Wiederaufbau begann nach einer längeren Phase relativen Desinteresses eine Befassung mit Siedlungen als Forschungsgegenstand aus denkmalpflegerischer Sicht erst wieder in den Siebzigerjahren des letzten Jahrhunderts. Seitdem haben in Nordrhein-Westfalen vor allem der Landeskonservator Rheinland und der Landschaftsverband Rheinland (LVR) in verschiedenen Veröffentlichungen und Inventaren den Stellenwert von Siedlungen herausgestellt. Das Inkrafttreten des Denkmalschutzgesetzes für Nordrhein-Westfalen im Jahre 1980 bereitete den Weg für die Anerkennung kompletter Siedlungsanlagen als Denkmalbereiche.
2021 brachte der LVR das bisher umfangreichste Werk mit dem Titel „Siedlungen in Nordrhein-Westfalen. Rheinschiene"[4] heraus. Wie der Titel vermuten lässt, spart es die westlichen Landesteile Nordrhein-Westfalens aus. Ein Siedlungsinventar für die Stadt Aachen fehlt somit weiterhin.

Eingebettet in den zeit- und lokalgeschichtlichen Kontext dokumentiert die vorliegende Schrift die Geschichte der Siedlung Branderhof von ihren Anfängen bis zum heutigen Tag. Schwerpunkte sind dabei die Architektur, der Denkmalschutz, vor allem aber die Frage, wie die geschichtlichen Ereignisse und der sich wandelnde Zeitgeschmack das Alltagsleben der Siedlungsbewohner beeinflussten. Es war ein großer Glücksfall, dass Zeitzeugen, die seit den Anfangsjahren in der Siedlung leb(t)en, bereitwillig ihre Erinnerungen mitteilten und auch ihre privaten Fotoalben öffneten. So kann die Dokumentation durch die Verarbeitung mündlicher Überlieferungen und Fotomaterial aus den verschiedenen Epochen auch einen Beitrag dazu leisten, den in der Siedlungsforschung bisher vernachlässigten Aspekt der Alltagsgeschichte zu beleuchten.

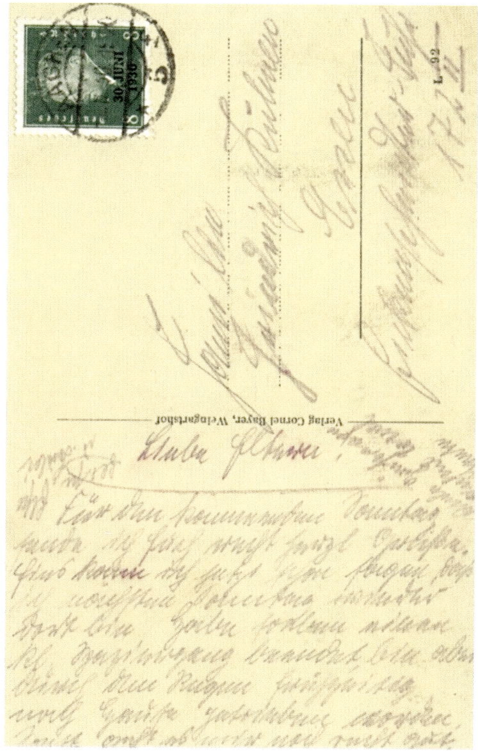

Abb. 2-4: Verschiedene Postkarten aus dem Verlag Cornel Bayer, Weingartshof 4 (um 1930)

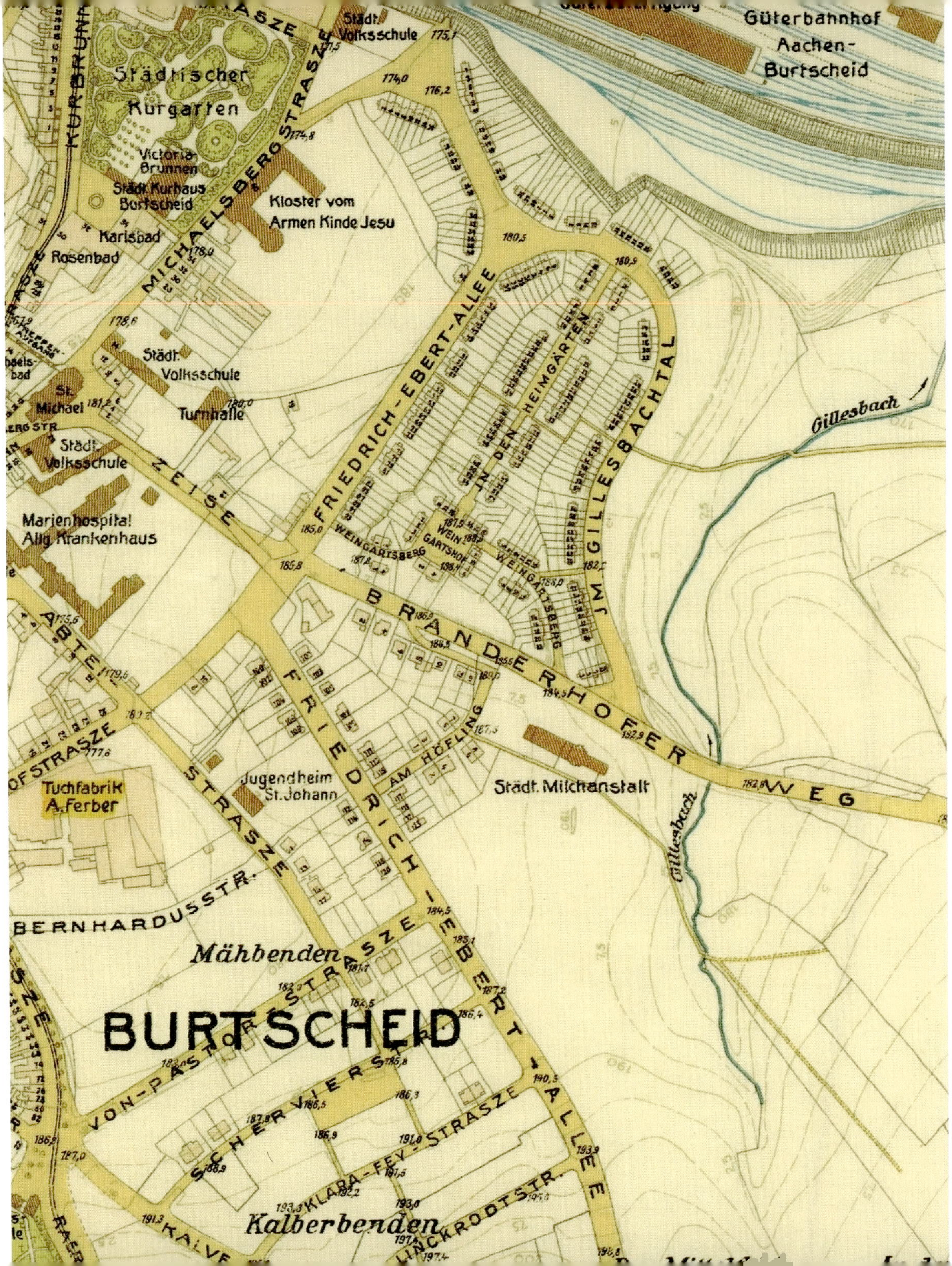
Güterbahnhof
Aachen-
Burtscheid
Städt. Volksschule
Städtischer
Kurgarten
Victoria-
Brunnen
Städt. Kurhaus
Burtscheid
Kloster vom
Armen Kinde Jesu
Karlsbad
Rosenbad
MICHAELSBERGSTRASZE
KURBRUNNENSTRASZE
Städt.
Volksschule
St.
Michael
Turnhalle
Städt.
Volksschule
ZEISE
Marienhospital
Allg. Krankenhaus
FRIEDRICH-EBERT-ALLEE
IN DEN HEIMGÄRTEN
IM GILLESBACHTAL
Gillesbach
WEINGARTSBERG
WEINGARTSHOF
BRANDENHOFER WEG
ABTEISTRASZE
HOFSTRASZE
Tuchfabrik
A. Ferber
Jugendheim
St. Johann
AM HÖFLING
Städt. Milchanstalt
Gillesbach
BERNHARDUSSTR.
Mähbenden
BURTSCHEID
VON-PASTOR-STRASZE
SCHERVIERSTR.
KLARA-FEY-STRASZE
LINCKRODTSTR.
Kalberbenden
KALVE

„Diese Siedlung ist vor den anderen Eigenheimvorhaben dieser Zeit das Vorzeigestück des Aachener städtischen Bauwesens in den zwanziger Jahren.“

(Albrecht Mann, Unser Aachen heute, 1998)[5]

Abb. 5: Weingartshof im Bau (1927)

1. Die Siedlung im Kontext der Zwanzigerjahre

1.1 Aus der Not geboren

Der Erste Weltkrieg stellte in vielerlei Hinsicht eine Zäsur dar, nicht nur im militärischen, territorialen und wirtschaftlichen Sinne, sondern vor allem auch im privaten Bereich. Neben Arbeitslosigkeit, Lebensmittel- und Rohstoffmangel war die Wohnungsnot eines der drängendsten Probleme, mit der sich die Bevölkerung in der Nachkriegszeit konfrontiert sah. Die Aachener waren davon nicht ausgenommen. Vor dem Ersten Weltkrieg waren in Aachen jährlich noch rund 350 neue Wohnungen geschaffen worden. Die werktätige Bevölkerung war meist in der Nähe ihres Arbeitsplatzes ansässig, hauptsächlich in Zwei- und Dreizimmerwohnungen in Mehrfamilienhäusern mit Wasserstellen auf dem Flur und gemeinschaftlich genutzten Aborten auf den Zwischenpodesten der Treppenhäuser.[6] Die Menschen lebten häufig auf engstem Raum, manchmal in dunklen Hinterhofbauten, wobei Einzimmerwohnungen mit Küche offiziell erst ab fünf Personen als überbelegt galten. Zwischen 1914 und 1918 kam die Bautätigkeit kriegsbedingt fast gänzlich zum Erliegen.

Nach Kriegsende paarte sich die bestehende Wohnungsnot mit einer gleichzeitig steigenden Nachfrage nach geeignetem Wohnraum. Die Ursachen dafür waren vielfältig: Die Abtretung ehemals deutscher Gebiete wie Saarland, Elsaß-Lothringen und Eupen-Malmedy führten zu Umsiedlungen, meist in die benachbarten Grenzgebiete. Durch die geographische Nähe war für Aachen besonders der Verlust des Kreises Eupen-Malmedy relevant, der nach dem Versailler Vertrag Belgien zugesprochen wurde. Verständlicherweise suchten viele Bewohner aus dieser Region in der am nächsten gelegenen Stadt des Deutschen Reichs ein neues Zuhause. Aus den abgetretenen Gebieten mussten allein 650 Familien untergebracht werden.[7]

Zur gleichen Zeit wurde Aachen – ebenfalls als Folge des Versailler Vertrags – unter belgische Besatzung gestellt. Die belgischen Soldaten beanspruchten Wohnraum, denn vom Rang eines Unteroffiziers an aufwärts waren sie von der Unterbringung in der Kaserne befreit, und viele Offiziere ließen ihre Familien nach Aachen kommen.[8] Die Besatzer beschlagnahmten allein mehr als 800 Wohnungen in Aachen.

Hinzu kam, dass nach Ende des Ersten Weltkriegs die Zahl der Eheschließungen und damit der Haushaltsgründungen stark anstieg. So fehlten bei Kriegsende fast 3.000 Wohnungen in der Stadt, 8.400 Personen waren laut Wohnungsamt auf der Suche nach geeignetem Wohnraum.[9] Zu der Zeit bestanden in Aachen keine leistungsfähigen Baugenossenschaften, und Eigenkapital floss so gut wie gar nicht in den Wohnungsbau, denn aufgrund des herrschenden Materialmangels und der hohen Baukosten war das Risiko für private Bauherren zu groß.[10]

Nach Kriegsende beschloss die Stadtverwaltung deshalb, den Wohnungsbau selbst in die Hand zu nehmen. Ziel war eine planmäßige Siedlungstätigkeit, bei der günstiger und gleichzeitig hochwertiger Wohnraum geschaffen werden sollte. Dazu waren auch strukturelle Voraussetzungen in der Verwaltung zu schaffen. Zusammen mit Großindustrie, Handel und Kleingewerbe gründete die Stadt 1920 die „Gemeinnützige Baugesellschaft für Wohnungsbau". 1923 wurde neben Hoch- und Tiefbauamt ein Stadterweiterungsamt eingerichtet, das u.a. ein umfassendes Grünflächensystem entwickeln sollte.[11]

Abb. 6: Albert Servais (1887-1974)

Der nachfolgende Aufschwung im städtischen Wohnungsbau war vor allem der Initiative des städtischen Beigeordneten und späteren Bürgermeisters Albert Servais (Abb. 6)[12] zu verdanken.

Zunächst entstanden Wohnanlagen an bereits ausgebauten Straßen, z.B. am Blücherplatz, an der Jülicher und Lütticher Straße (Abb. 7). Finanziert wurde der Wohnungsbau durch die Erträge der Hauszinssteuer, die ab 1924 jeder Mieter als Aufschlag auf die Miete zu zahlen hatte. Für die Besatzungswohnungen wurden Reichsmittel bereitgestellt.[13] Solche Wohnungen wurden z.B. an der Guitastraße, am Roland- und Pastorplatz sowie an der Mozartstraße und der Roermonder Straße verwirklicht. Sie sollten nach Abzug der Besatzung auch der Aachener Bevölkerung zur Verfügung stehen.[14]

Trotz dieser Anstrengungen waren Anfang 1926 in Aachen immer noch 5.927 Personen als dringend oder äußerst dringend wohnungssuchend bei den Ämtern vorgemerkt.[15] Zu der Zeit begann man erstmals darüber nachzudenken, in größerem Umfang auch Einfamilien-Reihenhäuser in das städtische Wohnungsbauprogramm einzubeziehen. Eine Voraussetzung dafür war u.a. die Tatsache, dass es gelungen war, aus dem Baufond des Ministeriums für die besetzten Gebiete eine größere Geldsumme für Aachen zu erhalten.[16]

In der Stadtverordneten-Versammlung vom 30. Juli 1926 warb der städtische Dezernent Servais

Abb. 7: Besatzungsbauten an der Lütticher Straße (um 1931), Foto: Erich Witt

für das Vorhaben mit den Worten: „Es ist aber nur ein kleiner Teil der Wohnungssuchenden, die über so viel Mittel verfügen, daß sie in der Lage sind, sich ein Einfamilienhaus zu errichten. Das Bestreben der Stadtverwaltung ging daher dahin, einem größeren Teil von Wohnungssuchenden ein Einfamilienhaus, wenn auch nur ein bescheidenes, so doch ein solches, das den notwendigen Anforderungen entspricht, entweder gegen Miete oder gegen Kauf zur Verfügung zu stellen."[17]
Und weiter führte Servais aus: „Mein Vorschlag geht nun dahin, auf dem Gelände des von der Stadt vor einiger Zeit erworbenen Branderhofes – es ist dies das hinter der Michaelsbergstraße in der Nähe der Beverau gelegene Gelände – eine Gartensiedlung von 300 kleinen Einfamilienhäusern erstehen zu lassen."[18]

Der Vorschlag wurde angenommen[19] und bereits am 28. September 1926 konnte der Beigeordnete Servais vor dem Hauptausschuss der Zentrums-Partei verkünden: „Mit dem Bau der ersten 76 Häuser ist heute begonnen worden."[20]

Abb. 8: Gut Branderhof (1933), Foto: Hans Königs

Namensgebend für die neue Siedlung sollte das Gut Branderhof (Abb. 8) werden, das von der Familie Dückers bewirtschaftet wurde. Die zumindest aus heutiger Sicht leicht missverständliche Bezeichnung Siedlung Branderhof hielt sich bis Ende der Neunzigerjahre.

1.2 Vom Ackerland zur Einfamilienhaus-Siedlung

Schon seit 1919 gab es Planungen für eine Einfamilienhaus-Siedlung auf dem bis dahin landwirtschaftlich genutzten Gelände der ehemaligen Güter Branderhof und Weingartshof. Das Terrain war in Burtscheid unter dem Namen „In den Zwanzig Morgen“, manchmal auch nur als „In den Zwanzig“, bekannt, vermutlich weil sein Areal zwischen Gillesbach und Michaelsbergstraße in etwa 20 Morgen betrug.[21] Es gehörte zum Majorat des Freiherrn von Nellessen und war nach den damaligen gesetzlichen Bestimmungen nicht veräußerlich.[22] Diese Regelungen wurden jedoch zu Beginn der Weimarer Republik aufgehoben, sodass einem Ankauf durch die Stadt nichts mehr im Wege stand. Am 20. Februar 1925 hatte die Stadtverordneten-Versammlung beschlossen, das 56 Hektar große Gebiet für den Preis von 560.000 Reichsmark zu erwerben.[23]

Bis dahin breiteten sich hier nur Wiesen und Acker- oder Brachland mit ein paar Wegen aus. Vom Bereich des Eisenbahntunnels an der Moltkestraße bis zum Kloster der Schwestern vom Armen Kinde Jesu an der Michaelsbergstraße glich das Terrain einer „Unkrautwüste", durchzogen von „Trampelpfaden". Hier lag sogar ein Tümpel, im Volksmund „Eisenbahnweiherchen" genannt, [heute die Häuser Friedrich-Ebert-Allee 1-23] der, vor allem wenn im Winter Eis die Wasserfläche bedeckte, ein besonderer Anziehungspunkt für die Jugend war.[24] Vorbei an diesem Weiher schlängelte sich durch Disteln und Dornen ein schmaler Fußpfad. In Höhe des jetzigen Hauses Friedrich-Ebert-Allee 42 ging er in einen etwas breiteren Weg über und durchschnitt den Garten des Klosters an der Michaelsbergstraße, sodass zwei durch Weißdornhecken getrennte Teile entstanden waren. In südwestlicher Richtung mündete der Weg an der Mauer des Pfarrgartens von St. Michael-B. in die Zeise,[25] aus heutiger Sicht etwa zwischen Pfarrheim und Altenwohnungen am Rücken der Turnhalle der Grundschule Michaelsbergstraße. Die Zeise war damals noch eine schmale Straße ohne Bürgersteige.[26] Ganz in der Nähe, zwischen Bahndamm und Michaelsbergstraße, hatte der Kaufmann Josef Holländer ein großes Gelände für sein Schrottlager gepachtet. Es zeigte mit der Front zur Schule Parkstraße [heute Amos Comenius Schule, Kurbrunnenstraße] und war von einem dunklen Palisadenzaun umgeben. Riesige Maschinenteile, ausrangierte Dampfkessel, Schwungräder, Rohre und Berge von Einzelteilen lagerten auf seinem Hof. [An Stelle dieses Schrottplatzes befinden sich heute die Häuser Friedrich-Ebert-Allee 23, bzw. 2-42.][27] Im Adressbuch von 1926 warb Holländer mit einer aufwändigen Anzeige (Abb. 9).

Abb. 9: Anzeige Josef Holländer, Aachener Adressbuch 1926

Das „Eisenbahnweiherchen“ wurde Mitte der Zwanzigerjahre mit den Erdmassen des Aushubs für den Bau des Hochhauses am Hauptbahnhof aufgefüllt.[28]

Vor der Erschließung des Nellessen'schen Geländes standen nur wenige Gebäude auf dem Terrain der „Zwanzig Morgen“ oder in dessen Nachbarschaft. Vom Kloster abgesehen, handelte es sich um kleinere landwirtschaftliche Betriebe oder Güter wie den Höfling, den Branderhof oder Weingartshof (Abb. 10). Letzterer lag an der Ecke der heutigen Friedrich-Ebert-Allee zum Branderhofer Weg. Dessen alter Name „Zeiser Gasse“ oder „Zeis Gasse“ weist ihn als Verlängerung der Zeise aus.[29] Der Weingartshof musste für den Bau der Siedlung ebenso weichen wie das kleine Anwesen eines Herrn Assent eingangs des Branderhofer Wegs (Nr. 1). Zeitzeugen berichteten, dass dieses Häuschen mit Rosen und blühenden Ranken bewachsen war. Herr Assent erhielt von der Stadt Aachen

Abb. 10: Weingartshof, Zeise 35 (1925)

als Entschädigung in der neuen Siedlung ein Haus in der späteren Friedrich-Ebert-Allee 88.[30]

Länger bestand die Branntweinbrennerei von Josef Chorus (Abb. 11) gegenüber dem ehemaligen Weingartshof, mit der Adresse Zeise Nr. 41-43. Herr Chorus machte auf die Kinder der Umgebung einen etwas unheimlichen Eindruck, weil er immer oben im Dachfenster „lag" und alles genau zu beobachten schien.[31] Vor der Brennerei Chorus gabelte sich die Zeise, die damals noch ein Stückchen in Richtung Viehhofstraße weiterführte, in den Branderhofer Weg und den Münsterweg. [nach Anlage der Siedlung Friedrich-Ebert-Allee, heute Karl-Marx-Allee]. Das Haus Chorus wurde erst 1959/60 für den Bau einer Tankstelle abgebrochen.[32]

Abb. 11: Haus Chorus, Zeise 41-43 [heute Friedrich-Ebert-Allee 97] (um 1930)

Der untere Abschnitt des Branderhofer Wegs bis zum Gillesbach, der übrigens vermutlich bis Mitte des 19. Jahrhunderts auch „Zeiser Bach" genannt wurde,[33] war früher ein von hohen Hecken begrenzter Hohlweg und so tief gelegen wie das Bachbett.[34]

Außer vom Branderhofer Weg führte ein weiterer Fußweg direkt zum Gillesbach. Dieser nahm seinen Anfang im Klostergarten der Schwestern vom Armen Kinde Jesu, genauer gesagt, bei dem Abzweig, wo der Weg aus Richtung Bahndamm/Moltkestraße sich aufteilte in einen südwestlichen Abschnitt zur Zeise hin und eben jenen Spazierweg in östlicher Richtung hinunter zum Brückchen über den Gillesbach. Ab hier stieg der Weg wieder an bis zum damaligen Buschhäuser Weg, der heutigen Erzbergerallee.

Ein Großteil dieses Fußwegs wie auch die kleine Brücke über den Gillesbach sind bis heute erhalten.[35] Ansonsten mussten das ausgedehnte Ackerland des Nellessen'schen Geländes und die darauf ansässigen Gehöfte für den Bau der neuen Großsiedlung aufgegeben werden. Nur noch der Name des zentralen Platzes, Weingartshof, erinnert daran, dass ein Teil der Siedlung – nämlich die Häuser Friedrich-Ebert-Allee 88 bis zur Zeise und Friedrich-Ebert-Allee 83 bis zum Branderhofer Weg – auf dem Grund des einstigen gleichnamigen Guts errichtet wurde.

1.3 Modernes Bauen

1.3.1 Planung und Umsetzung

Zwischen der Beschlussfassung der Stadtverordneten-Versammlung im Sommer, die „Zwanzig Morgen" mit einer Wohnsiedlung zu bebauen, und dem ersten Spatenstich im Herbst lagen nur wenige Wochen. Diese zeitnahe Umsetzung war nur möglich durch die enge Kooperation von Stadterweiterungsamt, Hoch- und Tiefbauamt, galt es doch, ein bis dahin landwirtschaftlich genutztes Gelände völlig neu zu erschließen und mit den nötigen Straßen, Kanälen und Versorgungsleitungen zu versehen.[36] Die bauliche Leitung des Projekts lag in Händen des städtischen Baurats Friedrich von Lammerz. Er plante, die Siedlung in drei Bauabschnitten zu errichten:

1. Bauabschnitt: Herbst 1926 bis August 1927 (76 Wohneinheiten, davon 47 verkauft, 29 vermietet)
2. Bauabschnitt: 1927 bis Ende des Jahres (113 Einheiten)
3. Bauabschnitt: 1927 bis Februar 1928 (36 Einheiten)[37]

Ab Oktober 1926 berichtete die Aachener Presse regelmäßig über den Fortschritt der Bauarbeiten. Für das lokale Baugewerbe war die Anlage der Siedlung sicher auch ein Konjunkturmotor und eine Art Arbeitsbeschaffungsprogramm. Unter der Rubrik „Verdingung" erschienen in den Aachener Tageszeitungen öffentliche Ausschreibungen für die einzelnen Gewerke, z.B. für Kanalarbeiten,[38] Schreiner- und Putzarbeiten oder Elektrik,[39] Straßenbauarbeiten,[40] später Installations- und Putzarbeiten[41] und letzte Schreinerarbeiten wie Treppen- und Fensterbau.[42]

Im Januar 1927 vermeldete das *Echo der Gegenwart*, dass die Häusergruppe an den „Zwanzig Morgen" im Rohbau vollendet sei und merkte noch an: „Zur Zeit arbeitet man an einer Kanalanlage, die von der Parkstraße quer durch das Eisenlager von Holländer zur neuen Kolonie führt."[43] Der Parkstraße kam bei der Erschließung eine besondere Rolle zu. Der Schrottplatz von Holländer musste weichen[44] und fand an der Schleife 19 unter der Bezeichnung „Maschinenhandlung" ein neues Domizil. Im April 1927 schienen die Kanalarbeiten von der Parkstraße bis zur Viehhofstraße fertiggestellt. Zwei weitere Kanalzüge waren von der neuen Siedlung durch das Ackergelände bis zum Branderhofer Weg gelegt. Interessant ist die Funktion, die der entstehenden Friedrich-Ebert-Allee zugedacht war: „Die Verbindung Parkstraße-Viehhofstraße stellt einen Teil einer Autoumgehungsbahn vom östlichen Stadtteil zur Raerenerstraße bezw. zur Eupenerstraße (durch die Rothbenden) dar."[45]

Die Straße vor der Volksschule Parkstraße muss lange Zeit durch tiefe Schlammlöcher geprägt gewesen sein. An dem dreieckigen Platz zwischen Schule und Kloster Michaelsbergstraße befand sich außerdem ein Felsenberg, den der Volksmund „Helgoland" oder „Feldherrnhügel" getauft hatte. Jetzt, im Zuge der Baumaßnahmen für die Siedlung Branderhof, waren die Löcher und das Felsstück planiert worden.[46] Überhaupt erwiesen sich die Erdarbeiten für die neue Siedlung als schwierig, da der Untergrund teilweise aus Schiefer bestand und das felsige Terrain Sprengungen erforderlich machte.[47] Nicht umsonst bezeichneten frühe Beschreibungen den Gillesbach als „felsigen Bach" oder „den sich durch Felsen wühlenden Bach."[48] Die frei werdenden Erdmassen wurden an der Ostseite des Baugeländes zum Gillesbach hin angeschüttet, sodass die Wiesenmulde sich allmählich füllte.[49]

Als Namen für die neuen Straßen im Raum standen, sorgte zwischenzeitlich das Vorhaben,

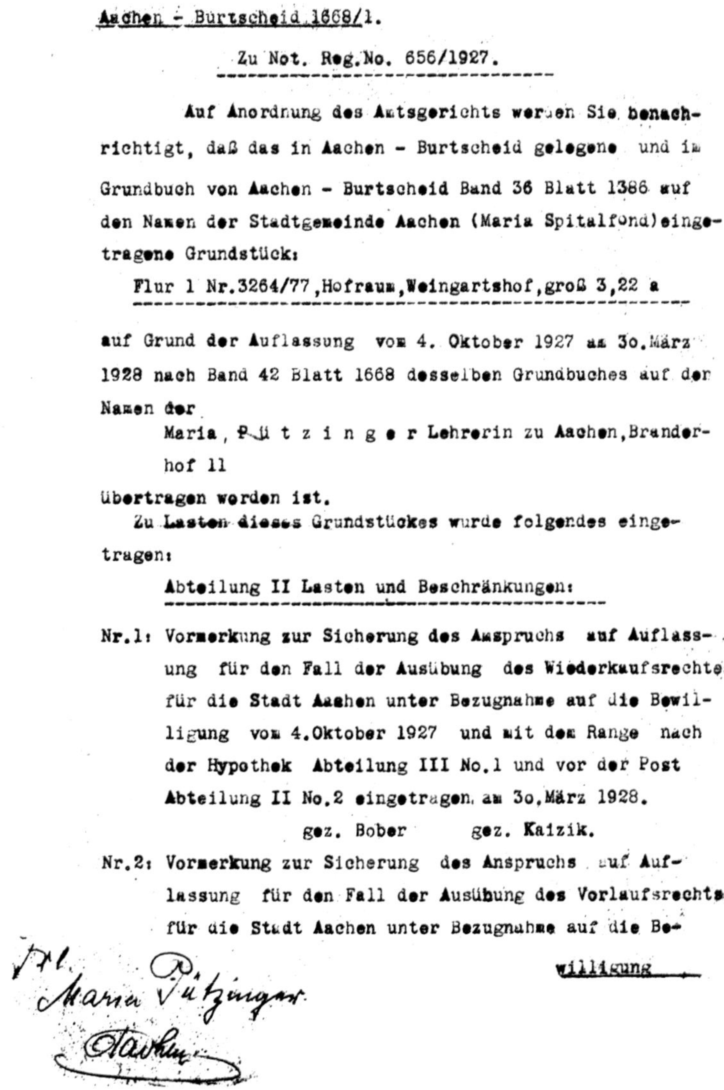

Aachen - Burtscheid 1668/1.

Zu Not. Reg.No. 656/1927.

Auf Anordnung des Amtsgerichts werden Sie benachrichtigt, daß das in Aachen - Burtscheid gelegene und im Grundbuch von Aachen - Burtscheid Band 36 Blatt 1386 auf den Namen der Stadtgemeinde Aachen (Maria Spitalfond) eingetragene Grundstück:

Flur 1 Nr.3264/77, Hofraum, Weingartshof, groß 3,22 a

auf Grund der Auflassung vom 4. Oktober 1927 am 30.März 1928 nach Band 42 Blatt 1668 desselben Grundbuches auf den Namen der

Maria, P ü t z i n g e r Lehrerin zu Aachen, Branderhof 11

übertragen worden ist.

Zu Lasten dieses Grundstückes wurde folgendes eingetragen:

Abteilung II Lasten und Beschränkungen:

Nr.1: Vormerkung zur Sicherung des Anspruchs auf Auflassung für den Fall der Ausübung des Wiederkaufsrechtes für die Stadt Aachen unter Bezugnahme auf die Bewilligung vom 4.Oktober 1927 und mit dem Range nach der Hypothek Abteilung III No.1 und vor der Post Abteilung II No.2 eingetragen am 30.März 1928.

gez. Bober gez. Kaizik.

Nr.2: Vormerkung zur Sicherung des Anspruchs auf Auflassung für den Fall der Ausübung des Vorkaufsrechts für die Stadt Aachen unter Bezugnahme auf die Bewilligung

Frl. Maria Pützinger

Abb. 12: Hausverkauf Auflassung Pützinger, Branderhof 11 (1928)

eine nach Friedrich Ebert zu benennen, in der Stadtverordneten-Versammlung vom 10. Juni 1927 für Aufregung. Nach der Schimpftirade eines kommunistischen Abgeordneten gegen den 1925 verstorbenen ersten Reichspräsidenten standen die Vorschläge zu den Straßenbenennungen plötzlich auf der Kippe. Letztlich einigte man sich aber im Einvernehmen mit dem Bauausschuss, alle ursprünglich angedachten Bezeichnungen zu empfehlen,[50] sodass in der Stadtverordnetensitzung vom 27. Juli 1927 folgende Straßenbenennungen für die Siedlung beschlossen werden konnten: In den Heimgärten, Im Gillesbachtal, Weingartshof und Weingartsberg. Auch die Friedrich-Ebert-Allee erhielt den vorgesehenen Namen.[51]

Bevor die Straßen mit ihren endgültigen Namen und Hausnummern versehen waren, behalf man sich bei den Kauf- und Notarverträgen (Abb. 12) mit provisorischen Adressenangaben wie Branderhof 11 oder Branderhof 22 für die zu erwerbenden Häuser, wobei gilt, je niedriger die Hausnummer, desto früher der Hauskauf.[52]

Allen Schwierigkeiten zum Trotz waren in Rekordzeit 76 Eigenheime im Sommer 1927 bezugsfertig.[53] Die innere Häuserreihe – sprich die Heimgärten – konnte zum 15. August 1927 bezogen werden (Abb. 13).[54] Die im zweiten Bauabschnitt hergestellten Häuser wurden im Laufe des Dezember 1927 bis Januar 1928 bezogen.[55]

Zum 1. März 1928 suchte man per Annonce auch Mieter für die Geschäftslokale am Weingartshof, einen Bäcker, einen Konditor oder ein Café. Betriebs- und Vorratsräume sowie eine geräumige Wohnung für den Pächter seien vorhanden, hieß es.[56]

Über den tatsächlichen Abschluss des dritten Bauabschnitts der Siedlung Branderhof gehen die Angaben auseinander. Fest steht, dass 1928 noch die zur Siedlung gehörende, aber dem Branderhofer Weg (Nr. 3-9) zugeordnete Häusergruppe zwischen den Einmündungen der Straßen Weingartsberg und Im Gillesbachtal, entstand.[57] Die Nr. 9 wurde 1928 der Straße im Gillesbachtal als Haus Nr. 88 zugewiesen.[58]

Albert Servais gab in der Stadtverordneten-Versammlung vom 2. März 1928 bekannt: „In der Siedlung ‚Branderhof‘ sind bisher 212 Einfamilienhäuser bezogen worden, die Anpflanzung der Bäume und Hecken ist zum Teil durchgeführt; der für die Siedlung vorgesehene Kinderhort wird in einigen Wochen seiner Bestimmung übergeben werden können.“[59]

Am 9. September 1928 erwähnte ein Artikel über das städtische Wohnungsbauprogramm: „Die Einfamilienhäuser in der Siedlung Branderhof aus dem 3. Bauabschnitt sind fertiggestellt“, und am 1. Dezember 1928 vermeldete das *Echo der Gegenwart* noch einmal: „Der dritte Bauab-

Abb. 13: Straßenbauarbeiten, In den Heimgärten (1927)

schnitt der Siedlung Branderhof umfassend 16 Einfamilienhäuser und ein Zweifamilienhaus ist fertiggestellt.“[60]
Anders als ursprünglich geplant, wird sich die Vollendung des dritten Bauabschnitts also vermutlich noch weit bis ins Jahr 1928 gezogen haben.

Eine Sonderstellung nahm die Friedrich-Ebert-Allee ein, deren westlicher Teil nicht mehr zum Siedlungsensemble Branderhof gehörte. Auf einem Plan von 1928 (siehe S. 12) ist deutlich zu erkennen, dass sie an der Unterführung Moltkestraße begann, an der Zeise vorbeiführte, dort abbog und bis zur heutigen Rathenauallee reichte. Sie sollte in Richtung Walheim weiterführen.[61]
Die Bebauung an diesem Abschnitt der Friedrich-Ebert-Allee mitsamt ihrer Seitenstraßen

Abb. 14: Weingartshof nach Fertigstellung (1928)

hob sich auch architektonisch deutlich von der Siedlung Branderhof ab. Das Architekturbüro Goebbels & Dominick hatte 1928 für die Friedrich-Ebert-Allee noch per Inserat „Interessenten zum Mitbauen“ und explizit für „Eckhäuser“ gesucht[62] und letztendlich die Ein- und Zweifamilienhäuser Friedrich-Ebert-Allee 111-135 [heute Karl-Marx-Allee] sowie einige Bauten an der Von-Pastor-Straße geschaffen.[63] In der Schervierstraße errichtete auch die Gagfah (Gemeinnützige Aktiengesellschaft für Angestellten-Heimstätten) 32 Häuser.[64]
Was die Zahlen der insgesamt zwischen 1926 und 1928 in der Siedlung Branderhof gebauten Häuser angeht, so differieren auch diese leicht und bewegen sich zwischen 225 und 235, ursprünglich sollten allerdings 270-300 Häuser gebaut werden (Abb. 14).[65]

Die Siedlung muss in ihrer Anfangszeit eine Attraktion für Schaulustige und Interessierte gewesen sein. Schon während der Bauphase war in der lokalen Presse die Rede von vielen „Neugierigen“, die sich in dem „Buddelterrain“ nicht zurecht fanden,[66] im Herbst 1927 dann: „Die große Kolonie ist täglich das Ziel vieler Besucher."[67]

Albert Servais, der Initiator der Siedlung Branderhof und mittlerweile Bürgermeister, ließ es sich nicht nehmen, höchstpersönlich durch das neue Wohnviertel zu führen. Am 14. Juli 1928 begleitete er eine Delegation des Katholischen Deutschen Frauenbundes auf einer Besichtigungsfahrt mit dem Autobus. Bei den Teilnehmerinnen war die Begeisterung groß angesichts der „prächtig gelegenen Einfamilienhaus-Siedlung Branderhof […], die Krönung des bis-

her auf diesem Gebiete Geschaffenen."[68] Nur knapp einen Monat später führte Servais Mitglieder des Aachener Hausfrauenvereins durch die Siedlung. Auch diese Gruppe zeigte sich des Lobes voll: „Nach modernsten Siedlungsideen hergestellt, macht sie mit ihren schmucken, kleinen Häusern, mit ihren hübschen, einheitlich gehaltenen Vorgärten […] den denkbar besten Eindruck."[69]

Durch ihre Lage etwas abseits des Burtscheider Kerngebiets wurde sogar ein neuer Begriff geschaffen. Es wurde nun unterschieden zwischen „Altburtscheid" und einem Stadtviertel namens „Neuburtscheid".[70] Ab Herbst 1927 waren vermehrt Berichte aus Neuburtscheid in der Presse zu finden, so auch darüber, dass im Zuge der Siedlungsanlage die Eisenbahnunterführung zwischen Moltke- und Michaelsbergstraße verbreitert werden sollte. Denn der enge und dunkle Tunnel stammte noch aus einer Zeit, als Altburtscheid sich noch nicht so ausgebreitet hatte und es noch keinen Güterbahnhof, kein Schul-

Abb. 15-17: Fertige Häuser Weingartshof 7 und Im Gillesbachtal 80-68

gebäude und keine Autofabrik [gemeint ist Büssing] an der Parkstraße gab. Berichtet wurde auch, dass der alte Gutshof Höfling hinter der Brennerei Chorus niedergelegt wurde.[71]
Die Kosten für Grundstück, Straßenbau und Anschlüsse an das Städtische Strom-, Gas- und Wassernetz beliefen sich je Haus auf durchschnittlich 13.270 Reichsmark. Um möglichst weiten Kreisen der Bevölkerung die Möglichkeit eines Hauskaufs zu eröffnen, wurde die Anzahlung auf nur 500 Reichsmark festgesetzt. Der Rest des Kaufpreises war mit 4,5 % zu verzinsen bei einer jährlichen Tilgung von 1 %, was eine durchschnittliche monatliche Zinsbelastung von 54,50 Reichsmark bedeutete. Dem Käufer wurde allerdings sowohl eine höhere Anzahlung als auch eine schnellere Tilgung empfohlen.[72]

Priorität bei der Vergabe der Häuser erhielten Kinderreiche und Kriegsversehrte.[73]
Die meisten Häuser gingen nach Fertigstellung durch Ankauf in Privatbesitz über, nur ein geringer Teil blieb im städtischen Besitz und wurde vermietet,[74] wie z.B. das Geschäftshaus am Weingartshof. Bei den vermieteten Häusern wurde die Miete festgesetzt auf 6 % der Herstellungskosten, was eine Zahlung von 66 Reichsmark pro Monat bedeutete. Bedenkt man, dass zu der Zeit ein monatliches mittleres Angestellten- oder Facharbeitereinkommen 180-200 Reichsmark betrug, waren trotz der eigentlich günstigen Bedingungen weder Miete noch Kaufpreis einfach zu stemmen.[75]

Zehn Jahre nach Ende des Ersten Weltkriegs zeigte sich die Stadt Aachen überaus zufrieden mit ihrer Wohnungspolitik. Bürgermeister Albert Servais betonte: „Im Jahre 1928 sind [...] 150 Prozent mehr Wohnungen im Bau als in der Vorkriegszeit."[76] Hinsichtlich der Errichtung von Wohnungsbauten war Aachen im Vergleich mit anderen Städten führend.[77] Allein in Neuburtscheid waren in den Jahren 1928-1929 in unmittelbarer Nachbarschaft fast zeitgleich drei Projekte unterschiedlicher Bauträgerschaft und Architektur realisiert worden: Unter Mitwirkung von Privat-Architekten erstellte Bauten, gemeinnütziger Wohnungsbau durch die Gagfah sowie städtischer Siedlungsbau in Form der Branderhofer Anlage, deren Planung und Umsetzung unter der Federführung eines städtischen Beamten erfolgten.
Die Großsiedlung Branderhof hat sicher wesentlich zum Erfolg der städtischen Wohnungsbaupolitik beigetragen. Die Siedlungshäuser waren nach damaligen Maßstäben zwar bescheiden, aber alles andere als Nullachtfünfzehn-Objekte. Sowohl in Aufteilung und Gestaltung des einzelnen Hauses waren die Bauten durchdacht als auch in ihrer Gesamtanlage „modern" (Abb. 15-17).

1.3.2 Anlage der Siedlung

Die Wohnsiedlung Branderhof wird im Nordosten begrenzt durch den Bahndamm der Strecke Köln-Aachen und das Gillesbachtal, im Südwesten durch den Branderhofer Weg sowie im Nordwesten durch das Kloster an der Michaelsbergstraße.

Abgesehen von einigen Häusergruppen an der unteren Friedrich-Ebert-Allee, ähnelt der Siedlungsgrundriss einem lang gestreckten Hufeisen (Abb. 18). Ob die Planer sich dabei von der kurz zuvor verwirklichten Hufeisensiedlung in Berlin[78] inspirieren ließen, ist nicht belegt. In der Anlage Branderhof sind die Häuser angeordnet längs der mittelachsigen „Miniatur-Allee" In den Heimgärten, die von den Straßen Friedrich-

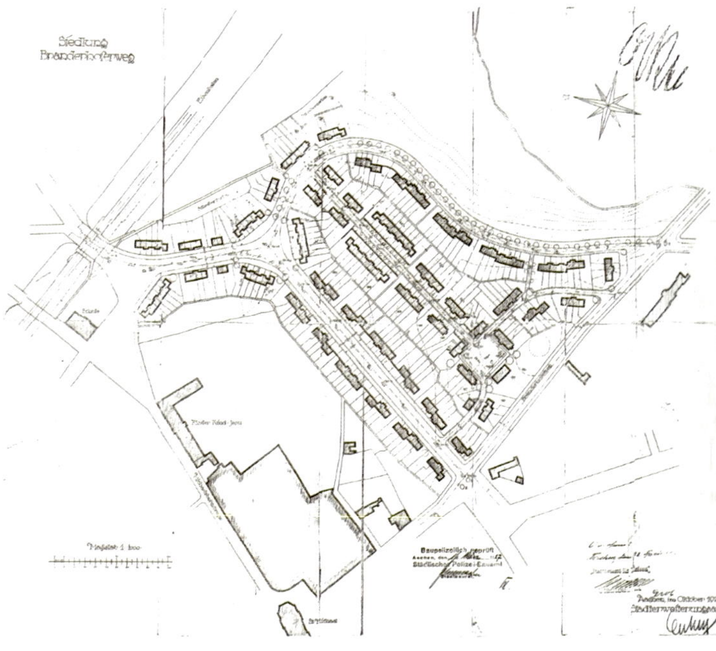

Abb. 18: Originalplan der Siedlung (1926)

Ebert-Allee/Im Gillesbachtal/Branderhofer Weg hakenförmig umschlossen wird.[79] Der Straßenzug In den Heimgärten bildet das Rückgrat der Siedlung und ist beidseitig bebaut. Im unteren Teil sind Fahrbahn und Bürgersteige sehr schmal. Im Mittelfeld verbreitern sie sich alleenartig. Hinter den mit Bäumen bepflanzten, geräumigen Gehwegen liegen die Häuser hier zurückversetzt.[80]

Am Ende des mittleren Bereichs verbinden zwei kleine, abgewinkelte Fußwege die Heimgärten mit der Friedrich-Ebert-Allee und der Straße Im Gillesbachtal. Auch die an den kleinen Gassen liegenden Gärten sind von dort zugänglich. Hinter diesen Durchgängen verjüngt sich die leicht ansteigende Straße In den Heimgärten wieder, während sich die Bürgersteige am oberen Ende noch einmal verbreitern, um die zwei Schlussbauten mit Säulen und kleinen Arkadengängen zu jeder Seite aufzunehmen. So wird eine Art Torsituation geschaffen, von der die Straße in den zentralen Platz der Siedlung, den Weingartshof, mündet. Aus den Heimgärten kommend, fällt der Blick dann unweigerlich auf das einzige dreigeschossige Doppelhaus der Siedlung,[81] Weingartshof 2 und 4.
Der rechteckige Weingartshof (39 x 26 Meter) teilt die Straße Weingartsberg in zwei Abschnitte, die Zugänge zur Friedrich-Ebert-Allee bzw. zum Gillesbachtal bilden. Diese beiden Straßen waren ursprünglich jeweils zum größten Teil nur einseitig bebaut. An der Friedrich-Ebert-Allee war zwar eine beidseitige Bebauung geplant gewesen, was sich jedoch bis vor einiger Zeit wegen des benachbarten Klostergeländes der Schwestern vom Armen Kinde Jesu an der Michaelsbergstraße nicht realisieren ließ.[82] Die Lücke zwischen den Häusern Nr. 42 und 88 wurde durch eine lange Mauer geschlossen, die den Klostergarten abschirmte.
Zwei weitere Zugänge zur Siedlung liegen eher

Abb. 19: Durchgang Weingartsberg – Im Gillesbachtal mit Treppe, Foto: Ludwina Forst

versteckt. Links des dreigeschossigen Gebäudes am Weingartshof führt ein schmaler Fußweg über eine Treppe an einem Spielplatz vorbei zum Branderhofer Weg, vom westlichen Abschnitt des Weingartsbergs eine breite Treppe hinunter zum Gillesbachtal (Abb. 19).
Gas-Laternen säumten die Straßen der Siedlung. Es handelte sich um aufwändig gestaltete Exemplare mit gusseisernen grünen Masten und zwei waagerecht angebrachten Streben unterhalb des Leuchtkörpers. Morgens und abends drehte ein Laternenanzünder seine Runden in der Siedlung, um die Gasleuchten ein- und auszuschalten.

Schon früh hatte Dezernent Servais darauf hingewiesen, warum das Gelände des ehemaligen Nellessen'schen Geländes sich in besonderer Weise für eine Siedlungsbebauung eignete: Es war nicht weit von der Innenstadt entfernt und bot den meisten Bewohnern die Möglichkeit, ihre Arbeitsstätte schnell zu erreichen. Kirchen und Schulen,[83] aber auch gut sortierte Einzelhandelsgeschäfte befanden sich in nächster Nähe im Stadtteil Burtscheid oder im Frankenberger Viertel.
Durchgangsverkehr war in der Siedlung zunächst fast unbekannt, allenfalls verirrte sich einmal ein Pferdefuhrwerk hierhin. Automobile sah man hier so gut wie nicht, was nicht verwunderlich war. 1931 waren in Aachen insgesamt nur 3.871 Kraftwagen angemeldet, wobei hierbei auch die Krafträder und Lastkraftwagen eingerechnet waren. Auf 40 Einwohner kam ein Auto.[84] Automobile im Privatbesitz waren allenfalls in den wohlhabenderen Schichten verbreitet, für die Siedlungsbewohner war ein eigenes Auto unerschwinglich. Es war auch durchaus üblich, selbst längere Strecken zu Fuß oder per Fahrrad zurückzulegen. Dennoch kam es im Mai 1933 an der Ecke Gillesbachtal/Branderhofer Weg zu einem Zusammenstoß zwischen einem Radfahrer und einem Personenwagen, wobei der Radfahrer stürzte und Schulterverletzungen erlitt, die im Marienhospital behandelt werden mussten.[85]
Eine Verkehrsanbindung der Siedlung war zwar nur bedingt vorhanden, aber in den Anfängen auch nicht zwingend erforderlich. Für Fahrten ins Aachener Umland oder ins benachbarte Ausland war die Straßenbahn das Verkehrsmittel der Wahl. Haltestellen waren an der Hauptverkehrsachse Normaluhr, Dammstraße, Burtscheider Markt und Kapellenstraße. Von dort waren mit der Straßenbahn-Linie 6 auch Ausflugsziele wie der Bismarckturm oder die Waldlokale an der Raerener Straße [heute Monschauer Straße] bequem zu erreichen.[86]
Seit den Zwanzigerjahren unterhielt die Reichspost verschiedene Kraftpostbusverbindungen mit Zusteigemöglichkeiten am Theaterplatz und am Hauptbahnhof. Die Autobuslinie bediente regelmäßig die Strecke nach Monschau und weiter bis nach Kalterherberg und Gemünd.[87]

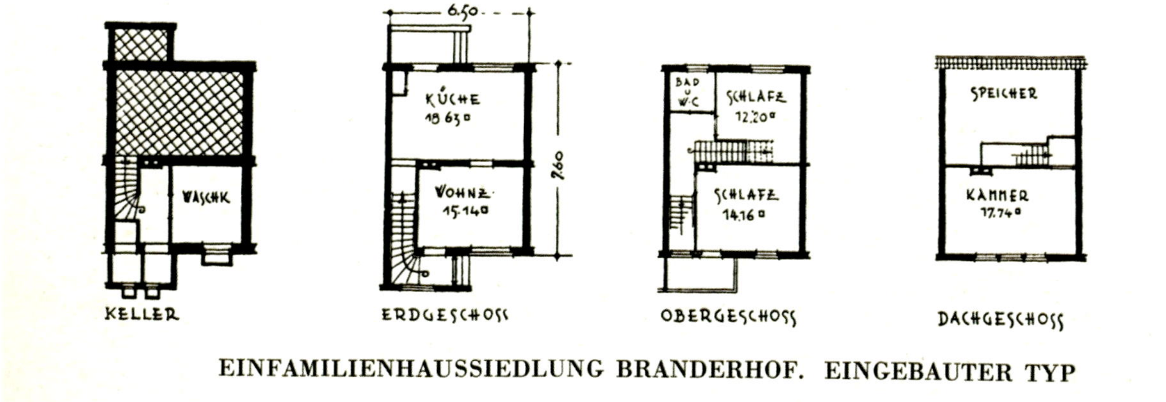

Abb. 20: Plan Haustypen

Der von der Siedlung fußläufig erreichbare Hauptbahnhof war meist Ausgangspunkt für Eisenbahnfahrten anlässlich von Verwandtenbesuchen oder Ausflügen in die nähere Umgebung von Aachen, weniger für Urlaubsreisen. Diese konnten sich nach den Jahren der Inflation mit Geldentwertung und hoher Arbeitslosenquote nur die wenigsten leisten.

1.3.3 Haustypen und Gärten

Die Inflationsjahre waren auch für die Vorhaben im städtischen Wohnungsbau eine Herausforderung. Einfallsreichtum war gefragt, um dennoch mit den zur Verfügung stehenden knappen Mitteln etwas auf dem Wohnungssektor zu bewegen. Bei dem Projekt Branderhof gelang dies u.a. auch deshalb, weil man bei den Häusern auf Einfachheit der Form und weitgehende Typisierung setzte.[88]

Bis heute gibt es im Wesentlichen zwei Grundrisstypen in der Siedlung, den eingebauten Typ (Abb. 20) mit Erschließung von der Straße her und den Ecktyp,[89] die aber kreativ variiert wurden. Sondertypen mit durchgezogenem Eingangsbereich finden sich z.B. am Weingartshof. Beim eingebauten Typ sind benachbarte Häuser spiegelbildliche Entsprechungen des jeweils anderen und haben, wenn ein Gegenüber vorhanden, oft auch auf der anderen Seite ein Pendant.[90] Zwar sind die Hausreihen als Einheit angelegt, doch es handelt sich dabei keinesfalls um eine simple Aneinanderreihung von identischen Häusern. Sie sind beispielsweise in ihrer Höhe so gestaffelt, dass sie zur Mitte hin höher werden. Manche zentralen Mittelhäuser besitzen einen Ziergiebel in unterschiedlicher Aus-

Abb. 21: Haus mit Halbkreisgiebel, In den Heimgärten 13 (1929)

prägung. Bei der Straße In den Heimgärten sind die Häuser in vor- und zurückspringenden Gruppen von 4-10 Einheiten zusammengefasst und wirken daher einer Monotonie und Strenge entgegen, wie sie durch lange, nicht durchbrochene Zeilen entstanden wären.[91]

Leichte Abweichungen von den Grundmustern, z.B. Varianten des eingebauten Typs, finden sich am Weingartshof und Im Gillesbachtal. Bei den Eckbauten bilden vor allem die auffälligen Halbkreis- oder Stufengiebel (Abb. 21) einen markanten Blickfang. Die oberen Endhäuser der Straße In den Heimgärten haben als zusätzlichen Hingucker einen Rundbögen-Arkadengang unter den großen Balkonen.
Ganz aus der Reihe tanzt das mehrgeschossige Doppelhaus am Weingartshof 2-4, ein imposantes Geschäftshaus mit Laubengang. Anders als zu erwarten, spiegeln die fünf Arkadenbögen dieses Gebäudes jedoch nicht die gegenüberliegenden Bögen der Eckhäuser Heimgärten, sondern sind in der Form vergleichbar denen, die an der Friedrich-Ebert-Allee den Eingang zu dem kleinen Verbindungsweg Richtung Heimgärten schmücken.
Das zweigeschossige Durchschnittshaus in der Siedlung Branderhof umfasste ursprünglich etwa 70 Quadratmeter Nutzfläche, verteilt auf vier Räume, jeweils zwei im Erdgeschoss und auf der ersten Etage. Das erste Zimmer direkt hinter dem kleinen Eingangsbereich wurde von den meisten Familien als Wohnzimmer genutzt. Gleich dahinter kam die Küche mit dem Ausgang zum Garten und einem Abgang zum Keller unter der Treppe zum Obergeschoss. Im ersten Stock war das große Zimmer mit Balkon in der Regel das elterliche Schlafzimmer. Das kleinere Zimmer war Kinderzimmer oder den Großeltern vorbehalten. Auf dieser Etage war sogar ein kleines Badezimmer mit Klosett und einem Waschbecken eingebaut, damals ein gewisser Luxus. Badewannen waren noch nicht geplant.

Im Dachgeschoss lag straßenseitig eine bewohnbare Mansarde und gartenseitig ein Speicher, gedacht zum Trocknen der Wäsche.[92] Die Häuser waren zwar nicht vollständig unterkellert, aber mit einem Vorratskeller, einem Kohlenkeller und einer Waschküche ausgestattet. Wo das Terrain es erlaubte, wurde unter Aufgabe eines Kellerraums die Küche ins Untergeschoss verlegt, wodurch zusätzlicher Platz für besonders kinderreiche Familien gewonnen wurde.[93]
Jedes Haus verfügte über einen kubischen Eingangstrakt mit dem Vorräumchen zum Wohnzimmer oder der Wohnküche sowie dem gekrümmten Treppenaufgang zum Obergeschoss. Diese Vorbauten mit dem Eingangsbereich dienten oberseitig als Balkon. Das Bimssteinmauerwerk der Häuser war mit einem hellen Kalk-Zement-Putz (als sog. Reibeputz)[94] glatt verputzt, unterbrochen nur von schmalen roten Ziegelbändern als dekorative Horizontalgliederungen an den Giebelseiten und den Balkonbrüstungen der Vorbauten.[95] Einheitliche Haustüren aus Holz mit schmalem Lichtschlitz, größere dreiflügelige Hauptfenster mit Quersprossen sowie kleinere längliche oder quadratische Fenster im Flurbereich betonten die Geschlossenheit des Ensembles.

Zu jedem Haus gehörte ein Nutz- und Ziergarten. Die hinteren Gartengrundstücke waren zur Selbstversorgung gedacht und erlaubten das Anpflanzen von Gemüse und die Haltung von Kleintieren. Manche waren, z.T. durch Ecklagen bedingt, eigenartig zugeschnitten und variierten auch in der Größe. Trotzdem waren sie mit einer durchschnittlichen Größe von 200 Quadratmetern[96] so bemessen, dass mit ihrem Ertrag der Eigenbedarf einer Familie gedeckt werden konnte. In den Nutzgärten wurde von der Stadt je ein Obstbaum angepflanzt. Buchenhecken trennten die Nutzgärten von denen des Nachbarn zur Rechten und Linken sowie vom rückseitig anstoßenden Grundstück.
Die Vorgärten sollten reine Zieranlagen „zur Hebung des Häuserbildes“[97] sein. Sie wurden zur Straße hin in der Regel durch niedrige, verputzte Mäuerchen mit abgerundeten Kanten eingefriedet. Darauf waren Eisenrohre mit ebenfalls abgerundeten Kanten einzementiert. Abweichungen davon gab es im breiten Abschnitt der Heimgärten durch höhere Mauern mit geradem Abschluss und überkragender Schlussplatte sowie in der Friedrich-Ebert-Allee. Wo geländebedingt Höhenunterschiede ausgeglichen werden mussten, wurden Bruchsteine für die höheren Mauern verwendet, z.B. bei den Böschungen im Gillesbachtal oder in Teilen des Weingartsbergs. Hinter den Mauern wuchsen Ligusterhecken, ebenfalls als Trennungslinie zwischen benachbarten Vorgärten. Die einzige Unterbrechung zur Straßenbegrenzung bildete der Zugang zu den Haustüren.[98] Die vorderseitigen Gärten wurden von der städtischen Garten-

verwaltung einheitlich angelegt und in der Anfangszeit der Siedlung von dieser auch bepflanzt und gepflegt.[99] Manche Hausfronten erhielten schmückende Schlinggewächse (Abb. 22).[100]

Die Käufer hatten für die städtische Pflege eine jährliche Gebühr von 12 Goldmark zu entrichten. Die Maßgaben zur Unterhaltung des Vorgartens waren sogar in den Kaufverträgen zwischen der Stadt und den Käufern geregelt und untersagten dem Hausbesitzer ausdrücklich, an den Vorgärten Änderungen oder individuelle Bepflanzungen vorzunehmen. Eine andere Einfriedung als in „lebender Hecke“ bedurfte der ausdrücklichen Genehmigung durch die Stadtverwaltung (Abb. 23).[101]
Die Ausstattung der Siedlungshäuser war zwar einfach, aber solide und trug den zeitgenössischen Forderungen nach Hygiene und Wohnqualität Rechnung. Die einheitliche Planung und weitgehende Typisierung erwiesen sich dabei als Vorteil.[102] Es scheint fast so, als ob die vorgegebene Schematisierung erst die Freiheit der Individualisierung ermöglichte. Jedenfalls schufen die ideenreichen Variationen der Grundtypen durch Spiegelungen, Symmetrien und geschickt eingesetzte Dekorelemente ein stimmiges Bild, das mühelos die Balance zwischen Zweckmäßigkeit und Ausschmückung hielt und die Anlage in ihrer Gesamterscheinung überzeugen ließ.

Abb. 22: Vorgarten, In den Heimgärten 37 (1938)

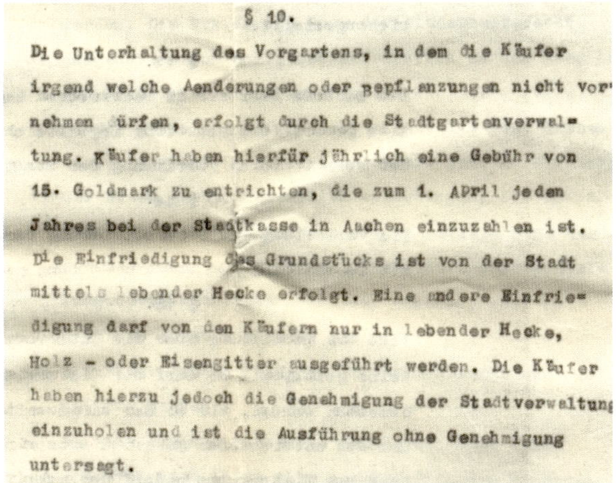

§ 10.

Die Unterhaltung des Vorgartens, in dem die Käufer irgend welche Aenderungen oder Bepflanzungen nicht vornehmen dürfen, erfolgt durch die Stadtgartenverwaltung. Käufer haben hierfür jährlich eine Gebühr von 15. Goldmark zu entrichten, die zum 1. April jeden Jahres bei der Stadtkasse in Aachen einzuzahlen ist. Die Einfriedigung des Grundstücks ist von der Stadt mittels lebender Hecke erfolgt. Eine andere Einfriedigung darf von den Käufern nur in lebender Hecke, Holz - oder Eisengitter ausgeführt werden. Die Käufer haben hierzu jedoch die Genehmigung der Stadtverwaltung einzuholen und ist die Ausführung ohne Genehmigung untersagt.

Abb. 23: § 10, Auszug Notarvertrag (1927)

1.3.4 Einflüsse

1.3.4.1 Gartenstadtidee

Seit die Siedlung Branderhof Bestandteil des Wohnungsbauprogramms der Stadt Aachen war, wurde sie unter verschiedenen Begriffen geführt. Albert Servais bezeichnete sie mal als „Gartensiedlung",[103] ein anderes Mal explizit als „Gartenstadt".[104] Auch die Presse schrieb von „jener kleinen Gartenstadt."[105] Immer wieder wurde sie auch als „Kolonie"[106] bezeichnet. Bis in die Nachkriegszeit hielt sich der Begriff „Gartengroßsiedlung"[107] oder zumindest „Groß-Siedlung".[108] Selbst Vertreter der Denkmalbehörden sprechen noch heute von einer „Gartenstadtsiedlung".[109]

Auch wenn die Begrifflichkeiten variieren, so weisen sie doch allesamt in eine Richtung: die Gartenstadtidee. Die Gartenstadtbewegung nahm ihren Anfang in England mit dem Buch „Garden Cities of To-Morrow" von Ebenezer Howard aus dem Jahr 1898, wobei einige seiner Forderungen schon 1889 ansatzweise von dem österreichischen Architekt und Stadtplaner Camillo Sitte vorweggenommen worden waren.[110] Das neue Wohnmodell sollte die Vorzüge der Großstadt (wie gute Arbeitsmöglichkeiten, Kultur- und Bildungseinrichtungen) und die der ländlichen Region (wie frische Luft, Raum und Naturnähe) zusammenführen. Howards ideale Gartenstadt war kreisförmig angelegt mit sechs durch die Mitte verlaufenden Boulevards, die als Radien die Stadt in sechs gleich große Bezirke unterteilten. Durch eine entsprechende Bauweise sollten dort „durchlüftete" und „durchgrünte" Wohnbereiche geschaffen werden, während die Industrie am Rande angesiedelt war. Das Leben in der Gartenstadt war geprägt von Prinzipien wie Verzicht auf Privateigentum, Selbstverwaltung und -versorgung, Stärkung der sozialen Funktionen und der Kommunikation zwischen den Anwohnern.[111]

Der Gartenstadtgedanke wurde bald auch in Deutschland aufgegriffen. Am konsequentesten umgesetzt wurde er 1908 mit Siedlungen im Dresdner Stadtteil Hellerau und zwischen 1914 und 1917 in Berlin-Staaken. Bei der Margarethenhöhe in Essen (Abb. 24) mit Bauphasen von 1909 bis 1934/38 wurden ebenfalls gartenstädtische Vorstellungen realisiert.[112]

Abb. 24: Margarethenhöhe, Essen, Foto: Ludwina Forst

Auch in Aachen fand die Gartenstadtbewegung Anhänger und Förderer, die ab 1911 auf dem Gebiet der Beverau eine entsprechende Siedlung verwirklichen wollten. Das genossenschaftlich organisierte Projekt wurde allerdings erst 1924 fertiggestellt. Ähnliche Siedlungen entstanden im Laufe der Zwanzigerjahre am Königshügel (Abb. 25) und an der Siegelhöhe.[113]

Abb. 25: Königshügel (um 1931), Foto: Erich Witt

Die aufgelockerte, niedriggeschossige Bauweise der Siedlung Branderhof garantierte – ganz im Sinne einer Gartenstadt – eine ausreichende Luft- und Lichtzufuhr und vor allem Grün. Dazu trugen nicht nur die Hausgärten mit ihren Obstbäumen und Beerensträuchern bei, sondern auch die planvolle Bepflanzung mit Bäumen seitens der Stadt. So waren die Bürgersteige an der Friedrich-Ebert-Allee mit der türkischen Hainhaselnuss bepflanzt, der untere Teil der Straße Im Gillesbachtal mit großblättrigen Platanen, weiter Richtung Branderhofer Weg mit Erlen. Im breiten Teil der Heimgärten standen Mehlbeerbäume, die im Herbst leuchtend rote Dolden trugen. Anfangs wuchsen in den kleinen Vorgärten zusätzlich schlanke Pappeln, zierliche Birken und Trauerweiden,[114] und bei manchen Häusern rankten an Mauern und Spalieren Efeu, Rosen oder sogar Wein.

Kleine Wege zwischen den Häusergruppen oder entlang der rückwärtigen Gärten (Abb. 26) lockern bis heute die Zeilenbauweise auf und stellen einen Zugang zur Natur her. Der Siedlungsgrundriss ist zwar nicht kreisförmig, umschließt aber immerhin einen zentralen Platz am westlichen Ende.

Während der frühen Jahre war der Weingartshof innerhalb der Siedlung Versammlungsort und eine Art Marktplatz mit Gewerbe.[115] Im Doppelhaus Nr. 2-4 waren ursprünglich drei Läden für den täglichen Bedarf der Bewohner vorhanden: Ein Bäcker auf der einen Seite, eine Kolonialwarenhandlung auf der anderen, dazwischen soll zeitweise ein Kram-Lädchen gelegen haben, in dem alles Mögliche zu kaufen war, vom Grünkraut über Haarspangen bis zu Glückwunschkarten.[116]

Abb. 26: Verbindungsweg In den Heimgärten – Im Gillesbachtal, Foto: Ludwina Forst

Zwischen den Häusern Weingartshof Nr. 4 und 6 und an einem Durchgang zum Branderhofer Weg lag (und liegt immer noch) etwas erhöht und leicht versteckt, ein Kinderspielplatz. Für die Jüngeren war am Knie der Verbindung Parkstraße-Viehhofstraße – also in der Friedrich-Ebert-Allee – in dem an den Klostergarten angrenzendem Haus eine „Kleinkinderbewahranstalt"[117] vorgesehen.

Der gemeinschaftliche Gedanke mit Anklängen an genossenschaftliche Traditionen war den Bewohnern von Anfang an wichtig. Überliefert ist der prinzipiell gute Zusammenhalt innerhalb der Siedlung. Nicht von ungefähr gründeten die Hausbesitzer eine Interessengemeinschaft, der fast alle Bewohner beitraten. Die Statuten wurden 1928/29 festgelegt, und die IG Branderhof arbeitete durchaus erfolgreich im Sinne ihrer Mitglieder. Als erstes Vorhaben nahm sie mit der Stadtverwaltung Verhandlungen über den zu zahlenden Zinssatz auf, mit dem Ergebnis, dass dieser von 4,5 auf 3,5 % gesenkt werden konnte. Dies bedeutete eine Kostenersparnis

von durchschnittlich 13 Reichsmark pro Monat, was zur damaligen Zeit eine beträchtliche Summe darstellte.
Nicht verstummendes Gerede über die angeblich schlechte Bauweise der Siedlungshäuser veranlasste die Interessengemeinschaft im Jahr 1930, einen Sachverständigen einzuschalten. Ein Gutachter aus Köln untersuchte acht Gebäude und kam zu dem Ergebnis, dass die Siedler einwandfreie Häuser ohne Baumängel und Schäden gekauft hatten. Außerdem erwirkte die IG Branderhof günstige Gemeinschaftsabschlüsse bei Versicherungen, z.B. gegen Sturmschäden und beriet ihre Mitglieder bei Behördengängen.[118]
Ansonsten kümmerte man sich gemeinsam um kleinere Schäden, Bürgersteige und Gartenpflege. Ausdrücklich war auch in der Satzung festgehalten, dass die Interessengemeinschaft den Gemeinschaftssinn fördern und Verbesserungen zur Verschönerung der Siedlung anregen solle.[119]
In Einzelaspekten kommen die Siedlung Branderhof wie auch andere Aachener Anlagen dem Leitbild der Gartenstadt recht nahe, lassen sich aber nicht als Gartenstädte im strengeren Sinne begreifen. Dazu sind die Ideen letztlich nicht konsequent genug umgesetzt. Vor allem fehlen ihnen Elemente wie integrierte Gemeinschafts- und Struktureinrichtungen, die Autarkie in Verwaltung und Versorgung oder der genossenschaftliche Gemeinbesitz.

Schon 1919 stellte der Hamburger Professor und Baudirektor Fritz Schumacher fest, dass das Schlagwort „Gartenstadt“ geradezu inflationär benutzt werde und seiner ursprünglichen Bedeutung beraubt sei. „Seit einigen Jahren scheint es fast unerlässlich, dass jede größere Villengruppe, jede Erschließung eines Geländes für Einzelwohnhäuser unter dem Namen ‚Gartenstadt‘ segelt“,[120] klagte er.

Dennoch hält sich auch in Aachen die Bezeichnung „Gartenstadt“ für manche Wohnviertel bis heute hartnäckig. So wird die Beverau immer noch mit diesem Begriff verknüpft, obwohl sie allenfalls in Teilen einen gartenstädtischen Charakter bewahrt hat. Ähnliches gilt für die Siedlung Branderhof, wenngleich außer Frage steht, dass sie mit ihrem Konzept zur Durchgrünung und Durchlüftung sowie einer ansatzweise ge-

Abb. 27-29: Dekorelemente Im Gillesbachtal 19-21, Branderhofer Weg 3-7 und Lochfenster Im Gillesbachtal 28, Fotos: Ludwina Forst

nossenschaftlichen Ausrichtung von der Gartenstadttradition inspiriert ist.

1.3.4.2 Vielfalt der Stile

In ihrer Gesamtheit präsentiert sich die Siedlung Branderhof als ein Konglomerat verschiedener Strömungen und Stilrichtungen, von denen die Anleihen an die Gartenstadtbewegung nur ein Aspekt sind. Dies offenbart sich vor allem in der architektonischen Formensprache. Die Architektur der Zwanzigerjahre verfolgte eine bewusste Abkehr vom reich verzierten Stil der Gründerzeit und dem Jugendstil mit seinen filigranen, oft verspielten Details. Klare Linienführung und Vereinfachung bis hin zum Purismus waren oberstes Gestaltungsprinzip des „Neuen Bauens“ und der „Bauhaus“-Bewegung. Das „Neue Bauen“ prägte gerade das Siedlungsbaugeschehen nachhaltig. Es propagierte die Zweckmäßigkeit der Architektur[121] und bevorzugte Straßenzüge in Zeilenbauweise mit geometrischen, kubischen Formen und symmetrischer Anordnung, wie sie auch bei der Siedlung Branderhof zu beobachten sind. Die relative Strenge der einheitlich hell verputzten Fronten wird allerdings aufgelockert durch sparsam eingesetzte Zierelemente. So sind auf einigen Fassaden rote Klinkerriemchen aufgebracht. Manche Häuser wie die Einheiten Branderhofer Weg 5-7 oder Im Gillesbachtal 19-21 haben zusätzliche Ziegelornamente im Stile des Art Déco unterhalb des Halbrundgiebels oder Fensterbänder aus Lochfenstern (Abb. 27-29). All dies war handwerklich gediegen und solide ausgeführt,

Abb. 30: Eingangssituation an der Ecke Friedrich-Ebert-Allee 95 b/Branderhofer Weg, Foto: Ludwina Forst

wie es für die Werkbund-Bewegung typisch ist. Parallel zu den progressiven Strömungen hatten jedoch auch rückschrittliche, reaktionäre Tendenzen mit romantisierenden, historisierenden Elementen Bestand. Sie waren ausgelegt auf Repräsentation bis hin zur Einschüchterung. Anfang der Dreißigerjahre gewannen sie unter dem Einfluss nationalistischer Strömungen Auftrieb und drohten die kulturelle Hochblüte zu ersticken.
Wie beide Stilrichtungen sich vermischen und verzahnen, lässt sich in der Siedlung Branderhof an einigen Häuserzeilen ablesen, wo die vorherrschende formale Klarheit durch ein gewisses Pathos durchbrochen wird, wie in den Eingangssituationen an der Friedrich-Ebert-Allee 95 b (Abb. 30) und 96 oder Im Gillesbachtal 5 und 8 mit ihren historisierenden Treppengiebeln. Auch die leicht ansteigende Achse In den Heimgärten und der Weingartshof sind auf Wirkung angelegt.[122]

Zusammenfassend sieht der Bauhistoriker und ehemalige Professor für Baugeschichte an der RWTH Aachen Albrecht Mann in der Siedlung Branderhof neben der gartenstädtischen Anmutung vier Gestaltungselemente vertreten: Die funktionalistische Grundhaltung des Neuen Bauens, in der Dekoration die Hinneigung zum Art Déco, in der soliden Ausführung den Einfluss des Werkbundes und in den Walmdächern und Stufengiebeln Anlehnungen an einen rückwärtsgerichteten „heimattümelnden" Historismus. Gleichwohl bezeichnete er die Siedlung Branderhof 1998 als „Aachens größte Tat im Eigenheimbau der zwanziger Jahre."[123] Ähnlich enthusiastisch äußerte sich der Architekt und Stadtplaner Professor Gerhard Curdes, der die Siedlung ein „Kleinod des raumbildenden Städtebaus von 1926"[124] nennt. Doch nicht nur in der Nachschau und aus Expertensicht war die Siedlung gelungen.

„Als eine friedliche Oase, fernab vom Verkehr und Lärm der Großstadt lag nach Fertigstellung 1927 unsere Siedlung Branderhof und träumte in unheimlicher Ruhe."

(Hubert Pauls, 25 Jahre Gartengroßsiedlung Branderhof, 1952)[125]

Abb. 31: „Umzug des Kleinen Mannes", In den Heimgärten (1934)

2. Die frühen, unbeschwerten Jahre

2.1 Trautes Heim mit Garten

Nach ihrer Fertigstellung glich die Siedlung Branderhof einem beinahe dörflichen Idyll abseits vom Verkehr und Lärm der Großstadt. Das Leben in dieser friedlichen Oase beschreibt ein Anfang der Dreißigerjahre erschienener Zeitungsartikel, der bezeichnenderweise mit „Unser Dörfchen" betitelt ist. Darin schwärmt der anonyme Verfasser (Dr. L.A.S.) von „smaragdenen Wiesen", „schwingendem Vorsonntagsgeläut", „Geranke, das [...] die Häuser wie Märchenzauber begrünt" und dem „strahlenden Gesicht der Hausfrau" angesichts ihrer duftenden weißen Wäsche, die im Wind flattert.[126]

Einen etwas weniger verklärten Eindruck vom Lebensalltag der ersten Bewohner vermitteln die 1952 und 1987 verfassten Rückblicke auf die Anfangsjahre der Siedlung. Sie erlauben auch einen Einblick in das Innere der Häuser. Ansonsten fußen Informationen zum Innenraum hauptsächlich auf mündlichen Überlieferungen älterer Bewohner.[127] Dabei fällt auf, dass, so wie das Äußere der Häuser standardisiert war, sich auch im Innern Ausstattung und Einrichtung ähnelten.

Der Bau der Siedlung fiel in eine Zeit der Umbrüche und Neuausrichtung, nicht nur auf dem Gebiet der Architektur, sondern auch der Raumgestaltung. Nachdem die entbehrungsreichen Jahre der Hyperinflation überwunden waren, setzte sich in der Weimarer Republik eine allgemeine Versachlichung der ästhetischen Ausdrucksformen als neue Stilrichtung gattungsübergreifend durch.[128] Seit Mitte der Zwanzigerjahre war der Einfluss der Bauhaus-Bewegung auch beim Mobiliar spürbar. Schlicht, schnörkellos und funktional sollte es sein, dabei qualitativ hochwertig und dennoch für die Arbeiterschicht bezahlbar. Dies blieb aber anfangs nicht mehr als eine gut gemeinte Idee. Erst die in Serie produzierten Möbel lösten den Anspruch ein, modernes Design für breitere Schichten zu schaffen.[129]

Auch wenn Möbel-Reklamen in den lokalen Zeitungen forderten, „Weg mit den überladenen Möbeln!",[130] zeigte sich in den Häusern der Siedlung Branderhof die Einrichtung weit von den Idealen der Neuen Sachlichkeit und des Bauhauses entfernt. Wie im ländlichen Bereich setzten sich im „Dörfchen" zunächst die alten Traditionen fort. „Schwer und dunkel", so fasst die Zeitzeugin Maria Staerck (geb. 1929) die Einrichtung ihres Elternhauses zusammen. In den

Wohnzimmern standen massive Buffets oder die Kredenz mit dem guten Porzellan. Oft nahmen die Schränke ganze Wandflächen ein. Wuchtige Sofas und Sessel mit hohen, geschwungenen Rückenlehnen waren im Raum verteilt. Die „gute Stube" wurde von den Hausbesitzern gerne geschont, ihre Nutzung blieb besonderen Anlässen vorbehalten. An den Fenstern zur Straßenseite hingen Stores, netzartige, weiße Gardinen, manchmal mit Spitzen und Fransenabschluss.

Zu der Zeit, als die Siedlung Branderhof gebaut wurde, begann auch ein Wandel bei der Kücheneinrichtung hin zu klaren Linien und mehr Funktionalität. Vorreiter der modernen Einbauküche kamen auf den Markt. Ab 1926/1927 wurde die sog. „Frankfurter Küche" in Wohnungen und Häusern verbaut, 1928 kam die „Reformküche" mit verbundenen Schrankelementen und Schleiflackoberflächen hinzu.[131] Die modernen Küchen sollten reine Arbeitsküchen mit kurzen Wegen und zweckmäßiger Möblierung auf kleinster Fläche sein und zielten darauf ab, das Leben der Hausfrau zu erleichtern.[132]

In den Häusern der Siedlung Branderhof hingegen herrschte noch die Wohnküche alten Stils mit Einzelmöbeln vor. Sie war vor allem Ort geselligen Beisammenseins. Am großen Tisch in der Mitte des Raumes wurde gearbeitet, gegessen und manchmal gebastelt und gespielt. Die Küchenbuffets aus weiß lackiertem Holz boten im zweitürigen Unterteil Platz für Töpfe, Pfannen und andere Küchenutensilien. Auf der Linoleumplatte des Unterschranks war das dreitürige Oberteil verankert, wo sich hinter Glas und Gardinchen das Geschirr für den täglichen Gebrauch verbarg. Ein großer emaillierter Küchenherd mit gekacheltem Aufsatz und umlaufender Herdstange, oftmals von der Firma Senking, dominierte den Raum. Solche Herde waren Koch- und Heizstelle zugleich und wurden mit Holz oder Kohle befeuert. Nicht selten stand in der Küche auch ein Sofa oder eine Chaiselongue. Die in vielen Haushalten unentbehrliche Nähmaschine fand ebenfalls in der Küche Platz.

Schwere, dunkle Formen prägten auch die Schlafzimmereinrichtung: Holzbetten mit hohen Kopf- und Fußteilen und passenden Nachtschränkchen, ausladende dreitürige Kleiderschränke und manchmal ein Waschtisch mit

Abb. 32: Typische Inneneinrichtung (1923)

Abb. 33: Reklame, „Aachener Leben“ (1938)

Spiegelaufsatz und Marmorplatte,[133] auf der die Waschtischgarnitur (Waschschüssel mit Krug, die Lampett) stand (Abb. 32).

Über dem Ehebett hing das in katholischen Haushalten übliche goldgerahmte Bild mit religiösen Motiven wie Engeln oder der Muttergottes.

Die Kinderzimmer waren reine Schlafstätten. Spielecken und kindgerechte Einrichtung mit Rückzugsmöglichkeiten, wie wir sie heute kennen, gab es noch nicht. Mehrere Geschwister teilten sich ein Zimmer, in dem außer den Schlafgelegenheiten – oft Betten mit Eisengestellen – allenfalls eine Kommode oder ein Kleiderschrank vorhanden waren.[134]

Der auf den Plänen als „Bad“ ausgewiesene Raum auf der ersten Etage bestand anfangs meist nur aus einer Toilette und einem Waschbecken. Später wurde er, mit einer Badewanne und einem Badeofen für das warme Wasser versehen, zum Badezimmer umfunktioniert. Wer

Abb. 34: Reklame, Echo der Gegenwart, 26.10.1929

bis dahin ein Wannenbad wünschte, nutzte die städtischen Volksbadeeinrichtungen, die im nahen Burtscheid allerdings fehlten. Hier konnten aber in den Kurbädern an der Dammstraße und am Markt Bedürftige gegen geringes Entgelt ein Vollbad oder eine kalte Brause in Anspruch nehmen.[135] Am liebsten badete man samstags zu Hause in einer Zinkwanne. Da Warmwasserboiler noch unbekannt waren, musste das Wasser für das Bad in großen Kesseln auf dem Küchenherd erhitzt werden. Ansonsten wusch man sich mithilfe der Waschtischgarnitur im Schlafzimmer. Nur einige wenige Haushalte verfügten im Keller über eine gusseiserne Badewanne auf geschwungenen Füßen.

Die Beheizung der Wohnräume erfolgte über Einzelöfen. In den Schlafräumen stand wegen der Vergiftungsgefahr kein Ofen; schon deshalb war im Winter ein längerer Aufenthalt dort ausgesprochen ungemütlich. Manchmal war die Wohnküche der einzige beheizte Raum des Hauses.
Anfangs brachten die Kohlenhändler das Heizmaterial noch mit Pferdefuhrwerken aus dem

Abb. 35: Gärten, In den Heimgärten, Rückseite handschriftl.: „1. Pflaumenernte, 7 Stück“ (1934)

Aachener Revier, den Gruben in Kohlscheid und Würselen, später auf Pritschenwagen. Gerne ließen die Bewohner der Siedlung ihre Kohlen aus den Lagern der näheren Umgebung anliefern, wie von den Firmen Peter Leyendecker in der Bismarckstraße oder Wehren in der Michaelsbergstraße, gleich hinter dem Schulhof der Volksschule. Säckeweise wurde das Brennmaterial über eine Rutsche von außen durch das Kellerfenster in den Kohlenkeller geschüttet. Briketts und auch Brennholz wurden vor der Wand ordentlich gestapelt.

In den Häusern waren alle elektrischen Leitungen, Steckdosen und Schalter über Putz verlegt.

Abb. 36: Schuppen, In den Heimgärten 39 (1937)

Auch wenn im Laufe der Dreißigerjahre zunehmend elektrische Küchenhelfer den Weg in die Haushalte fanden, wurden fast alle Arbeiten noch manuell erledigt. Größere Geräte wie Eisschränke, Frigidaire (Abb. 33) genannt, Elektroherde oder Waschmaschinen (Abb. 34) waren zwar schon entwickelt, aber für den Normalbürger unerschwinglich. Besonders das Wäschewaschen war eine kräftezehrende Prozedur. In der Waschküche, dem größten Kellerraum, stand der Waschkessel. Am Waschtag wurde der Holzbottich morgens eingeheizt, die Wäsche stundenlang eingeweicht, gekocht und mit Kernseife, Schmierseife auf einem Waschbrett behandelt. Zum Trocknen wurde die Wäsche entweder auf dem Speicher aufgehängt oder im Garten auf der Bleiche ausgelegt. Eine ähnlich schweißtreibende Arbeit wie das Waschen war das Bügeln mit Plätteisen, die ursprünglich aus Volleisen waren und auf der Herdplatte aufgeheizt wurden. Die trockene Wäsche musste mit Wasser besprüht werden, bevor sie mit dem heißen Eisen geglättet werden konnte.

Die beiden kleineren Keller der Siedlungshäuser dienten der Vorratshaltung. Neben dem Kohlenkeller gab es einen zweiten Raum für die Lebensmittelvorräte. Hier lagerten in einer Holzkiste die Einkellerkartoffeln, auf einem Regal stand in Weckgläsern das Eingemachte oder die selbst eingekochte Marmelade. In Steinguttöpfen waren geschnippelte Bohnen oder gehobelter Weißkohl für Sauerkraut eingelegt. All das stammte aus eigenem Anbau, Selbstversorgung war oberstes Prinzip in der Siedlung. Kartoffeln waren das Grundnahrungsmittel schlechthin. Deshalb war ein Großteil des Gartens deren Anbau vorbehalten. In den anderen Beeten wuchsen die gängigen Gemüse- und Salatpflanzen. Beerensträucher und Obstbäume (Abb. 35) lieferten den Saft für Marmelade und Beläge für Kuchen.

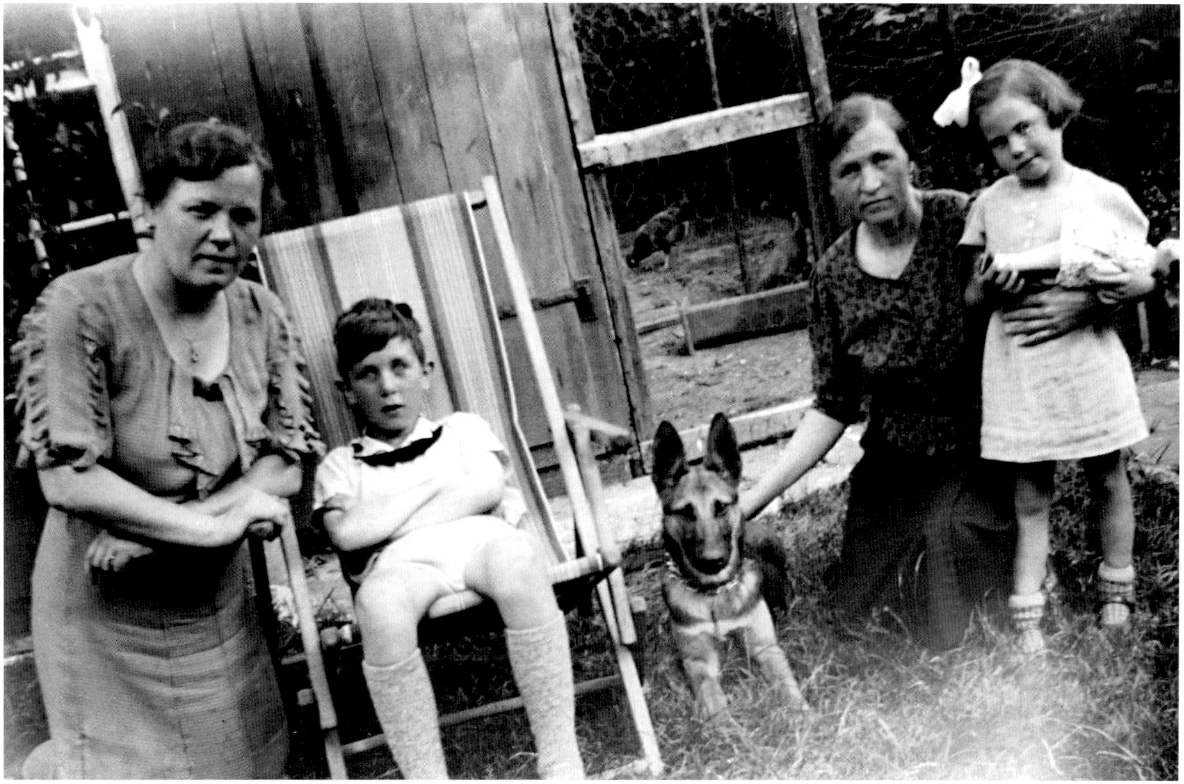

Abb. 37: Hühnergehege, In den Heimgärten 39 (1937)

Auf dem Komposthaufen gesammelte Küchenabfälle wurden später als Dünger wieder verwertet. Im hinteren Bereich des Gartens hatten viele Hausbesitzer Schuppen (Abb. 36) für die Gartengeräte gezimmert oder Ställe für Kaninchen und Hühner, da Kleintierhaltung weit verbreitet war. Oft war auch ein Teil des Gartens mit Maschendraht für ein Hühnergehege (Abb. 37) abgetrennt. Manche Siedler hatten zusätzlich noch einen Schrebergarten im Gillesbachtal gepachtet, denn hier waren auf einer bisher ungenutzten Fläche rund 40 Kleingärten angelegt worden.[136]

Die anderen Grundlebensmittel konnten in der Bäckerei Reinartz am Weingartshof 2 und im Eier-Butter-Käse-Laden Drees am Weingartshof 4 erworben werden. Die frischen Brötchen wur-

Abb. 38: Bierlieferung in der Siedlung, Firma Girkens (1930er Jahre)

den in der Früh vom Bäcker ausgetragen, natürlich in der typischen Arbeitskleidung, karierte Hose, weiße Unterjacke und das Bäckerschiffchen auf dem Kopf. Darüber hinaus kamen regelmäßig ambulante Händler in die Siedlung. Täglich wurde frische Milch geliefert, z.B. durch den Milchbauern Vondenbusch vom Hof an der jetzigen Adenaueralle 140.[137] Die Bäuerin Dückers vom Gut Branderhof bot auf ihrem Pferdewagen Obst und Gemüse an. Ein Bauer aus der Eifel brachte Eier und Quark (Makai), ein Fischhändler Muscheln und Frischfisch.
Auf ein Bierchen ging man meist nach Burtscheid, da es in der Siedlung keine Gaststätte

gab. Dort hatten Schankwirtschaften wie Im Panes, Hauptstraße 4, oder Bock, Kapellenstraße 18, im Eingangsbereich ein kleines Ausschankfenster, „Rüütsche“ genannt, wo man einen sog. Siphon, eine große Bierflasche oder einen Krug mit Henkel und Porzellanverschluss befüllen lassen konnte. Aber auch Bierkutscher belieferten die Haushalte von Zeit zu Zeit. Anfangs transportierten sie ihre Fässer noch mit Pferdefuhrwerken, später mit motorisierten Wagen, wie die in der Bismarckstraße 25 beheimatete Bier-Niederlage Girkens (Abb. 38).
Die Wohn- und Lebensverhältnisse in der Siedlung waren einfach, die Einrichtung orientierte sich an den Wertemustern des kleinbürgerlichen Geschmacks und strebte Gemütlichkeit und Geborgenheit an.[138] Sie war eher rückwärts als an neuzeitlichem Wohnen ausgerichtet. Dennoch waren – wenn man den Schilderungen der Zeitzeugen Glauben schenken kann – die ersten Bewohner zufrieden mit ihrem Leben und genossen den bescheidenen Luxus der schmucken Einfamilienhäuser, vor allem aber das Gefühl, sein eigener Herr zu sein.[139]

2.2 Im Kinderparadies

Insgesamt wirkte die Siedlung in den frühen Jahren eher ländlich als städtisch, und der Alltag kam in der Tat dem eines Dorfes sehr nahe. Das war besonders für die Kinder von Vorteil, denn ihr Leben spielte sich weitgehend draußen ab.

Abb. 39: Spielplatz Weingartshof (1929)

Kraftfahrzeuge waren in der Siedlung noch wenig verbreitet.
Selbst Pferd und Reiter sah man anfangs gelegentlich noch in den Straßen, wie ein Bericht über einen Unfall auf der Friedrich-Ebert-Allee im Januar 1928 beweist. Ein Fuhrunternehmer aus Burtscheid war mit seinem Pferd in der Friedrich-Ebert-Allee unterwegs, als es sich aufbäumte und den Reiter unter sich begrub. Er erlag wenige Stunden später seinen schweren Verletzungen.[140]

Abb. 40: Sandkasten Weingartshof (1933)

Ansonsten stellte der Individualverkehr noch keine große Gefahr dar. Manchmal lenkte ein Herr Körlings seine Kraftdroschke – der damalige Name für Taxi – durch die Heimgärten, um zu seinem Auto-Droschkengeschäft am Weingartshof 1 zu gelangen. Für ein gewisses Aufsehen sorgte ein Kraftrad mit Beiwagen, das dem Besitzer des Hauses In den Heimgärten 38 gehörte. Eindruck machte vor allem die Tatsache, dass Herr Werner seine alte Mutter in diesem Beiwagen kutschierte.[141]

So unbelastet vom Durchgangsverkehr konnten die Straßen zum Spielterrain werden. Der mit Reckstange, Sandkasten und Klettergerüst aus-

Abb. 41: Verschiedene Fahrgeräte im Einsatz (1931)

gestattete offizielle Kinderspielplatz (Abb. 39, 40) am Weingartshof war nur bedingt geeignet, dem kindlichen Bewegungsbedürfnis gerecht zu werden. Viel lieber turnten und balancierten die Kinder auf Geländerstäben oder den Stangen der Vorgärtenmäuerchen. Auf der Straße spielten sie Fußball, Völkerball, Räuber und Gendarm, Verstecken, Fangen oder Klingelstreiche wie „Mäuschen klingeln". Man lief auf Stelzen oder trieb einen Reifen mit einem Stock. Beliebt war auch das Spielen mit Knickern. Sie mussten in ein mit dem Absatz gedrehtes rundes Loch, die „Kulle", gerollt werden. Manche Kinder besaßen ganze Beutel voll bunter Glasmurmeln,

Abb. 42: Jungen auf Fahrrädern, In den Heimgärten (Ende 1930er Jahre)

die auch als Tauschobjekte begehrt waren.
Auf den Straßen sah man verschiedene Fahrgeräte für Kinder: Dreiräder für die Kleinsten, für die Älteren hölzerne Tret- und Wipproller (Abb. 41) oder den sog. Selbstfahrer, auch „Holländer" genannt, ein Gefährt mit vier Reifen, das durch Muskelkraft betrieben und mit den Beinen gelenkt wurde. Manche Jugendliche besaßen auch schon ein Fahrrad, wenn auch meist gebraucht oder aus verschiedenen Bauteilen zusammengebastelt (Abb. 42).
Die Mädchen fuhren ihre Puppen im Puppenwagen (Abb. 43) auf der Straße spazieren. Sie malten mit Kreide Hüpfkästchen und das Spiel-

Abb. 43: Mädchen mit Kinderwagen, In den Heimgärten (1936/37)

feld für „Himmel und Hölle" auf den Asphalt oder sprangen mit dem Seilchen. Ansonsten gab es kaum typische Mädchenspiele. Oft saßen Mädchen wie Jungen einfach vor den Häusern auf den Stangen der Mäuerchen und dachten sich neue Spiele aus. An Spielgefährten mangelte es nicht. Niemand kam auf die Idee, sich zum Spielen gezielt zu verabreden. Man war einfach da. Die Gruppen waren meist altersgemischt, die jüngeren Geschwister fast immer dabei. Auch für die Schulkinder war nach dem Unterricht die Zeit zum Spielen nahezu unbegrenzt. In den Ferien waren sie ohnehin oft von früh bis spät unterwegs. Es galt der Grundsatz, „Wenn in

Abb. 44: „Skifahrer", In den Heimgärten (ca. 1933)

ideal, um Hütten oder Häuschen zu errichten. Viele Jugendliche der Siedlung unternahmen hier ihre ersten Rauchversuche.
Die Jahreszeiten bestimmten die Aktivitäten. Im Frühjahr sammelte man Maikäfer, im Herbst ließ man den Windvogel steigen. Geeignete Wiesen dafür waren in der Umgebung reichlich vorhanden. Im Winter trafen sich die Kinder der Nachbarschaft zu Schneeballschlachten, zum Bahnschlagen auf dem Eis oder zum Rodeln mit dem hölzernen Kufenschlitten. Schöne Abfahrtstrecken aus beiden Richtungen führten hinunter zum Brückchen am Gillesbach oder von Dückers Wiese am Gut Branderhof den Branderhofer Weg hinab. Selbst Skifahrer wurden in der Siedlung gesichtet (Abb. 44).
An langen Winterabenden saß die Familie oft zusammen am Küchentisch und vertrieb sich die Zeit mit Basteln, Handarbeiten oder Gesellschaftsspielen. Fast in jedem Haus gab es eine Spielesammlung. Zur Grundausstattung gehörten ein Kartenspiel, Halma, Mühle oder Domino

der Straße die Laternen angezündet werden, habt ihr zu Hause zu sein!“[142]
Durch die Naturnähe boten sich immer interessante Beschäftigungsmöglichkeiten. Am Gillesbach konnte man Frösche und Molche fangen, Staudämme und Wassermühlen bauen, selbst gefertigte Schiffe schwimmen lassen oder mit Stöcken bewaffnet Jagd auf Wasserratten machen.[143] In Ufernähe ließen sich kleine Höhlen ausheben. Das Gestrüpp an den Böschungen des noch unbebauten Branderhofer Wegs war

Abb. 45: Mädchen beim Spiel mit dem Kaufmannsladen (1933)

und natürlich der Klassiker „Mensch-ärgere-Dich-nicht". Ansonsten spielten die Mädchen mit ihren Puppen oder Kaufmannsläden (Abb. 45), die Jungen mit Blechspielzeug, Dampfmaschinen, Burgen, Eisenbahnen oder Metallbaukästen von Märklin und Trix, die Anfang der Dreißigerjahre neu auf dem Markt waren.
Aber das Leben der Kinder bestand nicht nur aus Spiel. Abgesehen davon, dass es selbstverständlich war, dass die Kinder im Haushalt zur Hand gehen mussten, kamen bald weitere Pflichten hinzu.

2.3 Der erste Ernst des Lebens

Für manche Kinder begann der Ernst des Lebens mit dem Besuch des Kindergartens. Im Gegensatz zur heutigen Zeit war dies jedoch früher nicht die Regel. Zum einen gab es noch keine flächendeckende Versorgung mit Kindergärten, zum anderen bestand oft auch nicht die Notwendigkeit einer Betreuung, da die Mütter meist nicht berufstätig waren. Für die Siedlung Branderhof war von Beginn an eine Kleinkinderbewahranstalt geplant. Verwirklicht wurde die Idee 1931 in der Friedrich-Ebert-Allee 42. Das Gebäude war eigentlich ein Wohnhaus im städtischen Besitz, aber der Kindergarten belegte hier Räume auf der ersten und zweiten Etage. Zuständig für die nach der Ordensgründerin Klara Fey benannte Einrichtung waren die Schwestern vom Armen Kinde Jesu an der Michaelsbergstraße 36-40,[144] deren Klostergarten an das Grundstück des neuen Kindergartens grenzte (Abb. 46). Eine Zeitzeugin erinnerte sich, dass die Kinder im Klostergarten unter Aufsicht der Schwestern Raupen aus den Kohlköpfen sammeln mussten.[145]
Wie damals üblich wurden die Kinder nach den Osterferien eingeschult. In der Siedlung Branderhof waren die meisten Familien katholisch und gehörten zum Pfarrbezirk von St. Michael-Burtscheid. Damit waren die Kinder der Volksschule Michaelsbergstraße (Abb. 47) zugewiesen. Zwischen den Schülern (Abb. 48) der benachbarten Gemeinden St. Michael und St. Johann, den „Michaelspitten" und den „Johannitern", wie sie in Burtscheid hießen, bestand von jeher eine gewisse Rivalität, die sich manchmal in handfesten Auseinandersetzungen niederschlug.[146]

Abb. 46: Klara-Fey-Kindergarten, Friedrich-Ebert-Alle 42 (um 1931)

Klassen der Volkschule Michaelsbergstraße wurden wegen Platzmangel zeitweise auch in Räumen des Klosters Michaelsbergstraße und des Schulgebäudes an der Parkstraße [heute Kurbrunnenstraße] unterrichtet.[147] Die wenigen evangelischen Kinder der Siedlung besuchten die Volksschule in der Kapitelstraße.

Der Schulweg der meisten Kinder aus der Siedlung führte durch die Zeise (Abb. 49), was manchem mitunter gespenstig vorgekommen sein muss, besonders wenn es im Herbst und Winter frühmorgens noch dunkel war. Linkerhand verlief die lange, düstere Ziegelsteinmauer des Marienhospitals. Sie war unterbrochen vom damaligen Eingang zum Krankenhaus und dem dane-

Abb. 47: Volksschule Michaelsbergstraße

benliegenden Leichenhäuschen. Manchmal begegnete den Kindern in der Früh in der Zeise, von St. Michael-B. kommend, auch der Priester in Begleitung eines Ministranten, um einem Kranken die Sterbesakramente zu spenden. Der Messdiener trug eine kleine Schelle und ein Licht, um Entgegenkommende auf die Gegenwart des Allerheiligsten aufmerksam zu machen. Gleich gegenüber dem Leichenhäuschen lag eine Wohnung, die von den Kindern „Flohkaserne" oder „Flohfabrik" (Abb. 49) getauft worden war, weil ihre Bewohnerin angeblich so viele Läuse auf dem Kopf hatte, dass ihre Haare ständig in Bewegung waren.[148]

Über den Kirchplatz vor St. Michael ging es vorbei am Kreuz vor dem Pastorat (Abb. 50), dann um die Ecke und hinunter zum Schultor auf der rechten Seite der Michaelsbergstraße. Der Unterricht und zeitweise auch die Schulhöfe waren

Abb. 48: Schuljungen (1930)

für Jungen und Mädchen streng getrennt. Klassen mit jeweils 40 Kindern waren keine Seltenheit. Vor dem eigentlichen Unterrichtsbeginn sprachen Schüler und Lehrer gemeinsam das Schulgebet. Die Klassenzimmer waren standardmäßig mit einem gusseisernen Ofen, mit Kleiderhaken, Lehrerpult, Schreibtafel und Kartenständer ausgestattet. Die Schüler saßen in

Abb. 49: Zeise mit St. Michael-B. und „Flohfabrik" (rechts im Bild)

fest installierten Holz-Bänken mit jeweils zwei Sitzplätzen. An den Seiten der miteinander verbundenen Bankreihen war ein Haken zum Aufhängen des Schulranzens. Schwämmchen und Läppchen, die auf dem Weg zur Schule außen am Tornister an einer Schnur baumelten, mussten während der Schulstunden bereitliegen, denn das Hauptarbeitsgerät der Schüler war zu-

Abb. 50: Kirchplatz mit Pastorat St. Michael-B. (nach 1937)

nächst eine Schiefertafel, liniert auf der einen Seite zum Schreiben, auf der anderen kariert zum Rechnen, ebenso die Griffeldose mit einem „Milchgriffel".[149] Später kam ein Federhalter für das Schreiben mit Tinte hinzu. Dafür war in der Schreibplatte des Pults ein Tintenfass eingelassen. Die Aneignung des Lernstoffs geschah größtenteils durch Auswendiglernen. Für die Mädchen stand das Fach „Handarbeiten" mit Häkeln, Stricken und Nähen auf dem Stundenplan, in den Abschlussklassen „Kochen". Ab 1928 war für die Jungen der Abschlussklassen Werkunterricht verpflichtend.[150] Alle Schüler hatten „Schönschreiben" als Unterrichtsfach. Ein Heft mit speziellen Linien unterstützte sie bei ihren Schreibübungen.

Ab 1925 war „zur Verbesserung des Schreibunterrichts in den Volksschulen" allmählich die

Abb. 51: Fronleichnamsprozession in der Parkstraße (1938/39)

„Sütterlin-Schreibweise“ eingeführt. Begründet wurde dieser Wechsel damit, dass die bisherige Schreibschrift nicht den natürlichen Bewegungen der Hand entsprach.[151]
Im Schulbetrieb herrschten eine heute kaum vorstellbare Strenge und Disziplin. Ohrfeigen, „Kopfnüsse“ oder in der „Ecke stehen“ waren als Disziplinierungsmaßnahmen für ungehorsame Schüler an der Tagesordnung. Im Lehrerpult lag ein Rohrstock zur Züchtigung griffbereit. Das über jedem Lehrerplatz hängende Kreuz hielt den Lehrer keineswegs davon ab, den Stock zur Bestrafung auf Finger oder Hinterteil zum Einsatz zu bringen.
Für Kinder, deren Noten gut genug waren, folgte mit bestandener Aufnahmeprüfung nach dem 4. Schuljahr ein Wechsel auf eine höhere Schule wie die Mittelschule [heute Realschule] oder das Gymnasium. Oft bedurfte es allerdings viel Überzeugungsarbeit seitens der Lehrer, damit die Eltern einem Schulwechsel zustimmten, zumal für die mittleren Schulen rund 100 Reichsmark, für die höheren Lehranstalten sogar bis zu 200 Reichsmark jährlich an Schulgeld zu zahlen waren.[152] Hinzu kamen noch Kosten für Schulbücher und Lernmaterialien. Die meisten Schüler verblieben bis zu ihrem Schulabschluss nach acht Jahren auf der Volksschule und begannen dann oft eine Lehre.

Von jeher war die Verbindung zwischen Schule und Pfarre eng. Die Seelsorger von St. Michael-B. erteilten Religions- und Katechismusunterricht in der Schule und unternahmen auch in den Ferien Ausflüge und andere Aktivitäten mit den Kindern, denn in Urlaub fuhr kaum jemand. Vielen noch lange im Gedächtnis blieben Oberpfarrer Heinrich Fins (1937-1956) und Kaplan Richard Omsels (1937-1946).

Die Einhaltung der kirchlichen Rituale war für die meisten Familien eine Selbstverständlichkeit. Im Mai wurden die Kinder zur Maiandacht geschickt, samstags zur Beichte. Die Teilnahme am sonntäglichen Gottesdienst war Pflicht.
Oft besuchten die Hausfrauen schon um 6.30 Uhr die Frühmesse. Diese war kürzer als das spätere Hochamt und hatte den Vorteil, dass die

Mutter rechtzeitig wieder zu Hause war, um das Essen vorzubereiten. Wer die Kommunion empfangen wollte, musste nüchtern sein,[153] was besonders den Kindern in dem von Weihrauchschwaden durchzogenen Kirchenraum schwerfiel.

Ein großer Tag im Kirchenjahr war für jedes Kind die Erstkommunion und kurze Zeit später die Teilnahme an der Fronleichnamsprozession (Abb. 51). Die Burtscheider Pfarrkirchen St. Michael-B. und St. Johann richteten jeweils eine eigene Fronleichnamsprozession aus. In Weiß gekleidete Mädchen mit Blumenkörbchen, die sog. „Engelchen", Ordensfrauen, aber auch Abordnungen von Vereinen und andere Gläubige zogen singend und betend durch die Straßen, bald auch durch die neu bebauten Teile Burtscheids bis zum Segensaltar am Weingartshof (Abb. 52). Ausgerechnet die Nutzung dieses Platzes war es, die Vorbote einer Zeitenwende werden sollte.

Abb. 52: Segensaltar am Weingartshof (1937)

„Wählt in den Morgenstunden! Es muß in Aachen der Ehrgeiz jedes Volksgenossen sein, in den Morgenstunden zu wählen, so daß Aachen vor allen Städten dem Führer bereits mittags melden kann, dass der große Prozentsatz der Einwohnerschaft gewählt hat. Wer nicht wählt, stellt sich bewußt außerhalb der Volksgemeinschaft, und so wollen wir Aachener am 12. November dem Führer durch unsere Ja-Stimmen zeigen, daß in Aachen für Volksverräter kein Platz ist."

(Eduard Schmeer, jun., Kreisleiter, 11. November 1933)[154]

Abb. 53: Dammstraße (1930er Jahre)

3. Dunkle Zeiten

3.1 Der Weg in die Diktatur

In den Anfangsjahren war das Leben in der Siedlung beschaulich und entschleunigt. Doch die Idylle währte nicht lange. Kaum waren die Häuser der Siedlung fertiggestellt und bezogen, brachte das Jahr 1929 einschneidende Ereignisse sowohl im lokalen Bereich als auch auf der weltpolitischen Bühne.

Für Aachen gab es zunächst noch Erfreuliches zu berichten: Nach elf Jahren Besatzung zogen am 30. November 1929 endlich die letzten belgischen Soldaten aus der Stadt ab. Es war ein Rückzug in Raten. Schon im Laufe der späten Zwanzigerjahre waren immer mehr Wohnungen mit dem Zusatz „beschlagnahmefrei" inseriert gewesen. Jetzt, nach dem Weggang des Militärs, wurden auf einen Schlag die bisher von der Besatzung belegten Wohnungen für die Aachener Bevölkerung frei, was zu einer deutlichen Entspannung auf dem städtischen Wohnungsmarkt führte, aber für die Siedlung Branderhof nicht relevant war.

Während Aachen den Abzug der Besatzung feierte, hatte die von den USA ausgehende Weltwirtschaftskrise auch das gesamte Deutsche Reich schon fest im Griff. Ausgelöst durch den Zusammenbruch der New Yorker Börse am 25. Oktober 1929 steuerte das Land auf eine ökonomische Katastrophe zu, die das Ende der noch jungen Weimarer Republik einläutete und den Nährboden für die folgenden Entwicklungen bereitete.

Anfang der Dreißigerjahre nahm im Deutschen Reich die Zahl der Arbeitslosen stetig zu und erreichte im Winter 1931/32 einen Höhepunkt. Unter den Bewohnern der Siedlung Branderhof waren die verschiedensten Berufsgruppen vertreten: Arbeiter, Handwerker, Angestellte, Beamte der Eisenbahn und Post, Kaufleute, Rentner, Lehrer, Architekten und Ärzte.[155] Angesichts der steigenden Erwerbslosenzahlen in der Stadt ist es wahrscheinlich, dass auch Bewohner der Siedlung Branderhof darunter waren. Vielleicht konnten sie wenigstens die schlimmsten Ernährungsengpässe wegen der hier vorhandenen Möglichkeit zur Selbstversorgung vergleichsweise gut kompensieren. Leider finden sich in den Erlebnisberichten zu den Jubiläen der Siedlung hierzu keinerlei Hinweise. Ohnehin sparen diese Erinnerungen die Zeit des Nationalsozialismus bis auf einige Anmerkungen zur späteren Bombardierung und Evakuierung fast vollständig aus. Dabei dürften die Zeichen der neuen Zeit auch im Umfeld der Siedlung nicht mehr zu übersehen gewesen sein.

Die NSDAP war bis 1930 auf lokaler Ebene ohne größere Bedeutung gewesen. Bisher hatte in Aachen auch das belgische Militär dazu beigetragen, die nationalistischen Strömungen einigermaßen im Zaum zu halten. Aber nach Abzug der Besatzung konnten sich radikale Gruppierungen ungehinderter verbreiten und wurden in ihrem Auftreten zusehends aggressiver. Zusammen mit der sich verschlechternden wirtschaftlichen Situation und den instabilen Mehrheitsverhältnissen im Deutschen Reichstag, die manchmal im Wochenabstand stattfindende Wahlen zur Folge hatten, bildete die nationalistische Stimmung eine gefährliche Gemengelage. Die Menschen waren des Parteiengezänks überdrüssig, gleichzeitig machten die soziale Not und der Wunsch nach Ruhe und Ordnung sie empfänglich für radikale Lösungsvorschläge und Versprechungen eines besseren Lebens.[156]

Etwa proportional zur Entwicklung der Arbeitslosenzahl wuchs der Stimmenanteil der NSDAP bei den Wahlen auch in Aachen. Der endgültige Durchbruch kam für die Partei 1933, nachdem Adolf Hitler Reichskanzler geworden war und das Ermächtigungsgesetz in Kraft trat, mit dem die gesetzgebende Gewalt de facto an Hitler überging.

Gleich in ihrer ersten Sitzung nach der Kommunalwahl am 29. März 1933 beschloss die neue Aachener Stadtverordneten-Versammlung, in der die NSDAP nun 17 von 53 Sitzen innehatte, als erste Amtshandlung die Verleihung des Ehrenbürgerrechts an Adolf Hitler. Im Sommer erhielt Göring anlässlich seines Besuches des Aachener Reitturniers ebenfalls die Ehrenbürgerschaft.[157]
Schon am 1. April 1933 bekamen die Aachener jüdischen Glaubens, die zu der Zeit in der Stadt lebten, den staatlichen Terror der neuen Machthaber in voller Härte zu spüren, als zum Boykott jüdischer Geschäfte aufgerufen wurde. Die nationalsozialistische Infiltration nahm nun schnell Fahrt auf und durchdrang bald alle Bereiche des privaten und öffentlichen Lebens inklusive Kultur und Architektur. Das weltoffene Bauhaus mit seinen klaren Formen löste sich auf, der Deutsche Werkbund unterlag der Gleichschaltung.[158] Gutes Design und Bauen wurden immer mehr eine Frage der richtigen Gesinnung.

Im Sommer 1933 ging es Schlag auf Schlag. Wie andernorts begannen die Nationalsozialisten in Aachen, Straßen nach ihren „Helden" umzubenennen. Auch in der Siedlung und deren Umgebung wurden Straßenschilder ausgetauscht. Nachdem 1931 der Aachener SA-Mann Geurten nach einer provozierten Saalschlacht im Burtscheider Kurhaus zwischen NSDAP und KPD, die sich auf der Straße fortsetzte, dort er-

Wählt in den Morgenstunden

Es muß in Aachen der Ehrgeiz eines jeden Volksgenossen sein, in den Morgenstunden zu wählen, so daß

Aachen vor allen Städten

dem Führer bereits mittags melden kann, daß der größte Prozentsatz der Einwohnerschaft gewählt hat.

Wer nicht wählt, stellt sich bewußt außerhalb der Volksgemeinschaft, und so wollen wir Aachener am 12. November dem Führer durch unsere Ja-Stimmen zeigen, daß in Aachen für Volksverräter kein Platz ist.

Ed. Schmeer jun., Kreisleiter.

Abb. 54: Echo der Gegenwart, 11.11.1933

schlagen wurde, erhielt der untere Abschnitt der Parkstraße [heute Kurbrunnenstraße] den Namen Geurtenstraße. Seit dem 1. Juli 1933 hieß der erste Teil der Friedrich-Ebert-Allee Schlageter-Allee, die Verlängerung – die heutige Karl-Marx-Allee – Richthofen-Allee.[159]

Zum selben Datum wurde der erste Beigeordnete Bürgermeister Albert Servais, unter dessen Federführung die Siedlung Branderhof entstanden war, auf Grundlage des neuen „Gesetzes zur Wiederherstellung des Berufsbeamtentums“ aus politischen Gründen „beurlaubt“.[160] Weitere missliebige Beamte aus Stadtverwaltung und Schulen folgten. Bald waren alle wichtigen kommunalen Schaltstellen einschließlich des Oberbürgermeisteramtes mit linientreuen Personen besetzt. Als Nachfolger des Zentrum-Politikers Wilhelm Rombach wurde – zunächst kommissarisch – das NSDAP-Mitglied Quirin Jansen zum Oberbürgermeister ernannt, der, ohne vom Stadtrat explizit gewählt worden zu sein, zwölf Jahre im Amt blieb.[161]

Nachdem die Gewerkschaften bereits aufgelöst waren, wurden im Sommer 1933 die KPD und die SPD verboten. Die Zentrums-Partei war einem Verbot durch Selbstauflösung zuvorgekommen. Ende des Jahres 1935 musste die katholisch orientierte Aachener Tageszeitung *Echo der Gegenwart* ihr Erscheinen einstellen. Zunächst aber beteiligte sie sich wie andere Zeitungen auch an den Aufrufen zu einer frühen Stimmabgabe bei der Reichstagswahl vom 12. November 1933 (Abb. 54), die gekoppelt war mit einer Volksabstimmung über den Austritt Deutschlands aus dem Völkerbund. Einen Tag später fiel das *Echo der Gegenwart* in den allgemeinen Jubel über die erzielte nationale Einigkeit und die vorbildliche Erfüllung der vaterländischen Pflicht mit ein. In Aachen lag die Wahlbeteiligung für die Volksabstimmung bei 99 %, für die Reichstagswahl bei mehr als 96 %. Die NSDAP erhielt hier 94,2 % der Stimmen.[162] Im Wahlbezirk 85, zu dem auch die Straßen der Siedlung gehörten, gaben 1.232 von 1.385 Wahlberechtigten ihre Stimme der NSDAP.[163]

Ende des Jahres 1933 waren die Alleinherrschaft der NSDAP und das Ende des demokratischen Pluralismus endgültig zementiert.

3.2 Die Jugend im Visier

Der Nationalsozialismus veränderte auch das Leben der Kinder und Jugendlichen, war es ja gerade die Jugend, die Hitler zur Verwirklichung seiner Pläne benötigte. Viele Jungen aus der Siedlung Branderhof waren bisher in der Pfadfinderschaft organisiert. Diese wurde bald ebenso verboten wie die kirchlichen Jugendgruppen. Stattdessen sollten die nationalsozialistischen Jugendorganisationen, die Hitlerjugend (HJ) und dessen weiblicher Zweig, der Bund Deutscher Mädel (BDM), gestärkt werden. Das galt auch für die angegliederten Verbände für die 10-14-Jährigen, das Jungvolk, im lockeren Sprachgebrauch „Pimpfe", und den Jungmädelbund. Das Zusammengehörigkeitsgefühl sollte durch eine einheitliche Kluft (Abb. 55), bei den Pimpfen z.B. Braunhemd, schwarze Hose, Schulterriemen, Koppel und Fahrtenmesser sowie gemeinschaftliche Aktivitäten gefördert werden.[164]

Abb. 55: Pimpf in der Siedlung (1933)

Der in der Burtscheider Abteistraße aufgewachsene und spätere Bewohner der Siedlung Branderhof Heinz Löhrer (1931-2020) berichtet in seinen Erinnerungen, dass er mit dem Jungvolk jeden Samstag „Dienst" hatte. Dann marschierten die Pimpfe mit Trommelschlag und Liedern wie „Schwarzbraun ist die Haselnuss" durch die Straßen. An manche Lieder wurden antijüdische Verse angehängt: „Fromme Juden zieh'n dahin, daher, sie zieh'n durchs Rote Meer. Die Wellen schlagen zu, pitsch, patsch, die Welt hat Ruh."[165]

Ansonsten liefern die noch erhaltenen Chroniken der Burtscheider Schulen Michaelsbergstraße und Kleverstraße über die rein schulischen Aspekte hinaus ein aufschlussreiches Stimmungsbarometer der Burtscheider Bevölkerung. Gerade was die Hitlerjugend angeht, lassen diese Quellen auch Rückschlüsse auf die Siedlung Branderhof zu.

Die Hitlerjugend war in Aachen anfangs nicht besonders beliebt, was teilweise auf die konfessionellen Bindungen der Bevölkerung, aber auch auf das rüpelhafte Benehmen ihrer Mitglieder zurückzuführen war. Werbeaktionen sollten deshalb helfen, das schlechte Image der Hitlerjugend zu verbessern.[166]
Die Parteimitglieder der NSDAP waren in Ortsgruppen zusammengefasst. Am 8. Juni 1934 veranstaltete die Ortsgruppe „Branderhof", zu der auch die Straßen der Siedlung gehörten, in der Turnhalle der Volksschule Michaelsbergstraße (Abb. 56) eine solche Werbeveranstaltung für die Hitlerjugend des Schulbezirks St. Michael-B.. Eltern und Schüler waren per Handzettel eingeladen worden. Etwa 50 Eltern erschienen und bildeten zusammen mit den Schülern des 3.-8. Schuljahres beim Einmarsch der SA, der HJ und des BDM Spalier.[167]

Nachdem Pfadfinder- und andere Jugendgruppen nicht mehr existierten, wurde die Hitlerjugend für die Jungen zunehmend attraktiv, bot sie doch Möglichkeiten zum gemeinsamen Sport und Spiel.[168] Auf Zeltlagern und Ausflügen mit Lagerfeuerromantik sollten die Kameradschaft gestärkt und ganz beiläufig ein vormilitärischer Drill vermittelt werden. Solche Aktivitäten fanden oft samstags statt, denn alle Schüler, die der Hitlerjugend angehörten, hatten an diesem Tag schulfrei, während die anderen eine Unterweisung im Nationalsozialismus über sich ergehen lassen mussten.[169] Rund zwei Jahre nach der Werbeaktion in der Schule Michaelsbergstraße erhielt sie laut Schulchronik am 24. August 1936 die Berechtigung, die HJ-Fahne zu hissen, da die Schülerschaft nun zu über 90 Prozent in der Hitlerjugend erfasst war. Und noch eine fragwürdige Ehre wurde der Schule zuteil: „Als Anerkennung für das erzielte gute Ergebnis bei der Werbung für die nationalen Jugendverbände erhält die Schule die Bezeichnung ‚Körner-Schule'",[170] heißt es in der Schulchronik. Auch die Schule an der Parkstraße trug jetzt diesen Namen. Die für den Pfarrbezirk St. Johann zuständige Volksschule Kleverstraße wurde etwa zur selben Zeit aus den gleichen Gründen in Lützow-Schule umbenannt,[171] die evangelische Schule an der Kapitelstraße in Horst-Wessel-Schule.
Die politischen Veränderungen waren nicht ohne Auswirkung auf das Schulleben selbst geblieben. In den Jahren 1934/35 wurden das Schulgebet abgeschafft, die Kruzifixe aus den Klassenzimmern entfernt und durch ein Porträt

des Führers ersetzt. Der Hitlergruß war nun Lehrkräften wie Schülern Pflicht.[172] Zum Schulbeginn wurde eine Flaggenhissung vor der gesamten Schülerschaft angeordnet, wobei die jeweils erste Strophe des Deutschland- und des Horst-Wessel-Liedes zu singen waren. Der Lehrstoff war zunehmend nationalsozialistisch durchwirkt. Geschichte und Leibesübungen eigneten sich dazu besonders, aber vor allem die neuen Unterrichtsfächer „Rassenkunde“ und „Erblehre“. Auch die „Blut und Boden"-Ideologie mit ihrer Stärkung des Volkstums und der Aufwertung des deutschen Bauernstandes wurde den Schülern nahegebracht. Dazu boten sich Exkursionen an. Am 30. September 1933 besichtigten alle Klassen der Schule Michaelsbergstraße die Bauernhöfe in der näheren Umgebung wie die Milchverwertungsanstalt Höfling, den Gutshof Branderhof und den Bauernhof Kleiber.[173] Schon 1933 hatte es Bestrebungen gegeben, die Geistlichen aus den Volksschulen zu verdrängen. Ende 1937 ordnete ein Erlass des Regierungspräsidenten an, den Priestern endgültig alle Lehraufträge an den Schulen zu nehmen. So

Abb. 56: Turnhalle Volksschule Michaelsbergstraße

überrascht es nicht, dass die Chronik der Körner-Schule unter dem Datum 2. März 1937 vermerkt: „Dem Kaplan Dr. Vitus wird die Unterrichtserlaubnis entzogen.“[174]

An den Schulen gab es kaum eine Lehrkraft, die nicht im Laufe der Zeit irgendwann Mitglied der NSDAP wurde, wobei nicht alle aus Überzeugung in die Partei eingetreten waren. Vor allem die im christlichen Glauben verwurzelten Lehrerinnen und Lehrer dürften über die Entwicklungen nicht glücklich gewesen sein. Langfristiges Ziel war die Auflösung der Bekenntnisschulen und die Etablierung der weltanschaulich ausgerichteten „Deutschen Schule“, was 1939 gelang. Damit entfiel die Unterscheidung in katholische und evangelische Schulen. Die evangelischen Kinder wurden nun zusammen mit den katholischen in der Körner-Schule an der Michaelsbergstraße unterrichtet. Durch diese Änderung vergrößerte sich die Schule auf 14 Klassen.[175]

Der NS-Staat schuf auch innerhalb der Schulen neue Strukturen mit verschiedenen Funktionen der in diesem System agierenden Personen. So konnte der Schulleiter jetzt Jugendwalter bestimmen, Vertreter der Elternschaft mit beratender Funktion, die zusammen mit ihm und einem HJ-Führer die sog. Schulgemeinde bildeten. Dabei war wichtig: „Der Schulleiter darf nur solche Persönlichkeiten berufen, die in charakterlicher und politischer Hinsicht den Anforderungen entsprechen, die an einen Jugenderzieher im nationalsozialistischen Staate gestellt werden. Vor der Berufung ist der zuständige Ortsgruppenleiter der NSDAP zu hören.“[176] Die Chronik der Körner-Schule nennt für das Jahr 1939 namentlich fünf Personen, die als Schulwalter berufen wurden. Die ebenfalls aufgeführten Adressen weisen sie ausnahmslos als Bewohner der Siedlung Branderhof aus, darüber hinaus kennzeichnet das „Pg“ hinter ihrem Namen sie als Parteigenossen.[177]

Abb. 57: Volksempfänger (um 1930)

Selbst die Kleinsten nahm die Partei ins Visier. Etwa seit 1938 betrieb die Nationalsozialische Volkswohlfahrt (NSV) Kindergärten, die in Konkurrenz zu kirchlichen Einrichtungen standen. 1941 wurde auch der bisher von den Schwestern vom Armen Kinde Jesu geführte katholische Klara-Fey-Kindergarten in der Friedrich-Ebert-Allee/Schlageter-Allee 42 in einen NSV-Kindergarten umgewandelt.[178]

3.3 Propaganda und Partei

Innerhalb kürzester Zeit hatten die Nationalsozialisten Deutschland mit einem engmaschigen Netz verschiedenster Organisationen überzogen, die vorrangig der Indoktrination und Kontrolle der Bevölkerung dienten. Gleichzeitig verstand es das NS-Regime wie kaum ein anderes System, das öffentliche Leben zu inszenieren und für propagandistische Zwecke zu nutzen, sei es durch Paraden, Kundgebungen oder im Gleichschritt marschierende Menschen.
Einen besonderen Stellenwert innerhalb der Propagandamaschinerie nahmen die neuen Medien wie Film und Rundfunk ein.[179] Im Laufe der Dreißigerjahre wurde der Volksempfänger (Abb. 57) in hohen Stückzahlen produziert und konnte damit im Vergleich zu anderen Radiogeräten billiger angeboten werden. Man erhielt ihn sogar auf Gutscheine für Ehestandsdarlehen oder in 18 Monatsraten à 4,40 Reichsmark bei Anzahlung von 7,50 Reichsmark in jedem Radiogeschäft.[180] Durch die Verbreitung der Volks-

Abb. 58: Kreisparteitag der NSDAP im Alten Kurhaus (1935)

empfänger schnellte die Zahl der Rundfunkteilnehmer in die Höhe. Auch in vielen Haushalten der Siedlung Branderhof standen nun solche Rundfunkgeräte, die oft in der Radio-Apparatefabrik Philips in der nahen Burtscheider Jägerstraße produziert worden waren. Hiermit gelangten die Übertragungen von den Parteitagen mit ihren dröhnenden Klängen, dem Chor der Heil-Rufer und den sich überschlagenden Stimmen von Hitler und Goebbels geradewegs in die Wohnzimmer der Menschen.

Ende Juni 1935 fand erstmals der Kreistag der NSDAP in Aachen statt. Ein Festakt im Alten Kurhaus am Samstag, dem 29. Juni 1935 (Abb. 58) und eine Kundgebung mit sorgfältig arrangierten Aufmärschen der verschiedenen Organisationen im Waldstadion am 30. Juni 1935 waren die Höhepunkte der Veranstaltung.

Die Aktivitäten zum Kreisparteitag müssen in der ganzen Stadt zu spüren gewesen sein. Das *Echo der Gegenwart* berichtete: „Schon in den frühen Sonntagmorgen hinein hallten in allen Straßen Marschmusik und der Schritt marschierender Kolonnen, die zu ihren Aufmarschplätzen zogen.“[181] Abends bewegte sich ein Fackelzug des BDM und der HJ, ausgehend vom Benediktinerplatz in Burtscheid, durch die Straßen (Abb. 59).[182]
Viele Aachener waren mittlerweile in die NSDAP eingetreten. Konkrete Daten zu Mitgliedschaften von Siedlungsbewohnern in der NSDAP fehlen. Zwar gibt es eine Statistik über Parteieintritte, in der die Ortsgruppe Branderhof 1935 mit insgesamt 405 Mitgliedschaften geführt wird,

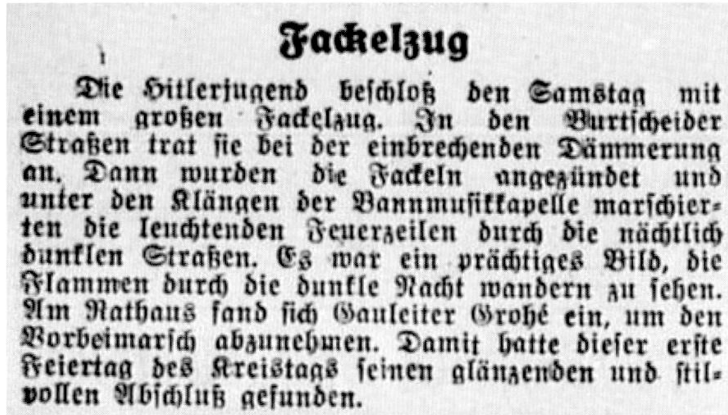

Fackelzug

Die Hitlerjugend beschloß den Samstag mit einem großen Fackelzug. In den Burtscheider Straßen trat sie bei der einbrechenden Dämmerung an. Dann wurden die Fackeln angezündet und unter den Klängen der Bannmusikkapelle marschierten die leuchtenden Feuerzeilen durch die nächtlich dunklen Straßen. Es war ein prächtiges Bild, die Flammen durch die dunkle Nacht wandern zu sehen. Am Rathaus fand sich Gauleiter Grohé ein, um den Vorbeimarsch abzunehmen. Damit hatte dieser erste Feiertag des Kreistags seinen glänzenden und stilvollen Abschluß gefunden.

Abb. 59: Fackelzug zum Kreisparteitag, Echo der Gegenwart, 01.07.1935

doch hierzu gehörten auch andere Straßen in Burtscheid.[183] In der Rückschau und aufgrund der dürftigen Quellenbasis ist es schwierig, Parteigenossen namentlich ausfindig zu machen und erst recht, ihre Motive für einen Beitritt zu bewerten. Ob dieser aus Überzeugung geschah, auf Druck oder aus Opportunitätsgründen, ist nicht zu ermitteln, zumal manche Informationen auf Hörensagen beruhen. Die Einschüchterungsmethoden des Regimes verfehlten jedenfalls nicht ihre Wirkung, und ein Klima der Angst und des Duckmäusertums machte sich breit. So berichten ältere Zeitzeugen aus der Siedlung von blockwartähnlichem Verhalten einiger Nachbarn, die z.B. überwachten, ob die

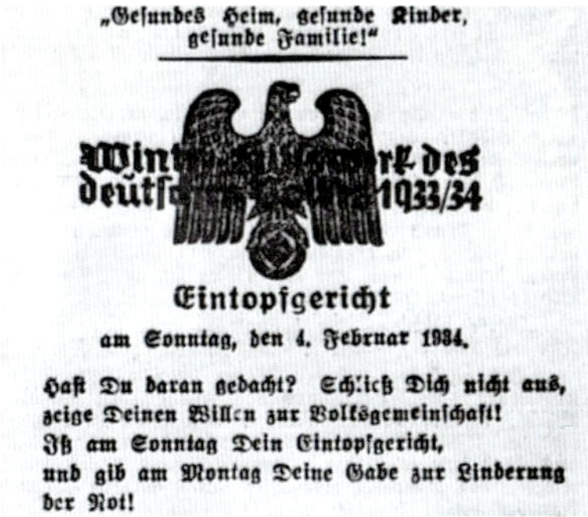

Abb. 60: Echo der Gegenwart, 03.02.1934 und 13.10.1934

Beflaggung ordnungsgemäß erfolgte oder die Eintopfsonntage (Abb. 60) eingehalten wurden. Denn die Bevölkerung war aufgefordert, am ersten Sonntag der Wintermonate das traditionelle Sonntagsessen durch ein schlichtes Eintopfgericht zu ersetzen. Das dadurch eingesparte Geld sollte in die Sammelbüchsen des Winterhilfswerks wandern.[184]

Im Großen und Ganzen beruht die Kenntnis über Parteimitgliedschaften der Siedlungsbewohner auf Zufallsfunden wie die in der Chronik der Schule Michaelsbergstraße erwähnten Jugendwalter. Anhaltspunkte bieten manchmal die Adressbücher oder Namenslisten von zur Wahl stehenden oder gewählten NSDAP-Mitgliedern. Am Weingartshof 4 wohnte ein in die Stadtverordneten-Versammlung gewählter Kandidat der NSDAP,[185] im gleichen Haus eine Frau, deren Name im Adressbuch von 1941 mit dem Zusatz „Untergauführerin" versehen ist.[186] In der Nr. 16 lebte zeitweise der Maler Bert Heller, von dem bekannt ist, dass er 1940 der NSDAP beitrat. (siehe Extrablatt S. 212-215)

Angesichts der steigenden Zahl von Parteimitgliedern in der gesamten Stadt kann zu Recht vermutet werden, dass die Siedlung Branderhof hier keine Ausnahme darstellte. Darüber hinaus ist nicht zuletzt aufgrund des eher kleinbürgerlichen Milieus und des hohen Beamtenanteils anzunehmen, dass es auch in der Siedlung, wenn schon nicht bekennende Parteigenossen, so doch genügend Mitläufer gab. Von offenem Widerstand ist jedenfalls nichts bekannt.

3.4 Vom Altarplatz zum Aufmarschplatz

Auch die Nicht-Parteimitglieder richteten sich in der Zeit ein, so gut es ging. Dabei half, dass die alten Traditionen nicht von einem Tag auf den anderen über Bord geworfen wurden. Dies war von den neuen Machthabern auch bewusst nicht gefordert und lässt sich am Beispiel der Fronleichnamsprozession ablesen.

Fronleichnam und die dazu gehörige Prozession waren wichtige Fixpunkte im Kirchenkalender. Im neuen Viertel Branderhof hatte sich ein Komitee gebildet, das bei den zuständigen Stellen darauf drängte, die Siedlung bei der Fronleichnamsprozession der Burtscheider Pfarrkirchen mit einzubeziehen. Die Bemühungen waren von Erfolg gekrönt. Man einigte sich darauf, dass die Prozession in Jahren mit gerader Zahl

Abb. 61: Fronleichnamsprozession, In den Heimgärten (1933)

den herkömmlichen Weg nehmen, in Jahren mit ungerader Zahl durch die Siedlung ziehen würde. So schloss die Burtscheider Prozession ausgerechnet 1933 erstmalig den neuen Stadtteil mit der Siedlung Branderhof ein. Vom Tunnel an der Moltkestraße kommend, zog sie ein kurzes Stück über die Friedrich-Ebert-Allee/ Schlageter-Allee, dann durch die Heimgärten (Abb. 61) hinauf zum großen Platz am Weingartshof. Die Häuser und Eingänge an der Strecke waren liebevoll ausgeschmückt und beflaggt. Überall waren Fensteraltäre mit Heiligenbildern, Blumengebinden und brennenden Kerzen aufgestellt. Auf dem Weingartshof, wo ein

Abb. 62: Segensaltar am Weingartshof (1935)

Abb. 63: Segensaltar am Weingartshof (1937)

großer, festlich geschmückter Segensaltar – der letzte im Ablauf der Prozession – errichtet war, bedeckte ein Blütenteppich den Boden. Auf dem Platz fand die Schlussmesse mit der Erteilung des Segens statt (Abb. 62, 63). Danach führte der Weg über den Weingartsberg und die Zeise zur Kirche St. Michael-B. zurück.[187]

Während in den vergangenen Jahren von der lokalen Presse immer der Segensaltar vor dem Kloster Michaelsbergstraße als Schmuckstück des Prozessionsweges gepriesen wurde, fand 1933 ausdrücklich der Altar am Weingartshof in einem Bericht würdigende Anerkennung: „Nachdem der dritte Segen in der Moltkestraße gegeben war, zog die Prozession in die neueren Teile Burtscheids, die in der Ausschmückung ih-

Abb. 64: Hitler-Jugendheim, Kalverbenden 2 (1939)

rer Straßen, deren schönste Zier die blühenden Vorgärten sind, hinter Altburtscheid nicht zurückstanden, und auf dem Weingartshof einen prächtigen Altar im modernen Stil errichtet hatten."[188]
Interessanterweise ist im gleichen Bericht von Störungen durch den BDM bei der innerstädtischen Prozession die Rede. Eine Meldung wert war auch ein etwas makaberer Zwischenfall bei dieser ersten Prozession durch die Siedlung. Bei der Erteilung des Segens am Weingartshof fiel offenbar eine Muttergottesfigur aus einem Fenster und verletzte ein Mädchen leicht am Kopf.[189]

In der Nachschau könnte man meinen, der Vorfall sei ein böses Omen gewesen. Denn schon bald war der Weingartshof nicht mehr ausschließlich Schauplatz religiöser Aktivitäten. Zwar erhielten HJ und BDM 1937 mit der Einweihung des Jugendheims auf Kalverbenden (Abb. 64) einen eigenen Versammlungsort und mussten ihre Treffen nicht mehr wie bisher in kirchlichen Einrichtungen abhalten, doch zeigte vor allem die Hitlerjugend ganz bewusst auch auf Straßen und Plätzen Präsenz.

Als eine der wenigen Berührungspunkte mit dem Nationalsozialismus findet sich in den Erinnerungen des Zeitzeugen Jonas die Anmerkung, dass der Weingartshof während des Dritten Reiches Sammelpunkt für die Hitlerjugend war.[190] Auch der in der Kurbrunnenstraße aufgewachsene Kurt Jünger erinnerte sich, dass mittwochs und samstags auf dem Weingartshof sein „Fähnlein" zum Appell antrat und dann zum Wald marschierte, wo Geländespiele veranstaltet wurden.[191]
Sicher war der Weingartshof nicht von ungefähr gewählt. Seine Architektur und die gesamte Anlage verströmten ein gewisses Pathos, das der nationalsozialistischen Ideologie entgegenkam. Während der Weingartshof nun auch als Aufmarschplatz für die Hitlerjungen fungierte,

wehten von den Fahnenstangen in der Siedlung, die bisher für die Fronleichnamsprozession bestückt wurden, immer öfter die Hakenkreuzfahnen als Insignien der neuen Machthaber (Abb. 65). Überhaupt war die neue Nationalflagge bald allgegenwärtig. Ab 1935 fielen selbst die Kirchen unter die Beflaggungspflicht. An den Türmen der Pfarrkirchen St. Michael-B. und St. Johann hingen nun Kirchen- und Hakenkreuzfahnen Seite an Seite.
Spätestens 1939 war der Nationalsozialismus auch in der Siedlung angekommen, denn zum 50. Geburtstag des Führers am 20. April gab es in Aachen „kaum noch ein Haus, an dem nicht die Fahnen weh(t)en, am kleinsten Fenster flatterten wenigstens ein paar Wimpel und überall erschienen Bilder oder Büsten des Führers umgeben von Blumenschmuck."[192] Der Weingartshof war als Sammelplatz für die „Marschsäule 8, Werkscharen" auserkoren, die als Teil eines Sternmarsches von dort durch die Heimgärten und die Schlageter-Allee Richtung Katschhof zog.[193]

Die Fronleichnamsprozessionen konnten im Großen und Ganzen noch bis Ende der Dreißigerjahre weitgehend unbehelligt durchgeführt werden. Der Weingartshof als Ort der Begegnung stand indessen sinnbildlich für die Ambivalenz zwischen der traditionellen Verwurzelung im katholischen Glauben und dem neuen nationalsozialistischen Gedankengut.

Abb. 65: Weingartshof mit Hakenkreuzfahnen (rechts und links im Bild)

„Unser schönes altes Burtscheid ist ein Trümmerhaufen. Die Häuserreihen und die Straßen sind aufgewühlt von Bombentrichtern."

(Josefine Löhrer, 27.04.1944)[194]

Abb. 66: Zerstörte Hauptstraße (nach 1944)

4. Bombenkrieg und Ende als Anfang

4.1 Bomben auf Burtscheid

Die Maßnahmen des NS-Regimes zur Reduzierung der Erwerbslosigkeit griffen anfangs schnell. Ein Arbeitsbeschaffungsprogramm mit Straßenbau- und Wohnungsbauprojekten, aber zunehmend auch Stellenangebote in der Rüstungsindustrie brachten viele wieder in Lohn und Brot.

Wer genau hinsah oder -hörte, konnte schon ab Mitte der Dreißigerjahre erahnen, auf was die nationalsozialistische Politik hinarbeitete. 1935 waren in den Aachener Lokalzeitungen immer wieder – wenn auch noch dezent – Anzeigen mit dem Slogan „Luftschutz aus dem Volk – für das Volk“[195] geschaltet. Ab 1936 wurden die Anzeichen, dass es zu einem Krieg kommen würde, konkreter. Ungeachtet der Bestimmungen des Versailler Vertrags hatte Hitler ein Jahr zuvor die Wehrpflicht wieder eingeführt. Im März 1936 marschierte die Wehrmacht in das entmilitarisierte Rheinland ein, Aachen wurde wieder Garnisonsstadt und erhielt drei neue Kasernen. Auch die Schule am Michaelsberg wurde am 7. März 1936 für 19 Tage vom Militär belegt. Die Einquartierung bescherte den Schülern reduzierten Unterricht.[196] Bald erlebten die Aachener erste Verdunklungs- und Luftschutzübungen, ebenso nächtlichen Probealarm mit heulenden Sirenen. Auch Gasmasken waren verteilt worden.[197]

Spätestens als nördlich von Aachen die Bauarbeiten an den Panzersperren am Westwall voranschritten, war klar, dass alles auf einen Krieg hinauslief. Und noch etwas war nicht mehr zu übersehen: Der zunehmende Terror gegen jüdische Mitbewohner und Institutionen, der in der Nacht vom 9./10. November 1938 einen ersten traurigen Höhepunkt fand, als die Synagoge in Brand gesteckt und zeitgleich jüdische Geschäfte geplündert und demoliert wurden. Die Reichspogromnacht bildete den Auftakt zu einer systematisch auf die Ausgrenzung und Vernichtung der jüdischen Bevölkerung ausgerichteten Politik.[198]
Am 26. August 1939 wurden den Aachener Familien die ersten militärischen Einberufungen durch die Hitlerjugend zugestellt.[199] Am 1. September 1939 begann der Zweite Weltkrieg mit dem Überfall auf Polen.

Einmal mehr waren die Schulen und damit die Kinder von den Entwicklungen betroffen. Mit Kriegsbeginn waren die Aachener Schulen von durchziehenden Truppen belegt, so auch die Schule Michaelsbergstraße. In der Turnhalle fanden ärztliche Untersuchungen der Wehrpflichtigen statt. Ein Teil des Kellers unter dem Schulgebäude wurde vorsorglich als Luftschutzraum eingerichtet, eine ständige Nachtwache war zu seinem Schutz abgestellt.[200]

In der Siedlung Branderhof rüstete man sich anfangs eher halbherzig für kommende Gefahren. Zwar waren bereits 1934 in einer großangelegten Entrümplungsaktion des Reichsluftschutzbundes die auf privaten Speichern aufbewahrten leicht entzündlichen Stoffe entfernt worden, um die Brandgefahr im Falle eines Bombenangriffs zu senken. Doch stieß diese Maßnahme auf Unverständnis, was angesichts des Zeitpunkts nicht verwundert.[201] Immerhin standen auf den Speichern der Siedlungshäuser jetzt Eimer mit Sand und Wasser, eine Feuerpatsche und ein Einreißhaken für den Ernstfall bereit.[202]

Obwohl 1940 die ersten feindlichen Flugzeuge über der Stadt auftauchten,[203] fehlte es in Aa-

Abb. 67: Flak Beverau (1943)

chen im Vergleich mit anderen Städten bislang an systematischen Schutzmaßnahmen für die Zivilbevölkerung. Erst im Januar 1941 begann man mit Nachdruck die Ausschachtungsarbeiten für Luftschutzbunker voranzutreiben und die Stadt mit einem Flak-Riegel zu umgeben,[204] der feindliche Bombengeschwader unter Beschuss nehmen sollte.
Auf dem Gebiet der Siedlung Branderhof, am Bahndamm hinter den Häusern Friedrich-Ebert-Allee 25 und folgende, war jetzt eine leichte Flak-Batterie mit einer Vierlingsflak aufgestellt, die bis ins Gillesbachtal reichte.[205] Darüber hinaus wurde auf der Beverau, auf den Wiesen und Feldern der Bauern Peters und Vondenbusch zwischen Erzberger- und Adenauerallee und Branderhof/Forster Weg, eine Batterie-Einheit mit schweren Flak-Geschützen und Personal-Unterkünften errichtet (Abb. 67).[206] Beide Flak-Stellungen sollten im Laufe des Krieges für die Bewohner der Siedlung Branderhof zu einer zusätzlichen Belastung und Gefährdung werden.

Der erste größere Luftangriff auf Aachen erfolgte am 10. Juli 1941, allerdings wurde hier vor allem die Innenstadt in Mitleidenschaft gezogen. Am 5. Oktober 1942 traf es erstmals den Stadtteil Burtscheid. In der Zeise explodierte eine Luftmine und verursachte einen größeren Schaden am Schulgebäude Michaelsbergstraße.[207] An St. Michael-B. waren so starke Schäden an den Fenstern und dem Dach entstanden, dass kein Gottesdienst mehr dort stattfinden konnte.[208]

Die Flak im Gillesbachtal stellte insofern eine Gefahr für die Nachbarschaft dar, als die Detonation ihrer Geschosse einen gewaltigen Luftdruck erzeugte, der Bauschäden zur Folge hatte. Fenster wurden herausgeschleudert, Dächer abgedeckt. Die feindlichen Flugzeuge, die diese Flak bekämpften, sorgten für weitere Zerstörungen.[209] Die „4. Batterie der 514. Flakabteilung, 7. Flakdivision“ auf der nahen Beverau feuerte des Nachts unermüdlich, und die Suchscheinwerfer erhellten den Nachthimmel über der Siedlung.

Inzwischen hatten die meisten Bewohner der Siedlung ihre Kellerfenster zugemauert und einen Durchbruch zum Nachbarhaus geschaffen,[210] damit man notfalls von einem Haus ins andere fliehen konnte. Die nächsten Hochbunker lagen an der Kasinostraße und der Frankenburg, darüber hinaus führte ein Stollen vom Krugenofen bis zur Böschung in der Nähe der Schienen am Hauptbahnhof. Da diese Schutzräume jedoch bei Alarm nicht schnell genug zu erreichen waren, harrten viele Anwohner während der Luftangriffe weiter in den Kellern ihrer Häuser aus und versuchten dort, sich so gut wie möglich zu schützen. Entgegen der Vermutung, die Siedlungshäuser würden bei der ersten Bombe umfallen wie Streichholzschachteln, hielten sie erstaunlich viel aus und bewahrten

Abb. 68: Zerstörungen an St. Michael-B. (1943), Foto: Bruno Schuhmachers

viele Bewohner vor dem Tod. Auf dem Weingartshof war mittlerweile ein Teich mit Löschwasser angelegt worden, aus dem sich die Anwohner zum Löschen der sich häufenden Brände bedienten. Es wurde eine Kette gebildet, und die Wassereimer wurden von Hand zu Hand weitergereicht.
Auch der Kapellenplatz war etwa zur Hälfte als Löschwasserteich mit Erdwällen ausgebaut.[211]

Bei dem Großangriff am 14. Juli 1943 verlor St. Michael-B. durch Brand Dach, Turmhelm und die Holzkuppel der Vierung (Abb. 68). Das einstürzende Dach zerschlug Teile des barocken Kreuzgewölbes.[212] Auch Gebäude an der Michaelsbergstraße erlitten starke Beschädigungen, so das Kloster der Schwestern vom Armen Kinde Jesu, die Turnhalle und Fachräume der Schule Michaelsbergstraße. Die Schulräume in der Parkstraße wurden ebenfalls größtenteils zerstört. Die Klassen wurden auf andere Schulgebäude in der Nähe wie Luisenstraße, Abteistraße und Kapitelstraße verteilt.[213]

Seit Beginn des Jahres 1944 bombardierten die Kampfflugzeuge die Stadt in immer kürzeren Abständen. Am 11. April 1944 herrschte in einigen Familien, so gut es die Verhältnisse erlaubten, eine bescheiden festliche Stimmung, denn am Sonntag zuvor, dem Osterfest, war diesmal gleichzeitig der Tag der Erstkommunion gewesen. Tagsüber hatte es schon fünfmal Fliegeralarm gegeben, um 21.40 Uhr heulten die Sirenen ein sechstes Mal. Minuten später brach ein Inferno herein. Eigentliches Ziel des Großangriffs waren der Hauptbahnhof und die Eisenbahnlinie gewesen, aber die Kollateralschäden besonders im Stadtteil Burtscheid waren gewaltig.
In den 21 Minuten, die der Angriff dauerte, wurde das alte Burtscheid nahezu ausradiert. Die ehemals gewachsene Wohngegend glich einer apokalyptischen Mondlandschaft. Bei dem Großangriff starben 1.525 Zivilpersonen, 969 wurden verletzt.[214]
Zahlreiche Badehäuser am Burtscheider Markt

Abb. 69: Im Gillesbachtal 76-80, Rückseite handschriftl.: „Im Trümmerbachtal“ (1944)

und alle Bäder an der Dammstraße wurden vernichtet. Besonders schlimm hatte es die Hauptstraße mit ihrer einzigartigen Bebauung getroffen. Sie existierte praktisch nicht mehr. St. Johann und die angrenzenden Klosterbauten brannten völlig aus. Bei St. Michael-B. zerstörten Sprengbomben das gerade wiederhergestellte Dach erneut.

Durch einen Volltreffer auf die Batteriestellung Beverau, wo ab dem 15. Februar 1943 KKG-Schüler der Geburtsjahrgänge 1926 und 1927 im Einsatz waren, starben zwei junge Luftwaffenhelfer am Funkmessgerät.[215] Auch in der Siedlung Branderhof waren bald nicht nur Bombenschäden, sondern auch Tote und Verletzte zu beklagen. Dabei traf es nicht nur Hausbewohner, die in Kellern Schutz gesucht hatten. So wurde bei dem Angriff am 11. April 1944 ein Mann auf der Straße getötet, der turnusmäßig dazu abgestellt war, das Inventar der Siedlungshäuser zu „bewachen“, während die Anwohner im Bunker ausharrten. Manche Familien verloren bei den Angriffen ihre gesamte Habe und wurden obdachlos. Viele Häuser waren jetzt massiv beschädigt wie die Zeile Schlageter-Allee 33-37 oder sogar bis auf die Grundmauern eingestürzt wie die Häuser Schlageter-Allee 13 und Weingartsberg 22, wo zwei Personen den Tod fanden. In der Straße Im Gillesbachtal waren die Häuser Nr. 76-80 komplett zerstört (Abb. 69). Im Haus Nr. 80 hatten sich die Bewohner bei dem Bombenangriff in eine Ecke des Kellers verkrochen. Von dort gelangten sie über den Durchbruch in das Nachbarhaus Nr. 82, das unversehrt blieb, und überlebten unverletzt. Im Haus Nr. 76 jedoch starben zwei Kinder. Noch heute erinnert ein künstlerisch gestaltetes Kreuz zwischen den Wintergärten der Häuser 74 und 76 an ihren Tod.[216]

Eine Luftmine hatte eine Häuserzeile an der Südseite des Weingartshofs weggerissen. Mehrere Personen wurden dabei getötet, darunter eine Mutter und ihre drei Töchter aus Berlin, die auf Anraten ihrer Verwandten extra in Aachen Zuflucht gesucht hatten, weil sich die Lage in der Hauptstadt zuspitzte. Am nächsten Tag waren die aus den Trümmern geborgenen Leichen auf dem Weingartshof aufgereiht, bevor man sie mit einer Plane bedeckte, ein Anblick, den ältere Siedlungsbewohnerinnen bis heute nicht vergessen haben.[217]

Überhaupt kamen durch den Krieg die Kinder und Jugendlichen schon früh mit Leiden und Tod in Berührung, sei es, weil der Vater oder Bruder gefallen war oder sie erlebten, wie Freunde und Verwandte tot oder verletzt aus den Trümmern gezogen wurden. Dennoch übten Tod und Verwundung auch eine eigentümliche Faszination aus. Ein Burtscheider Junge berichtete, dass sie oft stundenlang am oberen Eingang des Landesbades in der Altdorfstraße standen und zusahen, wie in endloser Reihe verwundete deutsche Soldaten des Westfeldzuges, auf Bahren liegend oder von Rote-Kreuz-Schwestern gestützt, dem Reservelazarett Landesbad zugeführt wurden.

Beliebt bei der Burtscheider und Branderhofer Jugend waren auch Ausflüge zur Flak-Batterie auf der Beverau,[218] wobei die jugendlichen Besucher eine stille Bewunderung für die 16- und 17-jährigen, und damit oft gleichaltrigen Luftwaffenhelfer hegten.

Auch das Spiel der Kinder spiegelte das kriegerische Geschehen und den Kriegsalltag. Soldat zu spielen war zumindest in den ersten Kriegsjahren bei den Jungen sehr beliebt und wurde auch von der Spielzeugindustrie mit entsprechenden Anzeigen beworben und gefördert. Den Mädchen war dabei meist die Rolle der Krankenschwester zugewiesen.

Mit fortschreitender Kriegsdauer, vor allem durch den Luftkrieg, hatte sich das Leben der Zivilbevölkerung radikal verändert. In fast jeder

Abb. 70, 71: Zerstörungen In den Heimgärten 37-41 (25.05.1944)
Rückseite handschriftl.: „Das war die Heimat“

Familie waren Väter und Söhne zum Wehrdienst eingezogen. Wenn sie ihren Einsatz überlebten, gerieten sie oft in Kriegsgefangenschaft oder kehrten als Verwundete oder Invaliden von der Front zurück, sodass die Hauptlast der Organisation des täglichen Lebens auf den Frauen und auch den Kindern ruhte. Ein geregelter Schulunterricht war ohnehin kaum noch möglich. Die Nächte verbrachten die Kinder meist in Kellern oder Bunkern, bei Tagesalarm im Luftschutzraum der Schule oder im nahen Bunker an der Kasinostraße. Nach den Bombenangriffen wurden sie zum Löschen und Schutt-Räumen herangezogen. Ansonsten waren ihre Tage ausgefüllt mit der Beschaffung von Lebensmitteln und Wasser. Beim Bahndamm im Gillesbachtal gab es eine kleine Quelle mit kristallklarem Wasser. War in der Siedlung wieder einmal die Wasserversorgung ausgefallen, wurden oft die Kinder dorthin geschickt, um in Eimern Wasser zu holen.

Wenn nicht schon vorher geschehen, war der Angriff vom 11. April Anlass, viele Familien aus der Siedlung zu evakuieren, z.B. nach Sachsen und Schlesien. Manchmal geschah das unter Zwang, weil einige Besitzer ihre Häuser nicht unbeaufsichtigt zurücklassen wollten. Einige widersetzten sich auch dem Evakuierungsbefehl und harrten in ihren Häusern oder Verstecken aus. Andere machten sich in Eigenregie auf den Weg zu Verwandten in vermeintlich sicheren Gebieten.
In Aachen war die Lage weiterhin desaströs. Bei dem fünften Großangriff auf die Stadt am 25. Mai 1944 trugen zwar die Bezirke Westbahnhof und Rothe Erde mit den nahen Bahnlinien die Hauptlast, aber wie immer blieben die Zerstörungen nicht auf die eigentlichen Ziele beschränkt. In dieser Nacht erhielt das Haus In den Heimgärten 39 einen Volltreffer, der auch die Nachbarhäuser Nr. 37 und 41 zum Einsturz brachte (Abb. 70-72). Glücklicherweise hatten die Bewohner der Nr. 37 den Bunker Frankenberg aufgesucht, die von Nr. 39 waren bei Verwandten in St. Vith untergekommen, aber im Keller des Hauses Nr. 41 starben zwei Menschen. Die Zerstörung der Häusergruppe Heimgärten 37-41 blieb bei diesem Angriff der einzige größere Schaden innerhalb der Straße.

Am 12. September überschritten amerikanische Soldaten die deutsche Grenze, die ersten Artilleriegranaten schlugen in der Stadt ein. Zwischen dem 25. und 30. September erreichten die Amerikaner die Linie südlich des Bahndamms Rothe Erde über Forst, Branderhof bis Siegel. Zur Beverau gelangten sie über das Drimborner Wäldchen am 17. September. Der Stadtteil blieb drei Wochen Kampfterrain mit wechselnden Frontlinien. Die dortige Flak-Stellung hielt den Betrieb aufrecht bis zur Räumung der Stadt am 13. September 1944, wenige Tage vor der Besetzung durch die Amerikaner.[219]

Zwischen dem 12. und 16. Oktober wurde der Ring amerikanischer Truppen um Aachen immer enger und schloss sich schließlich ganz. In Burtscheid drangen die Amerikaner bis zum Markt vor. Bei den erbitterten Häuserkämpfen

Abb. 72: Zerstörungen In den Heimgärten 37-41, mit Durchblick zum Gillesbachtal (25.05.1944)

der letzten Kriegstage fiel oft das, was zuvor von den Bomben verschont geblieben war, dem Artilleriefeuer der Amerikaner zum Opfer, die von der Gallwitzkaserne her anrückten.

Am 21. Oktober 1944 ging in Aachen, als erster deutscher Stadt überhaupt, der Krieg zu Ende.

Jetzt beeilte man sich, die Erinnerungen an die Jahre der Diktatur und des Krieges wenigstens im öffentlichen Bereich auszulöschen. So erhielten bereits am 1. Dezember 1944 die 1933 nach nationalsozialistischen Größen benannten Straßen wieder ihre ursprünglichen Bezeichnungen. In der Siedlung hieß die Schlageter-Allee jetzt wieder Friedrich-Ebert-Allee, ihre Verlängerung Richtung Hauptbahnhof wieder Parkstraße.[220]

Während die Aachener ein erstes bescheidendes Weihnachtsfest in Frieden feierten, war für den Rest des Reiches die Kriegsgefahr jedoch noch nicht gebannt. Südlich der Aachener Stadtgrenze war die Ardennenoffensive in vollem Gange, ein weiterer Kriegsschauplatz war in der Nordeifel mit der Schlacht im Hürtgenwald eröffnet. Die Soldaten, die noch an den verschiedenen Fronten kämpften, oder die Evakuierten, die auf ihre Rückkehr in die Heimat warteten, waren weiterhin von Tod und Verwundung bedroht und sehnten das Kriegsende herbei.[221]

Erst am 8. Mai 1945 war mit der bedingungslosen Kapitulation der Zweite Weltkrieg beendet.

4.2 Leben in Trümmern

4.2.1 Bestandsaufnahme

„Am 8. Mai, nach dem Ende des Krieges, bin ich mit dem Fahrrad [von Hamm] nach Aachen gefahren, um nach unserem Haus zu sehen", berichtet die Zeitzeugin Maria Staerck. Was sie vorfand, war ein Bild der Verwüstung. Die Straßen der Siedlung waren aufgewühlt von Bombentrichtern. Überall lagen riesige Schuttberge. Manche Häuser waren vollständig zerstört. Bei den noch aufstehenden Häusern war keine Fensterscheibe mehr ganz oder es fehlte das Dach. Bei vielen waren die oberen Etagen in Mitleidenschaft gezogen. „Man konnte sich die Hände von der Mansarde zum Speicher geben."[222]

Ende des Zweiten Weltkriegs sah die Bilanz für die Siedlung Branderhof folgendermaßen aus:

10 % aller Häuser waren total zerstört,
20 % konnten zunächst nur als Notunterkünfte verwendet werden,
70 % aller Häuser konnten nur unter erheblichen Kosten wiederhergestellt werden.[223]

Zwar verpflichtete eine Notdienstverordnung vom 26. April 1945 alle männlichen Einwohner Aachens zwischen 16 und 60 Jahren an drei Tagen in der Woche zur Schuttbeseitigung,[224] und auch nationalsozialistisch Belastete wurden als Strafmaßnahme zum Schutt-Schaufeln verdonnert, aber in vielen Haushalten fehlten die Männer, weil sie entweder an der Front gefallen waren, als vermisst galten oder sich noch in Kriegsgefangenschaft befanden. So lasteten die Aufgaben der Trümmerbeseitigung und ersten Instandsetzungsarbeiten notgedrungen auf den Frauen und Kindern. Über Eimerketten wurde der Schutt auf Schubkarren, Handwagen und Leiterwagen verbracht und zum Gillesbachtal transportiert. Der Gang dorthin war wegen der mit Schutt bedeckten Straßen ein mühsames

Unterfangen. Aber jeder, der halbwegs dazu in der Lage war, packte mit an. Nachdem die Straßen wieder einigermaßen passierbar waren, stellte die Verwaltung Lastwagen zum Abtransport des Schutts aus dem Stadtgebiet zur Verfügung. Die Stadt benötigte Flächen für den Trümmerschutt und entschied sich neben anderen für das Gelände zwischen Gillesbachtal und Erzbergerallee, wo seit 1923 die Dauergarten-Kolonie „Branderhof" ansässig war. Die Anlage bestand nach dem Krieg zum überwiegenden Teil nur noch aus Bombentrichtern. Allen Protesten seitens der Kleingärtner zum Trotz begann die Stadt 1947 mit der Aufschüttung. Zuvor hatte man allerdings den Mutterboden gerettet und auf die Trümmerschicht gebracht. Die später wieder geschaffenen Gärten lagen deshalb bis zu 18 Meter höher als die alten.[225] Da das ursprüngliche Gelände durch die Tallage sehr schattig gewesen war, erwies sich die Ent-

Abb. 73: Plan Schütte Gillesbachtal, Dr. Fischer (23.04.1956)

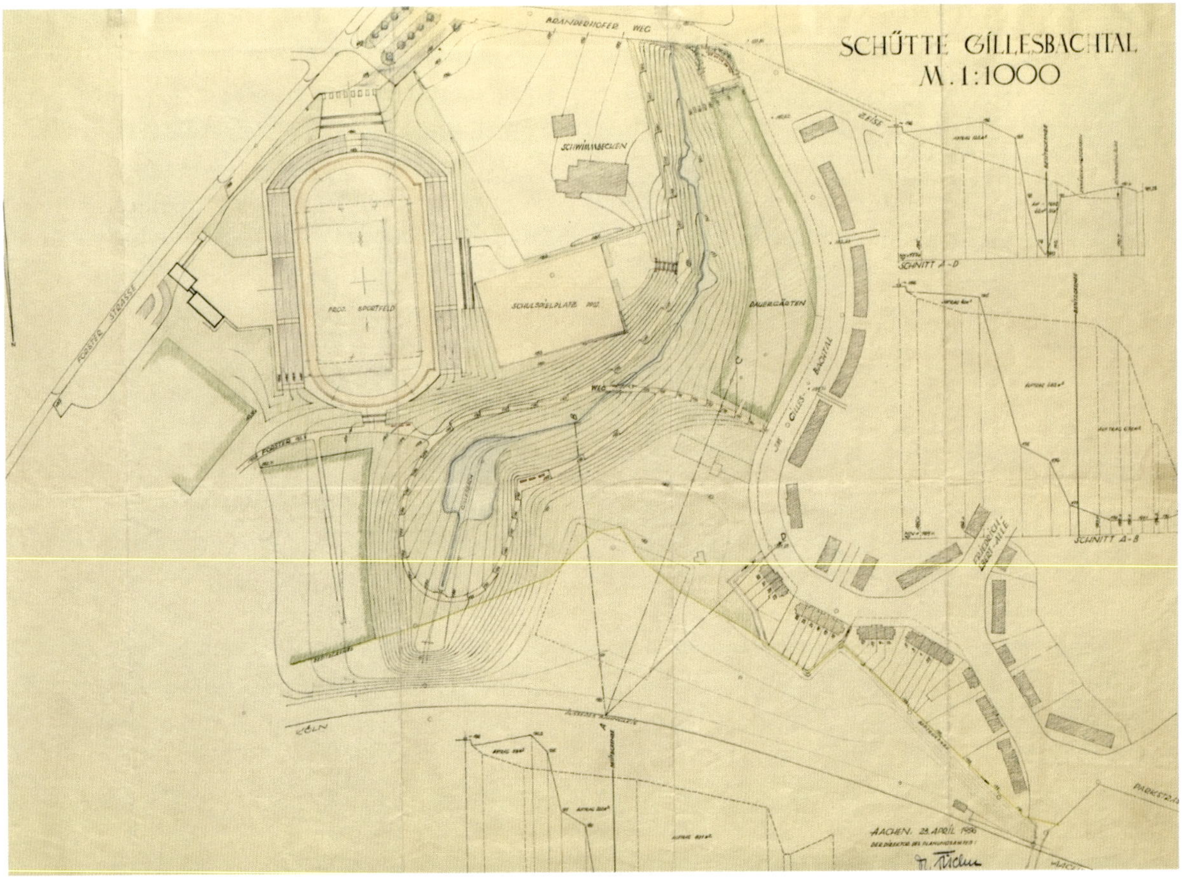

scheidung, es bis zum Bahndamm mit Schutt aufzufüllen und damit höher zu legen, letztendlich als Vorteil für die Kleingärtner.[226]
In den ersten Nachkriegsjahren wurden im Gillesbachtal 16.000 Lastwagenladungen Trümmerschutt aus der gesamten Stadt abgekippt.[227] Seitdem hieß das Gebiet nicht nur im Volksmund die „Schütte". Auch der mit der stadtplanerischen Seite des Wiederaufbaus beauftragte Prof. Wilhelm K. Fischer bezeichnet es auf einem Plan von 1956 explizit als „Schütte Gillesbachtal" (Abb. 73).[228]
In der Stadt gab es zunächst weder Gas noch Strom, das Kanalnetz war an vielen Stellen unterbrochen, und das Wasser floss noch lange nicht aus dem Wasserhahn. Ab Januar 1945 wurde die Stadt wieder mit Trinkwasser versorgt, das jedoch noch abgekocht werden musste.[229] Bis dahin war die kleine Wasserschöpfstelle beim Tunnel, dort, wo der Bach sich seinen Weg durch den Bahndamm im Gillesbachtal bahnte, für die Siedlungsbewohner weiterhin von großer Bedeutung. Beladen mit zwei vollen Eimern, kostete vor allem der Rückweg durch wildes Gestrüpp und über Schuttberge große Anstrengung und einiges an Geschicklichkeit.[230] Deshalb war das Wasserholen wie schon während des Krieges den Kindern und Jugendlichen vorbehalten. Der Weg durch die Trümmerwüste war nicht ganz ungefährlich, denn unter den Trümmern lagen immer noch viele Blindgänger. Im Juli 1945 wurde offiziell mit der Beseitigung von Kampfmitteln begonnen,[231] aber noch Jahre nach Kriegsende wurden sie manchmal zur tödlichen Falle für Altmetallsammler und spielende Kinder.

Die meisten Kinder passten sich den Lebensumständen erstaunlich gut an und bezogen in ihren Spielen die Spuren, die der Krieg hinterlassen hatte, wie selbstverständlich ein. Trotz der elterlichen Warnung, nicht auf den Trümmergrundstücken zu spielen, war gerade dies reizvoll. Zwischen Ruinen und Trümmern ließ sich gut verstecken und suchen. Interessant waren auch die mit Wasser gefüllten Bombentrichter, die von Molchen und Salamandern wimmelten. Vor allem die „Schütte" im Gillesbachtal und die Umgebung des ehemaligen Flak-Standortes auf der Beverau wurden für die Kinder der Siedlung zum Abenteuerspielplatz. Das Zündeln mit Munitionsresten und Bombenteilen gehörte zu ihrem gefährlichen Spielalltag. Granatsplitter, die nach Beschuss von englischen Flugzeugen durch die deutsche Flak auf den Straßen liegengeblieben waren, wurden zu beliebten Sammel- und Tauschobjekten.[232]
Bei der Trümmerräumung galt ein Augenmerk stets dem noch irgendwie Verwertbaren. Alte Träger und sonstige Eisenteile oder kostbare Buntmetalle wie Kupfer, Zink, Blei und Messing wurden eifrig gesammelt, Nägel auf Holzplanken zur Wiederwendung geradegebogen. Eine Hauptbeschäftigung der Überlebenden wurde

Abb. 74: Mitgliedsheft IG Branderhof (1947)

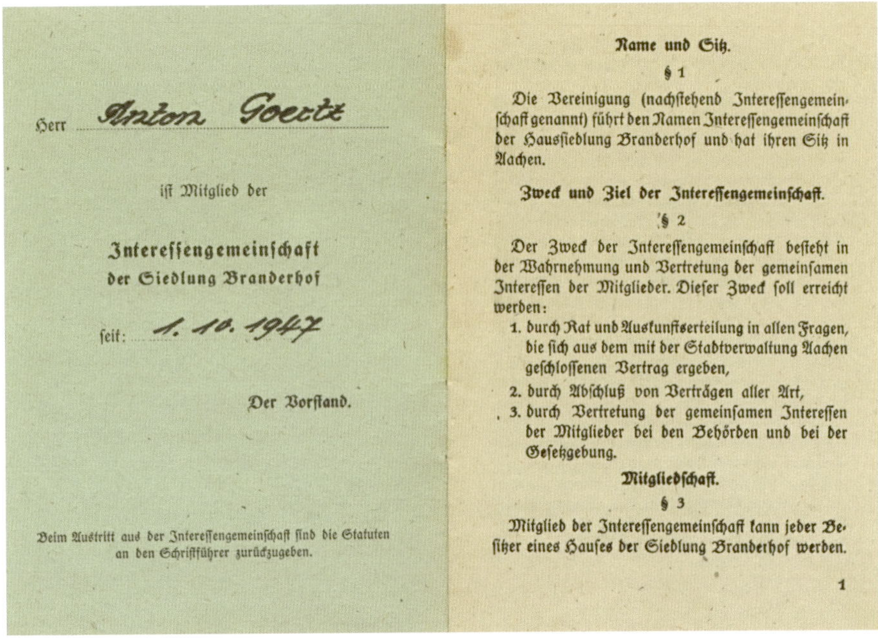

Herr Anton Goertz

ist Mitglied der

Interessengemeinschaft der Siedlung Branderhof

seit: 1. 10. 1947

Der Vorstand.

Beim Austritt aus der Interessengemeinschaft sind die Statuten an den Schriftführer zurückzugeben.

Name und Sitz.

§ 1

Die Vereinigung (nachstehend Interessengemeinschaft genannt) führt den Namen Interessengemeinschaft der Haussiedlung Branderhof und hat ihren Sitz in Aachen.

Zweck und Ziel der Interessengemeinschaft.

§ 2

Der Zweck der Interessengemeinschaft besteht in der Wahrnehmung und Vertretung der gemeinsamen Interessen der Mitglieder. Dieser Zweck soll erreicht werden:

1. durch Rat und Auskunftserteilung in allen Fragen, die sich aus dem mit der Stadtverwaltung Aachen geschlossenen Vertrag ergeben,
2. durch Abschluß von Verträgen aller Art,
3. durch Vertretung der gemeinsamen Interessen der Mitglieder bei den Behörden und bei der Gesetzgebung.

Mitgliedschaft.

§ 3

Mitglied der Interessengemeinschaft kann jeder Besitzer eines Hauses der Siedlung Branderhof werden.

1

das „Steine-Klopfen“. Damit Ziegelsteine wieder verwendet werden konnten, musste der Mörtel mit dem Hammer abgeklopft oder mit Messern abgeschabt werden. Mancher Ziegel konnte, so präpariert, für die Ausbesserung oder den Wiederaufbau des Eigenheims recycelt werden.[233] Die nahe „Schütte“ im Gillesbachtal erwies sich dabei als Glücksfall, lieferten doch die hier abgekippten Trümmer manchem Hausbesitzer das dringend benötigte Baumaterial.

In der Siedlung war Nachbarschaftshilfe jetzt wichtiger denn je. Und sie funktionierte. Nachbarn liehen einander Werkzeug, Gerüstmaterial und ihre Arbeitskraft. Besonders gefragt waren Handwerker. Glücklicherweise lebten Handwerker aus allen Sparten in der Siedlung und konnten ihre Fertigkeiten zum Einsatz bringen. Überhaupt war der nachbarschaftliche Zusammenhalt unter den Siedlungsbewohnern in der Nachkriegszeit sehr groß. Dies äußerte sich auch darin, dass die seit den Anfängen bestehende Interessengemeinschaft Branderhof sich 1947 neu gründete (Abb. 74). Es ging bei der Unterstützung der Mitglieder durch die IG jetzt oft um finanzielle Belange, z.B. Hilfestellung bei der Beantragung des „Lastenausgleichs“ für Bombengeschädigte.[234] Aber auch Garten- und kleinere Baugeräte, Schubkarren und lange Leitern, die auf verschiedene Lagerorte in der Siedlung verteilt waren, konnten über die Interessengemeinschaft entliehen werden, z.B. im Haus In den Heimgärten 29 oder am Weingartsberg 4.[235]

Im Laufe des Jahres 1945 waren die ersten Evakuierten in die Siedlung zurückgekehrt. Während ihrer Abwesenheit hatten sich oft Plünderer in den unbewohnten Häusern umgetan und alles, was ihnen brauchbar erschien, mitgehen lassen. Sogar schwere Gegenstände waren abtransportiert worden. In der Schule Parkstraße waren von amerikanischen Soldaten Dutzende von erbeuteten Klavieren gelagert.[236] Im Bett des Gillesbachs verrotteten eigentlich noch brauchbare Küchen- und Gasherde, die die einrückenden Truppen anscheinend von Lastwagen dort abgekippt hatten.[237]
Neben dem Verlust von Mobiliar und Hausrat hatten die Plünderungen auch weitere Verwüstungen in Wohnungen und Gärten zur Folge gehabt, denn die Plünderer waren nicht zimperlich gewesen.
Oft hieß es: „This house is inhabited“ – dieses Haus ist bewohnt – von Fremden, oft Amerikanern, aber auch von Einheimischen. Der teilweise unkontrollierte Rückstrom von Evakuierten verschärfte die Lage noch, ebenso ab Juli 1945 die Zuwanderung der aus dem Kreis Eupen-Malmedy-St. Vith ausgewiesenen Deutschen.[238] Die Not setzte das Eigentumsgebot vorübergehend außer Kraft. Wo immer ein leerer Raum als Unterschlupf vorgefunden wurde, durfte er vom Finder mit Trümmermaterialien instandgesetzt und in Beschlag genommen werden, einschließlich eventuell noch vorhandener Möbel. Der offiziell von der Verwaltung legitimierte Begriff dafür war „sicherstellen“. Für „entliehene“ Möbel und Hausrat wurden Leihscheine ausgestellt. Diese Regelung sorgte natürlich für Ärger bei ehemaligen Nutzern oder Besitzern, die ihr Haus unversehrt vorfanden, aber besetzt von Fremden, die nicht weichen wollten oder konnten.[239] Selbst manche Gärten von Evakuierten in der Kolonie im Gillesbachtal waren von der Stadt inzwischen an andere Leute vergeben worden.[240] Damit waren die eigentlichen Besitzer einer wichtigen Grundlage zur Selbstversorgung beraubt.

4.2.2 Provisorien und Improvisation

Die ersten Nachkriegsjahre waren eine Zeit des Mangels, aber vor allem der Provisorien und der Improvisation. Zwar hatten in der Innenstadt schnell wieder einige Bekleidungs- und Haushaltswarengeschäfte in Behelfsbaracken eröffnet (z.B. Sinn), aber das Angebot war noch dürftig und größtenteils unbezahlbar. Daher galt die Devise: aus Alt mach Neu. Im Schutt gefundene oder in den Familien noch vorhandene Kriegs- und Rüstungsmaterialien wurden oft zu Gebrauchsgegenständen umfunktioniert. So wurden Granathülsen zu Vasen oder Wärmflaschen, Gasmasken zu Kochgeräten, Stahlhelme zu Sieben. Aus Fallschirmseide, Uniformstoffen und alten Militärdecken wurde etwas zum Anziehen genäht. Alte, noch brauchbare Kleidung wurde aufgetrennt, gewendet, gefärbt und in jeder erdenklichen Weise umgearbeitet.

Die gravierende Wohnungsnot übertraf die der Jahre nach dem Ersten Weltkrieg bei weitem, denn diesmal war sie einer vorangegangenen beinahen Totalzerstörung der Städte geschuldet. Um der dringlichsten Wohnungsnot Herr zu werden, entstanden Notunterkünfte in ausgedienten Luftschutzbunkern und eigens errichteten Nissenhütten. Letztere ähnelten einer in der Längsachse halbierten Tonne mit jeweils nur einem Fenster an den Stirnseiten. Sie hatten den Vorteil, dass sie schnell und kostengünstig aufgebaut werden konnten. Allerdings waren sie schlecht isoliert, was sich besonders im Winter 1946/47, der mit Temperaturen von minus 20 Grad als einer der kältesten des Jahrhunderts in die Geschichte einging, als ihr größter Nachteil erwies.[241] Die Nissenhütten waren mit bis zu 25 Personen belegt. Zwar waren sie im Innern mit aufgehängten Stoffbahnen oder Betttüchern parzelliert, aber es fehlte jegliche Privatsphäre. In nervenaufreibender Enge, bei stickiger Luft, bei Schmutz und Gestank hausten hier die Gestrandeten der Nachkriegszeit: Ausgebombte, Flüchtlinge und viele DPs (displaced persons), ehemalige Zwangsarbeiter oder KZ-Häftlinge, Menschen ohne Wurzeln, deren Identität nicht einmal die alliierten Behörden kannten.

Die katholische Bahnhofsmission hatte in der Reumontstraße, nahe der Burtscheider Brücke, ein Übernachtungsheim für Frauen eingerichtet, das einer Nissenhütte ähnelte (Abb. 75).

Abb. 75: Heim der katholischen Bahnhofsmission, Übernachtungsheim für Frauen an der Burtscheider Brücke (um 1947)

Diese Notunterkunft wurde auch von einigen Frauen der Siedlung Branderhof zeitweise genutzt, weil ihr eigenes Heim noch nicht vollständig wiederaufgebaut oder von Fremden bewohnt war.[242]

Noch lange dienten die fensterlosen Hochbunker als Notbehausungen, für manche wurde das Provisorium gar zur Dauereinrichtung. Als letzter von insgesamt 18 wurde 1958 der Luftschutzbunker an der Frankenburg, der auch einigen Siedlungsbewohnern als Zuflucht gedient hatte, geräumt.[243]

Abb. 76: (links) Notkirche St. Michael-B. im Burtscheider Kurhaus (1945)

Abb. 77: (rechts) Gottesdienst in St. Michael-B. während der Wiederaufbauphase (1949)

Auch die zerstörten Burtscheider Pfarrkirchen mussten sich mit Provisorien behelfen. Nachdem zunächst im Marienhospital Notgottesdienste abgehalten worden waren, erhielt die Pfarrgemeinde St. Michael-B. am 18. November 1945 eine Notkirche im Bunker des Burtscheider Kurhauses an der Dammstraße zugewiesen (Abb. 76). Doch noch während der Wiederaufbauphase von St. Michael-B. feierte die Pfarrgemeinde wieder Gottesdienste in der vorläufig instandgesetzten, aber immer noch deutlich gezeichneten Kirche (Abb. 77).[244]

4.2.3 Mängelverwaltung

Während für viele Gläubige wenigstens ein Hauch von kirchlicher Normalität einkehrte, war der Alltag nach wie vor hart. Rationiert war so gut wie alles. Lebensmittel, Kleidung, Benzin oder Kohlen gab es nur gegen Bezugsscheine (Abb. 78).

Die Lebensmittel, die den Familien auf Karte zugeteilt waren, reichten nicht, um satt zu werden, und das Kräfte zehrende Schlangestehen vor den notdürftig eingerichteten Läden war oft vergeblich, weil die angekündigte Ware nicht in ausreichender Menge vorhanden war. Wieder

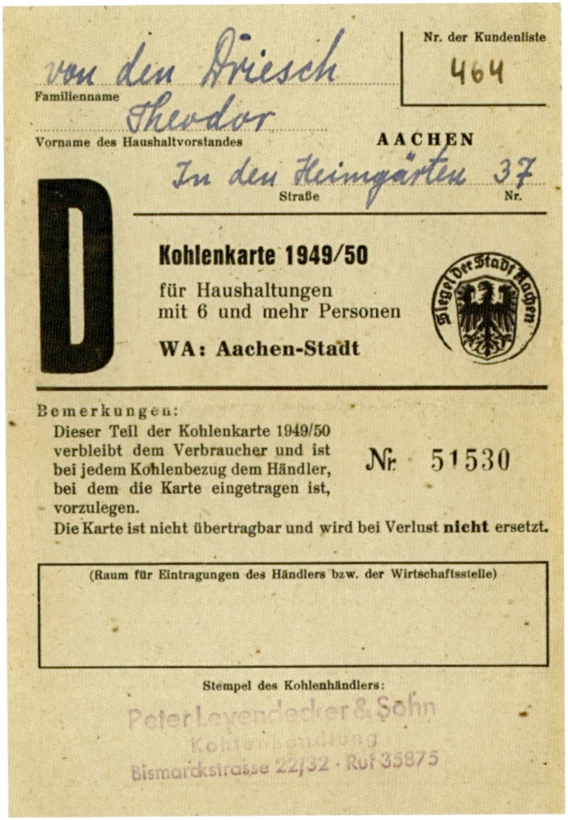
Nr. der Kundenliste
464
von den Driesch
Familienname
Theodor
Vorname des Haushaltvorstandes
AACHEN
In den Heimgärten 37
Straße Nr.
D
Kohlenkarte 1949/50
für Haushaltungen
mit 6 und mehr Personen
WA: Aachen-Stadt
Siegel der Stadt Aachen
Bemerkungen:
Dieser Teil der Kohlenkarte 1949/50 verbleibt dem Verbraucher und ist bei jedem Kohlenbezug dem Händler, bei dem die Karte eingetragen ist, vorzulegen.
Nr. 51530
Die Karte ist nicht übertragbar und wird bei Verlust **nicht** ersetzt.
(Raum für Eintragungen des Händlers bzw. der Wirtschaftsstelle)
Stempel des Kohlenhändlers:
Peter Leyendecker & Sohn
Kohlenhandlung
Bismarckstrasse 22/32 · Ruf 35875

Abb. 78: Kohlenkarte (1949/50)

einmal machten sich in diesen Zeiten die Nutzgärten der Siedlung Branderhof bezahlt, lieferten sie doch überlebensnotwendige Erträge an Kartoffeln, Gemüse und Obst. Auch so manche Hausschlachtung wird hier vorgenommen worden sein.
Viele fuhren auch mit dem Rad zum „Hamstern“ aufs Land, wo die Versorgungslage meist besser war. Hier versuchten sie, im Austausch gegen Sachwerte Kohlen, Holz und Lebensmittel, am liebsten jedoch Butter und Speck, zu bekommen. Andere organisierten das Lebensnotwendige bevorzugt auf dem Schwarzmarkt. Besonders rund um die Adalbertkirche hatte sich der Schwarzhandel etabliert. Hier war auch das zu haben, was man auf Bezugsschein nicht bekam: ein Paar Schuhe, ein Radio, Schnaps. Währung waren amerikanische Zigaretten.[245] Wegen der grenznahen Lage zu Belgien und Holland hatte auch der Schmuggel Hochkonjunktur. Viele Aachener zogen täglich zum Schmuggeln von Butter und Tabakwaren, vor allem aber Kaffee, über die grüne Grenze. Selbst an der Mittwochs-Prozession durch den Aachener Wald nach Moresnet nahmen nicht nur fromme Pilger teil. Fast in jedem Haushalt der Siedlung Branderhof waren solche „Grenzgänger“ anzutreffen, auch viele Kinder, die von ihren Eltern zum Schmuggeln angehalten wurden und deshalb dem gerade wieder anlaufenden Schulbetrieb fernblieben.

Dabei legten die amerikanischen Besatzer großen Wert darauf, dass das Schulwesen in Aachen schnell wieder in Gang kam. Neben den hohen Fehlquoten der Schüler – sei es aus Interesselosigkeit, aus Mangel an Kleidungsstücken oder Hunger – war die Raumnot ein großes Problem. Zum Glück war wie durch ein Wunder als einzige Burtscheider Schule das Gebäude an der

Kleverstraße (Abb. 79) unversehrt geblieben. Schon während des Krieges waren hier die Schulkinder der Michaelsbergstraße behelfsmäßig unterrichtet worden. Im Juni 1945 gehörte die Schule Kleverstraße neben der in der Friedensstraße [heute Aretzstraße] zu den ersten, die wieder öffneten. Nun waren sämtliche Kinder Burtscheids dieser Schule zugewiesen, sodass in drei Schichten täglich weit über 1.000 Kinder in acht notdürftig hergerichteten Räumen unterrichtet wurden.

Die größte Schwierigkeit bestand jedoch darin, Pädagogen ohne NS-Vergangenheit zu finden, die die Kinder im demokratischen Sinne erziehen würden. Wie andere Beamte hatten sich viele Lehrer einem Entnazifizierungsverfahren zu stellen. Dabei ging es im Wesentlichen darum, Beweise zu erbringen, wieso man gezwungen war, der NSDAP beizutreten, und nicht gegen das Regime opponiert hatte. Zahlreiche Schreiben von Lehrpersonen mit Erklärungsversuchen und Wiedereinstellungsgesuchen an den entsprechenden Ausschuss sind überliefert.

Nicht alle durften ihren Dienst wieder antreten, andere befanden sich noch in laufenden Entnazifizierungsverfahren, sodass der Unterricht anfangs oft mit nicht ausgebildeten Schulhelfern aufrechterhalten werden musste.[246] Mit zunehmender Dauer der Entnazifizierungsprozesse wurden die Entlastungszeugnisse und „Persil-

Abb. 79: Schule Kleverstraße

scheine“ allerdings fast inflationär ausgestellt, auch für Lehrkräfte, die dies aufgrund ihrer Vorbelastung nicht verdienten. Doch der Lehrermangel zwang die Behörden zu Kompromissen.

Abb. 80: In den Heimgärten (1955)

„Heute ist die ganze Siedlung wieder unsere gute Stube und wir können jeden Besuch darin herumführen."

(Hubert Pauls, 25 Jahre Gartengroßsieldung Branderhof, 1952)[247]

Abb. 81: Frauen mit Luftballons, In den Heimgärten (1950)

5. Neubeginn und die Fünfzigerjahre

5.1 Währungsreform – eine neue Zeitrechnung

Am 21. Juni 1948 begann eine neue Zeitrechnung in Deutschland. Mit der Währungsreform erhielt jeder Bürger in zwei Raten ein „Kopfgeld“ von insgesamt 60 Deutsche Mark als Startkapital gegen eine Abgabe von 60 Reichsmark. Die alten Geldscheine kamen in die Papiermühle und wurden zu Altpapier. Praktisch über Nacht waren die Schaufenster der Geschäfte wieder gut gefüllt. Man wunderte sich, wo die erstaunliche Warenfülle auf einmal herkam. Bis zum Tag der Währungsreform hatten die Händler anscheinend ihre Ware gehortet, damit sie dafür die neue starke DM bekamen. Mit einem Schlag waren die Tauschgeschäfte und der Schwarzhandel mit seinen immer utopischeren Preisen wie weggewischt. Die Kaufkraft des Geldes war zurückgekehrt, der Alltag war wieder berechenbar. Doch alles kaufen zu können, hieß noch lange nicht, sich alles leisten zu können. Gleichwohl war die Basis für das Wirtschaftswunder gelegt.

Mit dem Währungsschnitt erlebte der Handel einen Aufschwung. Am deutlichsten war dies in der Innenstadt, in den Hauptgeschäftsstraßen wie Adalbertstraße oder Großkölnstraße spürbar. Zum Kleiderkauf oder für größere Anschaffungen ging man in die Stadt, aber der Lebensmit-

Abb. 82: Bäckerei Reinartz, Weingartshof 2 (1950er Jahre)

telladen hatte um die Ecke zu liegen, so wie es seit jeher in der Siedlung Branderhof war.

Spätestens 1949/1951 waren hier wieder funktionierende Kolonialwarengeschäfte anzutreffen: An bekannter Stelle der Bäcker Willi Reinartz am Weingartshof 2 (Abb. 82) und das Lebensmittelgeschäft von Johann Bong am Weingartshof 4 (Abb. 83). Gleich gegenüber hatte sich nach seiner Rückkehr aus russischer Kriegsgefangenschaft Willy Heinen mit einer improvisierten Obst- und Gemüsehandlung niedergelassen. Heinen, der bei seinen Eltern In den Heimgärten 33 wohnte, bot seine Waren wettergeschützt unter den Arkaden des Eckhauses In den Heimgärten 55/Weingartshof an. Der ursprünglich darüberliegende Balkon war noch nicht wiederhergestellt, und ab der ersten Etage standen nur noch die Seitenwände auf. Heinen hatte zuvor eine Art Lieferdienst für Fisch betrieben. In einer mit Eis bestückten Transportbox im vorderen Teil seines Dreirads brachte er Heringe und andere Fischsorten bis in die Eifel.[248]

In der Friedrich-Ebert-Allee gab es jetzt ebenfalls Geschäfte. In der Milchverteilung von Helene Müller, Friedrich-Ebert-Allee 37, war in der Theke eine Pumpe eingebaut, mit der die „lose Milch“ in mitgebrachte Aluminium-Kannen abgefüllt wurde.[249] Die Geschäftsinhaberin, besser bekannt unter dem Namen Lenchen Müller, verkaufte auch verschiedene Milchprodukte wie Sahne, Quark und im Sommer Eis (Abb. 84). Der Laden wurde später von Frau Momber übernommen. Gleich nebenan, in der Nummer 35, lag das Lebensmittelgeschäft von Frau Houben, doch glich diese Verkaufsstelle mehr einem Wohnzimmer als einem richtigen Laden. An der

Abb. 83: Lebensmittelgeschäft Johann Bong, Weingartshof 4 (1963)

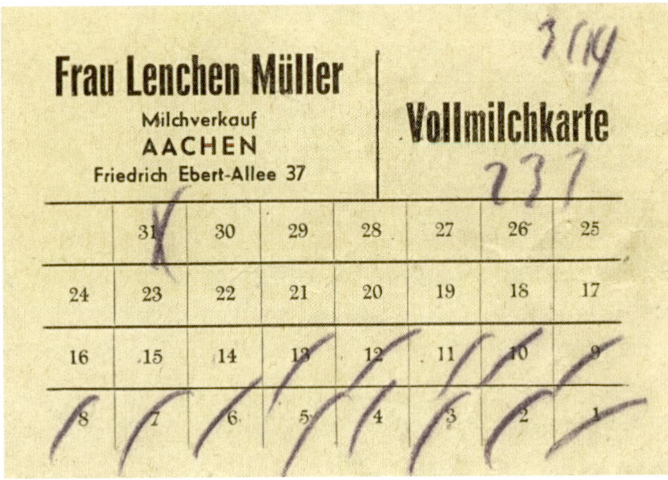

Abb. 84: Vollmilchkarte Milchverkauf Lenchen Müller, Friedrich-Ebert-Allee 37

Ecke Friedrich-Ebert-Allee 93/Weingartsberg hatte ebenfalls eine kleine Kolonialwarenhandlung eröffnet. Herr Klippel war eigentlich Fuhrunternehmer und lieferte neben anderen Dingen auch Kohlen und Briketts, während seine Ehefrau im Laden stand.

Auch andere Gewerbe waren jetzt in der Siedlung ansässig.1945 wagte Peter Hugot mit der Gründung eines Sanitär- und Heizungsbetriebs den Schritt in die Selbstständigkeit. Die Erstausstattung des neu gegründeten Meisterbetriebs war mehr als dürftig und bestand im Wesentlichen aus ein paar Hämmern und Zangen. Aber Arbeit war im zerstörten Burtscheid mehr als genug vorhanden. Hugot verkaufte sein Haus In den Heimgärten 6, um das Haus Friedrich-Ebert-Allee 42 als Firmensitz zu erwerben. Bei dem Gebäude handelte es sich um den durch Kriegseinwirkung ausgebrannten Kindergarten der Siedlung. Die Klostergemeinschaft hatte einen Termin zur Wiederherstellung des Hauses nicht einhalten können, und der Stadt waren die Sanierungskosten offensichtlich zu hoch. So erhielt Hugot den Zuschlag für das Haus.[250] Von ca. 1948 bis 1960 war im linken Teil des Hauses auch der Frisiersalon Welter zu finden, danach bis etwa 1969 ein Waschsalon.[251] Der Kindergarten der Schwestern vom Armen Kinde Jesu war zu der Zeit ins Kloster Michaelsbergstraße gezogen.

Der Dentist Josef Krings, wohnhaft im Gillesbachtal 12, hatte in den Dreißiger-/Vierzigerjahren Praxisräume im Frankenberger Viertel gemietet. Wahrscheinlich eher aus der Not geboren, richtete er nach Kriegsende eine Praxis im Erdgeschoss seines Privathauses ein. Durch die innen liegende Treppe war sie mit den privaten Wohnräumen in den Obergeschossen verbunden[252] und vermittelte deshalb den Eindruck eines Provisoriums, das aber dann einfach beibehalten wurde.

Das Leben normalisierte sich weiter. Mehrspännige Hochzeitskutschen fuhren in der Siedlung vor (Abb. 85), Kinder wurden geboren (Abb. 86, 87). Am 20. Januar 1950 war die wiederhergestellte Volksschule Michaelsbergstraße feierlich

Abb. 85: Hochzeitskutsche vor Weingartsberg 4-2 (1952)

ihrer Bestimmung übergeben worden.[253] Die älteren Kinder der Siedlung Branderhof hatten damit wieder ihre eigene Schule.

Auch die Instandsetzungsarbeiten an den Burtscheider Kirchen gingen voran. Allerdings sollte es bei St. Michael-B. noch rund 10 Jahre dauern, bis hier die letzten Kriegsschäden beseitigt waren. Doch viele kirchliche Traditionen waren längst wieder aufgenommen. So fand die Maiandacht wieder statt, und die Burtscheider Kevelaer-Bruderschaft organsierte wieder Wallfahrten.[254] Manche Pfarrkinder pilgerten jedoch lieber nach Moresnet, allein schon, um nach dem Marsch durch den Aachener Wald in einem der kleinen Cafés in Nähe der Wallfahrts-

Abb. 86, 87: Mutter mit Baby und Kinderwagen, Weingartsberg (Anfang 1950er Jahre)

kirche einzukehren. Vor allem aber war wichtig, dass die Fronleichnamsprozession wieder die Siedlung besuchte. Auf dem Weingartshof fand am 8. Juni 1950 eine feierliche Messe statt (Abb. 88). Zu dem Zeitpunkt war das Eckhaus In den Heimgärten 55, wo Willy Heinen wochentags sein Obst und Gemüse anbot, noch von deutlichen Kriegsschäden gezeichnet.

Abb. 88: Fronleichnamsfeier auf dem Weingartshof (08.06.1950)

5.2 Alles wie gehabt?

„Drei Monate nach der Währungsreform steht der Original-Senking-Herd wieder in vorkriegsmäßiger Ausführung zur Verfügung."[255] Diese Ankündigung in einer Annonce der Aachener Ofenfirma Hesse steht gewissermaßen exemplarisch für die Lebensweise der frühen Nachkriegsjahre.

Wer in der glücklichen Lage war, Haus und Einrichtung intakt vorzufinden, nutzte natürlich das Mobiliar zunächst weiter. Aber selbst wer alles durch Zerstörung verloren hatte, orientierte sich bei der Wiederbeschaffung von Einrich-

tung oft notgedrungen an Altbekanntem. Auch die allmählich wieder geöffneten Betriebe boten aufgrund von Lieferschwierigkeiten und Mitarbeitermangel nur solche Waren an.
So herrschte in den Siedlungshäusern bei der Einrichtung weiter das schwere, dunkle Mobiliar der Vorkriegszeit und der Kriegsjahre vor. Selbst der Volksempfänger war oft noch einige Zeit in Gebrauch, jetzt allerdings um die Suchmeldungen des Roten Kreuzes zu verfolgen. Die Wohnküche (Abb. 89) blieb zentraler Ort des Hauses, schon weil das knappe Brennmaterial eine Beheizung anderer Räume nicht zuließ. Und das Wohnzimmer war wochentags eher „Schonzimmer"[256] als Aufenthaltsort. Gebadet wurde weiterhin in Zinkwannen, und der Waschtag bereitete den Hausfrauen die altbekannte Mühe. Die Nähmaschine war nach wie vor ein wichtiges Instrument für die Herstellung von Kleidung. Die bewährten Schnittmusterbögen von Ullstein waren den Hausfrauen eine große Hilfe beim Selbstschneidern. In den Modezeitschriften der frühen Fünfzigerjahre lebten die Schnitte der Vorkriegszeit mit kleinen Veränderungen zunächst fort.

Abb. 89: Frau am Herd einer Wohnküche (1950er Jahre)

Abgesehen von den Zerstörungen sah es nach den Aufräumarbeiten in der Siedlung Branderhof kaum anders aus als in den Anfangsjahren. Der dörfliche Charakter war weitgehend bewahrt. In den Vorgärten blühten die Blumen, in den kleinen Hausgärten wurden Gemüse und Obst angebaut, Geflügel oder andere Kleintiere gehalten. Es war immer noch ruhig in der Siedlung und, abgesehen von der Friedrich-Ebert-Allee als Verbindung zwischen Normaluhr und

Burtscheid, waren nur selten Autos auf den Straßen zu sehen. Fahrzeuge gehörten vor allem den ambulanten Händlern, die nach wie vor die Siedlung regelmäßig besuchten, um Milchprodukte, Gemüse oder Backwaren anzubieten. Auch ein Scherenschleifer kam mit seinem Schleifkarren, ebenso ein Lumpensammler mit einem Pritschenwagen, um Stoffreste und alte Kleidung anzukaufen. Da weiterhin eine Gaststätte in der Siedlung fehlte, wurde wie vor dem Krieg das Bier entweder angeliefert oder im Siphon bei einer Schankwirtschaft geholt.

Allerdings waren die ursprünglichen Erwerber der Siedlungshäuser in die Jahre gekommen, und eine neue Generation von Eltern und Kindern wuchs heran. Beim Spielen machten die Kinder aber scheinbar dort weiter, wo sie vor dem Krieg aufgehört hatten. Auf den Straßen der Siedlung spielten sie weiterhin Völkerball oder „Mutter, wie viel Schritte darf ich gehen?“, und selbst bei dem Gruppenspiel mit der unschönen Bezeichnung „Krieg erklären“ dachte sich anscheinend niemand etwas. Die konfessionellen Pfadfinderverbände, die während des Dritten Reichs aufgelöst und in die Hitlerjugend überführt worden waren, durften sich mit Erlaubnis der alliierten Besatzer nach und nach wieder neu gründen. In den Fünfzigerjahren zogen die Pfadfinder wieder durch die Straßen der Siedlung und versammelten sich am Weingartshof. Von dem frischen Wind, der durch die Wirtschaft zu wehen begann, war in den bürgerlichen Familienstrukturen der Fünfzigerjahre noch nicht viel zu spüren. Die Rollen waren weiterhin traditionell verteilt. Der Mann arbeitete und verdiente das Geld, die Frau war nur in seltenen Fällen berufstätig. Spätestens wenn das erste Kind da war, gab sie ihren Beruf auf und kümmerte sich ausschließlich um Haushalt und Erziehung. Berufstätig waren meist nur alleinstehende Frauen, die durch äußere Umstände dazu gezwungen waren, etwa weil ihr Mann im Krieg gefallen war oder sie noch auf seine Heimkehr aus der Kriegsgefangenschaft warteten. Die Kinder dieser Frauen waren „Schlüsselkinder“, da sie den ganzen Tag auf sich gestellt waren und den Hausschlüssel an einer Kette um den Hals trugen. In der Siedlung Branderhof wohnten einige solcher „Schlüsselkinder“. Diese Kinder hatten es meist auch in der Schule schwer.

Im Schulbetrieb war oft kein wesentlicher Unterschied zu den Dreißiger-/Vierzigerjahren feststellbar: Klassen mit bis zu 50 Schülern, Raumnot und ein undurchlässiges System, das Kinder aus Arbeiterfamilien benachteiligte. Auch pädagogisch lief vieles in alten Bahnen. Natürlich waren das Bild des Führers und der nationalsozialistisch geprägte Lernstoff aus den Klassenzimmern verbannt, und auch der konfessionelle Unterricht war wieder erwünscht. Aber nicht wenige Lehrer der alten Garde praktizierten nach wie vor einen geradezu militärischen Drill und füllten die Schulstunden nicht selten mit verherrlichenden Erlebnisberichten aus ihrer Zeit als Soldat oder der Kriegsgefangenschaft. Gehorsam gegenüber Autoritäten wie Lehrer, Vater oder Pastor war weiterhin das vorherrschende Erziehungsideal. Zu seiner Durchsetzung kamen rigide Strafmethoden und körperliche Züchtigung zum Einsatz. Hiebe mit dem Rohrstock, Linealschläge auf die Finger, Ohrfeigen und Kopfnüsse gehörten zum Schulalltag.[257]

In erster Linie standen natürlich Rechnen, Lesen, Schreiben auf dem Lehrplan, wobei ab 1953 die sogenannte lateinische Ausgangsschrift gelehrt wurde. Zunächst schrieben die Kinder noch auf der Schiefertafel, später dann mit Bleistift oder Füllfederhalter in ein Schulheft. Auswendiglernen war immer noch die bevorzugte Lernmethode. Eine erfreuliche Abwechslung bildete das Fach Heimatkunde, weil hier viel gemalt und weniger gepaukt wurde. Themen waren zum Beispiel die Beschreibung des eigenen Wohnhauses, des Schulweges, des Wohnumfeldes, aber auch Lokalgeschichtliches sowie Sagen.

Nicht nur in den Lehrerkollegien arbeiteten mangels geeigneter Fachkräfte nationalsozialistisch Vorbelastete. Auch in Justiz und Verwaltung konnten viele trotz ihrer politischen Vergangenheit unbehelligt Kariere machen.[258] Dies hing auch mit der Einstellung der Entnazifizierungsverfahren zusammen. Für den Stadtkreis Aachen waren die Ausschüsse bereits mit Wirkung vom 25. April 1949 aufgehoben,[259] spätere Landes- und Bundesgesetze setzten den sehr bürokratischen und aufwändigen Verfahren bis 1951 ein endgültiges Ende.

Aber selbst in banaleren Dingen des Lebens war die Zeit scheinbar stehengeblieben. Auf den Plattentellern drehten sich noch die Schlager der Vorkriegszeit, wenn auch jetzt gepresst in Scheiben aus Vinyl statt Schellack. In den Liedern von Zarah Leander, Hans Albers, Marika Röck oder Jopi Heesters ging es meist um Harmonie oder Herzschmerz. Diese Art von Musik sollte vor allem eines vermitteln: Alles ist wieder gut. Sogar die Automobilindustrie machte zunächst dort weiter, wo sie vor dem Krieg aufgehört hatte. Anfang der Fünfzigerjahre fuhren noch die Vorkriegsmodelle wie der „Buckeltaunus“ von Ford, der DKW Meisterklasse, der Wanderer oder Hanomag durch die Städte.

So knüpfte man in vielen Bereichen des Lebens stilistisch und mental stark an den Geschmack und die Werte der Vorkriegszeit an. Ein echter Neuanfang erfolgte erst, als das Wirtschaftswunder in Schwung kam und die Fünfzigerjahre ihren eigenen Stil fanden.

5.3 Wirtschaftswunderjahre

5.3.1 Bauboom

In seinem Vortrag zum 25-jährigen Bestehen der Siedlung Branderhof im Jahr 1952 berichtete der Festredner Hubert Pauls, dass von den 210 Häusern bis auf fünf alle wiederhergestellt waren.[260] Manchmal konnte ein Gebäude noch längere Zeit nach Kriegsende wegen Geld- und Materialmangel nicht komplett wiederaufgebaut werden, so wie das Haus In den Heimgärten 39. Das Nachbargrundstück Nr. 41 ging im Laufe

Abb. 90, 91: In den Heimgärten 41 im Aufbau, Vorder- und Rückseite (1948)

Abb. 92: In den Heimgärten 41 fertiggestellt (1949)

Abb. 93: In den Heimgärten 39, Vorderseite Zustand vor 1953

des Jahres 1948 in den Besitz einer elfköpfigen (!) Familie über, die sich beherzt daran machte, das Grundstück zu enttrümmern und weitestgehend in Eigenleistung einen Neubau zu schaffen (Abb. 90-92). Der Rohbau war 1949 fertig,[261] während nebenan noch lange nur ein halbes Haus, bestehend aus Keller und Parterre, zu sehen war. Die Behörde hatte der betroffenen Familie zunächst nur den Bau des Parterres mit zwei Zimmern gestattet. Die Aufstockung erfolgte erst nach 1953 (Abb. 93-95).

Die weggerissene Häuserzeile an der Westseite des Weingartshofs 8-12, die mit ihren imposanten Stufen- und Rundgiebeln bei den Häusern Nr. 8-10 einmal eine spiegelbildliche Entsprechung der gegenüberliegenden Seite gewesen war, wurde in einer stark vereinfachten Variante wiederaufgebaut. Gleichfalls verzichtete man bei den Eckhäusern zu den Heimgärten auf die Stufengiebel zugunsten einfacher Dreieckgiebel. Auch die Hauser Friedrich-Ebert-Allee 42 (Firma Hugot) und 93 (Geschäft Klippel) sind in veränderter Form wieder erstanden.

Wo es das Gelände erlaubte, z.B. bei den leicht erhöht liegenden Häusern, fanden einige Eigentümer individuelle Lösungen bei der Enttrüm-

Abb. 94: In den Heimgärten 39, Rückseite Zustand vor 1953

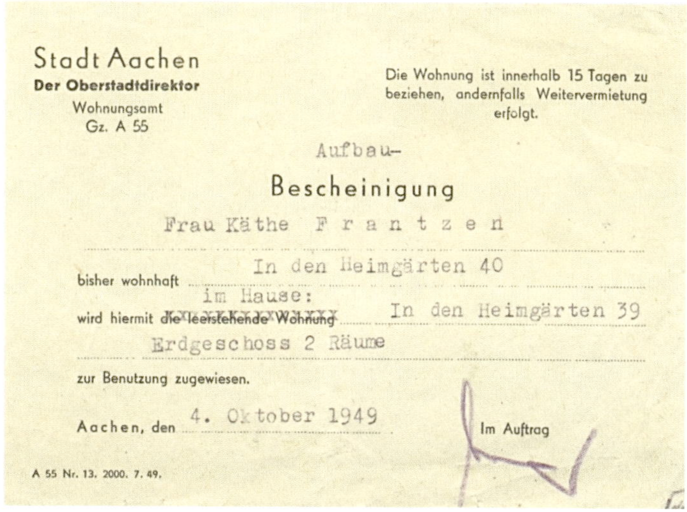

Stadt Aachen
Der Oberstadtdirektor
Wohnungsamt
Gz. A 55

Die Wohnung ist innerhalb 15 Tagen zu beziehen, andernfalls Weitervermietung erfolgt.

Aufbau-
Bescheinigung

Frau Käthe Frantzen

bisher wohnhaft In den Heimgärten 40

wird hiermit ~~die leerstehende Wohnung~~ im Hause: In den Heimgärten 39

Erdgeschoss 2 Räume

zur Benutzung zugewiesen.

Aachen, den 4. Oktober 1949

Im Auftrag

A 55 Nr. 13. 2000. 7. 49.

Abb. 95: Aufbaubescheinigung (1949)

merung ihres Grundstücks. Nach der Totalzerstörung des Hauses Weingartsberg 22 (Abb. 96) wurde der Schutt größtenteils nicht abtransportiert, sondern der Garten mit Trümmermasse aufgefüllt, sodass bis heute die Rasenfläche dort aus mehreren Stufen besteht.[262] Im Gillesbachtal baute man auf Architektenempfehlung unter Ausnutzung der Geländeunterschiede die ersten Garagen in die Böschung (Abb. 97), was im Hinblick auf den später zunehmenden Verkehr und die Parkraumknappheit ein vorausschauender Rat war.[263]

Um ein monatliches Zubrot zu der oft kargen Kriegs- oder Witwenrente zu haben, vermieteten viele Hausbesitzer Mansardenzimmer an Studenten, Arbeiter oder an Kurgäste. Ein solcher, später als Mitarbeiter im Raumfahrtzentrum der NASA bekannt gewordener Untermieter war Jesco von Puttkamer, der von 1953 bis 1962 eine Studentenbude bei Frau Pitz In den Heimgärten 31 bewohnte (Abb. 98, 99).[264] Just während dieser Aachener Zeit schrieb von Puttkamer übrigens eine Reihe von Science-Fiction-Romanen und -Kurzgeschichten.[265] Vielleicht fand der angehende Raumfahrtingenieur auch deshalb genügend Muße zum Schreiben, weil es kaum Ablenkung gab. Besuch zu empfangen, war den Untermietern verboten, besonders

Abb. 96: Weingartsberg 22-16 (Anfang 1950er Jahre)

wenn es sich um Damenbesuch handelte, schließlich war der Kuppeleiparagraph noch in Kraft.

Manchmal lebten in den winzigen Häusern mehr als zehn Personen, Kinder, Großeltern und Untermieter unter einem Dach, ein heute kaum vorstellbarer Zustand. Platzsparende, variable Möbel wie Ausziehtische oder leicht verstaubare Klappbetten waren deshalb gefragt. Idealerweise sollte die Einrichtung verschiedene

Abb. 97: Im Gillesbachtal (Anfang 1950er Jahre)

Funktionen übernehmen können. So verwandelten Schrankbetten selbst manche Küchen oder Wohnzimmer der Siedlungshäuser in temporäre Schlafplätze. Doch trotz aller Einschränkungen waren die meisten Bewohner der Siedlung zufrieden und schätzten sich glücklich, ein Eigenheim zu besitzen.

Für den Großteil der Bevölkerung war ein eigenes Haus unerschwinglich, auch wenn es Ausnahmen gab, wie die ab 1950 genossenschaftlich errichtete Siedlung Vogelsang bewies. Aber auch günstige Mietwohnungen waren Mangelware. Um schnell Abhilfe zu schaffen, legte das junge Land NRW unter seinem Ministerpräsidenten Arnold mit Hilfe von Mitteln aus dem Marshallplan ein großes Wohnungsbaupro-

Abb. 98, 99: Prof. Puttkamer und seine Studentenbude bei Frau Pitz, In den Heimgärten 31 (1957)

gramm auf. Mehr als die Hälfte der Wohnungen des sozialen Wohnungsbaus entstanden in dieser Zeit. Anfang der Fünfzigerjahre war die Aufbruchstimmung auf dem Bausektor allerorts zu spüren. Auch im Umfeld der Siedlung Branderhof ratterten die Baumaschinen beinahe pausenlos.

Am 2. August 1951 beschloss die Stadtvertretung die Errichtung von Entwicklungsbauten aus Geldern des Marshallplans. Damit konnte westlich der oberen Erzbergerallee, auf dem Gelände der ehemaligen Flak-Batterie, die ECA-(Economic Cooperation Administration) Siedlung errichtet werden (Abb. 100).

Dieses Projekt umfasste 120 Einfamilienhäuser mit einer Nutzfläche von nur 52-62 Quadratmetern, 14 Zweifamilienhäuser und sechs Sechsfamilienhäuser an den heutigen Straßen An den Birkenweiden, Am Branderhof und – als Reminiszenz an das ehemalige Terrain – In den Zwanzigmorgen. Im Frühjahr 1953 konnten die Häuser bezogen werden. Sie waren insbesondere für Flüchtlinge und Ausgebombte gedacht. Die neue ECA-Siedlung hieß wegen des ursprünglich farbigen Anstrichs ihrer Häuser überall bald nur noch die „Papageien-Siedlung".[266] Sie wies einige Parallelen zu der Branderhofer Siedlung auf. Beide Anlagen entstanden als Reaktion auf die Wohnungsnot nach einem Krieg, sie waren durchgrünt, die Bauweise war einfach, aber funktional. Allerdings war die Siedlung Branderhof gestalterisch weitaus anspruchsvoller und handwerklich hochwertiger. Bei den ECA-Häusern zeigten sich sehr schnell die ersten gravierenden Baumängel.

Weitere Baumaßnahmen im Umkreis der Siedlung Branderhof waren der belgischen Besat-

Abb. 100: Blick über Gärten und Trümmerberge im Gillesbachtal auf die entstehende ECA-Siedlung (1947)

zung zugedacht. Die Amerikaner, seit der Befreiung Aachens im Oktober 1944 in der Stadt, zogen sich Mitte Mai 1945 zurück, und die Engländer übernahmen. Aachen gehörte nun zur britischen Besatzungszone. Doch bereits im Mai 1946 waren die englischen von belgischen Streitkräften als Hilfskräfte abgelöst worden, verwaltungstechnisch blieb die Zone allerdings in britischer Hand.[267] Die von den Truppen beschlagnahmten Häuser und Wohnungen in der Stadt konnten erst wieder für die Aachener Bevölkerung freigegeben werden, nachdem die Angehörigen der alliierten Truppen und deren Familien mit eigenem Wohnraum versorgt waren.
Im Spätsommer 1949 wurde nach Plänen des Wiederaufbauministeriums mit dem Bau der ersten Wohnhäuser für die belgische Besatzung begonnen. In Burtscheid entstand im Bereich Malmedyer Straße/Mühlental mit „Bastogne City" ein separates Belgierviertel. Die meisten der neu geschaffenen Wohnungen und Infrastruktur-Einrichtungen lagen jedoch im Bereich der Beverau. Nachdem die Kinder der Besatzungsangehörigen zunächst von 1949 bis 1954 ausgerechnet im ehemaligen HJ-Heim auf Kalverbenden unterrichtet werden mussten, erhielten sie 1954 Am Römerhof ein eigenes Schulgebäude mit angeschlossenem Kindergarten.

Am Branderhofer Weg wurden nach und nach für die belgischen Soldaten und deren Angehörige noch das Transit-Hotel für Offiziere, ein Offiziers-Casino mit Restaurant [Club Mercator] und Sportanlagen geschaffen. 1955 war am Branderhofer Weg ein größeres Stück Grünland beschlagnahmt worden, um dort ein Sportgelände mit Freischwimmbad anzulegen. Das 10.000 Quadratmeter große Grundstück mit einem großen Baumbestand an Pappeln umfasste neben einem 30-Meter-Becken auch Tennisplätze, Duschen und Umkleidekabinen sowie ein Clubhaus mit Bar.[268] Das Belgierbad erweckte bei den deutschen Kindern und auch Erwachsenen der Umgebung Neugier und manchmal auch etwas Neid. Hier lag quasi vor ihrer Haustür ein Freibad, zu dem ihnen aber der Zutritt verwehrt war. Manche Anwohner der Siedlung

Abb. 101: Blick vom Branderhofer Weg auf das Gillesbachtal (vor 1954)

Abb. 102: Blick über verwilderte Gärten auf die Straße Im Gillesbachtal (vor 1954)

Branderhof kletterten allerdings schon mal verbotenerweise über die Einzäunung, um ein abendliches oder nächtliches Bad zu nehmen.[269]

Nach anfänglichen Schwierigkeiten lebten die belgischen Familien insgesamt in guter nachbarschaftlicher Beziehung zur deutschen Bevölkerung. Manchmal wurden die Kinder der Siedlung zur Beverau geschickt, um dort bei den belgischen Soldaten an der Haustür Zigaretten der Marke „Belga" zu kaufen. Eine Sensation – auch für die deutschen Kinder – war, wenn am 6. Dezember der belgische St. Nikolaus mit dem Hubschrauber über der Beverau einschwebte.

Das Gebiet hinter dem Bahndamm und entlang des Gillesbaches behielt seine fast ländliche Stille bis in die Fünfzigerjahre hinein und war für viele Kinder besonders aus der Siedlung Branderhof bis dahin ein Spielparadies gewesen. Dieses wurde in der Folge vor allem durch die Kleingärtner beschnitten, die auf dem angeschütteten Gelände ihre Gärten anlegen durften. Zu der bereits seit 1947 im Wiederaufbau begriffenen Dauergartenkolonie „Branderhof"[270] gesellte sich 1954 die Dauergartenanlage „Am Höfling". Die zweiteilige Kolonie erstreckte sich links des Branderhofer Wegs zwischen Gillesbach und Wilhelm-Pitz-Weg, auf der rechten Seite zwischen Wilhelm-Pitz-Weg und Forster Weg und war ebenfalls auf ehemaligen Schutthalden angelegt (Abb. 101, 102).[271] Aus dem einst wilden Gelände zwischen Bach und Beverau war eine gut gepflegte Grünanlage geworden.

1958 schließlich wurde mit der Bebauung des Gebietes zwischen dem oberen Abschnitt des Branderhofer Wegs und dem Gillesbachtal begonnen. Ein Netz neuer Straßen mit Hunderten von Häusern entstand.[272] Insgesamt war die Umgebung der Siedlung Branderhof im Wandel begriffen. Und auch an einigen Siedlungshäusern zeigten sich die ersten zaghaften Veränderungen wie die Eindeckung der Dächer mit bunten Ziegeln oder die Aufgabe der waagerechten Sprossen bei den dreigliedrigen Fenstern. Dieser in den Fünfzigerjahren einsetzende Prozess der Individualisierung legte den Grundstein für spätere, radikalere Umgestaltungen.

5.3.2 Ein neuer Zeitgeschmack

Auch im Innern der Häuser tat sich etwas. Nach den wuchtigen Möbeln der Dreißiger- und Vierzigerjahre sollte jetzt alles leicht, verspielt und farbenfroh sein. Viele Möbel im Trend der Fünfzigerjahre hatten ungewöhnliche Formen und ausdrucksstarke Farben und Muster. Von dezenten Pastelltönen bis zu Knallfarben war alles vertreten und wurde ungeniert kombiniert.[273]

In den Wohnzimmern der Siedlung standen nun oft grazile Club- oder Cocktailsessel und kleine dreieckige Ziertische mit buntem Mosaikdesign in allen Größen. Das Paradestück vieler Wohnzimmer war jedoch der dreibeinige Nierentisch mit Resopaloberfläche. Barwagen mit formschönen Anbietschälchen und Brezelhaltern für Knabbereien warteten auf Gäste. Topfpflanzen, bevorzugt Gummibäume und andere immergrüne Gewächse, thronten auf Blumenhockern oder mehretagigen, wendeltreppenartig verdrehten Ständern. Von den Wänden leuchteten Tütenlampen, deren pastellfarbene Schirmchen an Spiralarmen biegbar waren.

Abb. 103: Küchenuhr (1950er Jahre), Foto: Ludwina Forst

Aus den Küchen sollten vor allem die verschnörkelten Büffets und schweren Tische und Stühle mit ihren massiven Stempeln verschwinden. Stattdessen bevorzugte man jetzt leichte Stühle mit abwaschbarem Kunststoffbezug auf einem Metallgestell und ebenso filigrane Tische. Sehr beliebt waren auch Eck-Küchenbänke mit hochklappbarer Sitzfläche. An den Wänden hingen farbenfrohe Küchenuhren (Abb. 103), an den Fenstern bunte Vorhänge.[274] Der letzte Schrei bei den Kücheneinrichtungen waren Un-

Abb. 104: Kücheneinrichtung (1950er Jahre)

ter- und Hängeschränke mit schräg eingesetzten Schiebetüren, von denen jeweils eine abwechselnd in Rosa, Hellgelb, Babyblau oder Lindgrün gehalten war (Abb. 104).[275] Zarte Pastelltöne dominierten auch bei den mit Resopal beschichteten Arbeitsplatten. Dieser fleckenunempfindliche, robuste Werkstoff galt als Inbegriff der Modernität.

Abb. 105: Herd mit Emaille-Kochtöpfen (1950er Jahre)

Man hatte errechnet, dass eine Hausfrau täglich ca. neun Kilometer in ihrer Küche zurücklegte. In der modernen Küche sollte deshalb alles seinen Platz haben und ohne viel Lauferei und lange Wege griffbereit sein. Die alten, weiß emaillierten Kohleherde mit Aufsatz und Wasserschiffchen hatten weitgehend ausgedient. Auch viele Hausfrauen aus der Siedlung Branderhof

Abb. 106: Bosch Küchengeräte (1950er Jahre)

kochten nun auf einem Gas- oder Elektroherd und in Kochtöpfen aus farbigem Emaille (Abb. 105).
Immer mehr Erleichterungen wurden eingeführt. Doch nicht jeder konnte sich die neuen Küchenhelfer oder gar eine moderne Anbauküche der kurzen Wege leisten. Ganz oben auf der Wunschliste der Haushalte standen Kühlschränke von Bauknecht oder Bosch (Abb. 106) und natürlich Waschmaschinen. Die ersten elektrischen Waschmaschinen mit Wringer hielten Einzug in die Haushalte, z.B. eine Miele 155 oder die Constructa (Abb. 107) mit Bullauge. Ein solcher Waschvollautomat kostete allerdings damals rund 2.000 DM, fast ein halbes Jahresgehalt. Deshalb war in den Waschküchen der Siedlung bestenfalls eine halbautomatische Bottichwaschmaschine (Kosten: circa 400 DM) oder eine separate Wäscheschleuder mit Fußpedal (Kosten: ca. 300 DM) zu finden. Immerhin sorgten diese Geräte dafür, dass die früher so gefürchteten „Waschtage“ etwas von ihrem Schrecken verloren.[276]

Auch wenn die meisten nur Hausfrau und Mutter waren und vorwiegend eine praktische Kittelschürze trugen – die Frauen der Fünfzigerjahre wollten nach der Hausarbeit wieder schön sein. Viel zu lange hatten sie mit unförmiger und zerschlissener Kleidung aus groben Stoffen vorliebnehmen müssen. Die Mode hatte mittlerweile ihren eigenen Stil gefunden. Bei den Kleidern herrschten leuchtende Farben oder zartes Pastell vor. Das galt auch für die farblich darauf abgestimmten Accessoires wie Handtaschen, Handschuhe, Hüte und Pumps, die der modernen Frau außerordentlich wichtig waren.[277]

Abb. 107: Constructa Reklame (1957)

Die neuen schwingenden Kleider sollten etwas hermachen, aber nicht viel kosten. So erlebte das Nähen nach Vorlagen einen wahren Boom, besonders nachdem Änne Burda 1952 ihr erstes Schnittmusterheft herausgebracht hatte. Nähmaschinen waren in den meisten Haushalten noch vorhanden. Stoffe kauften die Frauen der Siedlung bei Herrn Kutschera, der in seinem Haus am Weingartshof 8 einen Tuchhandel mit einem gut sortierten Stofflager betrieb. Für seine Kundinnen ließ er die großen Stoffballen über den Tisch rollen und maß entlang der Schneiderelle, einem hölzernen Maßstock, die verlangten Meter ab. Vorbei waren auch die Zeiten der kratzigen Woll- und Viskosestrümpfe. Aus Amerika kamen die begehrten Nylons. Ein Ärgernis waren allerdings die Laufmaschen. Die schönen Strümpfe waren den Trägerinnen so wertvoll, dass sie die Laufmaschen von Frauen, die sich darauf spezialisiert hatten, in Heimarbeit „aufnehmen" ließen. Auch Textilwarengeschäfte wie z.B. Breier oder Hönmann in der Burtscheider Kapellenstraße boten diesen Service an.

Die amerikanischen Bekleidungsimporte waren vor allem bei den jungen Leuten, den Backfischen und Halbstarken, wie man sie damals nannte, begehrt. Junge Frauen trugen nun taillenbetonte Röcke mit weitem Schwung, darunter einen bauschigen Unterrock mit rüschen- und spitzenverzierten Stufen, den Petticoat. Die Jungen wünschten sich passend zu den lässigen amerikanischen Blousons vor allem Nieten- oder Texashosen. Diese eng geschnittenen Vorläufer der Blue Jeans waren bei der Generation der Eltern allerdings als ordinär verpönt[278] und entsprachen so gar nicht deren Vorstellungen von ordentlicher Kleidung.

Doch insgesamt fingen die Menschen wieder an, die schönen Seiten des Lebens zu genießen. Dazu gehörte ein Friseurbesuch ebenso wie gutes Essen.

5.3.3 Übervolle Regale

Das Wirtschaftswunder sorgte wieder für gefüllte Regale im Land. Von allem schien genug da zu sein. Auch in den kleinen Läden am Weingartshof und in der Friedrich-Ebert-Allee lockte mittlerweile ein üppiges Warenangebot. Mitte der Fünfzigerjahre erhielt auch die Straße In den Heimgärten ein richtiges Geschäft. Mit dem voranschreitenden Wiederaufbau des Hauses In den Heimgärten 55 hatte Willy Heinen seinen eher provisorischen Obst- und Gemüsehandel unter den Arkaden des Eckhauses aufgegeben und mit Ehefrau Franziska in seinem Elternhaus In den Heimgärten 33 einen kleinen Laden eröffnet. Heute würde man ihn als Tante-Emma-Laden bezeichnen. Das Geschäft hatte kein eigentliches Schaufenster und zunächst keinen Schriftzug, der auf den Laden aufmerksam machte, und war quasi Teil der Wohnung. Allerdings sah man die auf der inneren Fensterbank zu Pyramiden aufgetürmten Büchsen vom Bürgersteig aus, und Insider wussten ohnehin Bescheid. Der Laden war klein und eng mit übervollen Regalen hinter der ebenfalls gut gefüllten Theke (Abb. 108-115). Mittels einer Greifzange am oberen Ende einer langen Stange konnte die gewünschte Konserve selbst von der höchsten Stellage herunter befördert werden. In ihrem Laden verkaufte das Ehepaar Heinen so ziemlich alles, was die Hausfrau benötigte, vom Waschpulver über Grundnahrungsmittel und Dauerwurst bis hin zu Spirituosen und Zigaretten. Vermehrt wurde anstelle von Margarine nun „gute Butter“ verlangt. Auch Kaffee gab es jetzt zu einigermaßen erschwinglichen Preisen zu kaufen.

War 1952 echter Bohnenkaffee noch ein Luxus gewesen, brachte das Jahr 1953 die Wende, als die Regierung die Kaffeesteuer auf vier DM pro Kilo senkte. Jetzt war Schluss mit dem ungeliebten Ersatzkaffee, und auch der Kaffeeschmuggel hörte schlagartig auf. Damit war auch die oft gefährliche Mission der „Grenzgänger“ aus der

Abb. 108: Lebensmittelladen von Willy Heinen, In den Heimgärten 33 (1950er Jahre)

Siedlung beendet.
In Heinens Lädchen wurde vieles noch lose und handverwogen in einfachen Tüten abgepackt. Beim Wiegen fragte der Händler jetzt gerne, „Darf's ein bisschen mehr sein?" Auf der Theke stand ein großes Bonbonglas mit Klümpchen. Dorthinein durften die Kinder greifen, wenn sie ihre Mütter zum Einkaufen begleiteten. Manchmal gab es noch eine Scheibe Wurst auf die Hand. Und für die Herren sollen sogar Präservative diskret unter dem Ladentisch gehandelt worden sein, was in einigen streng katholischen Haushalten für Empörung sorgte.

Kaufmann Heinen nannte seinen Laden leicht selbstironisch „Feinkost Spezialitäten in Obst

Abb. 109-115: Lebensmittelladen von Willy Heinen, In den Heimgärten 33 (1950er Jahre)

WIPP
SUNIL
Persil
COLGATE

WOCHE
Marken-Schokolade
Tafeloel
Japan. Thunfisch
Calif. Pfirsiche
TAFELÖL

Abb. 116: Lebensmittelladen von Willy Heinen, In den Heimgärten 33 (späte 1950er Jahre)

und Gemüse“ und warb mit den zeittypischen Slogans wie „Botil selbsttätig“ und „Persil bleibt Persil“. Dieser Schriftzug prangte ausgerechnet über der Gemüse- und Obstabteilung in der angrenzenden Garage, wo sich in Holzkisten die entsprechenden Auslagen stapelten. Dahinter, etwas versteckt, wurden Spezialitäten wie kalifornische Pfirsiche, Thunfisch, feine Öle oder Spirituosen angeboten.

Die Kundinnen achteten streng drauf, dass sie für ihre Einkäufe die richtige Anzahl an grünen Rabattmärkchen bekamen. Sie wurden gesammelt und später in ein Markenbüchlein eingeklebt. Für manche Hausfrau war das Umtauschen des vollen Heftchens ein wichtiger Beitrag zur Haushaltskasse.[279] Der kleine Laden in den Heimgärten entwickelte sich schnell vom bloßen Einkaufsmarkt zu einer Art Kommunikationsort und Informationsbörse, wo die letzten Neuigkeiten aus der Siedlung zu erfahren waren. Auch anschreiben lassen konnte man bei dem freundlichen Herrn Heinen, wenn man gerade nicht flüssig war. Prof. Puttkamer, der 2012 noch einmal sein altes Studentendomizil In den Heimgärten 31 besuchte, hatte den kleinen Lebensmittelladen „nebenan“ [gemeint ist Nr. 33, Heinen] auch deshalb in guter Erinnerung, weil er dort als Student seine Einkäufe anschreiben lassen durfte.[280]

Bei Heinen oder Bong am Weingartshof tätigten die Hausfrauen auch ihre Einkäufe für die Päckchen „nach drüben“. Sie wurden vor allem mit Kaffee und Schokolade bestückt, die es in der Ostzone kaum zu kaufen gab. Im Gegenzug erhielten die Haushalte Pakete mit typischen

Volkskunstartikeln aus dem Erzgebirge wie Räuchermännchen und Holzpyramiden.

Ladenbesitzer Willy Heinen brachte später eine Coca-Cola-Leuchtreklame an der Hausecke an (Abb. 116) und stellte vor dem Haus einen Zigarettenautomaten auf. Dieser wurde in der Siedlung gut angenommen, denn Rauchen war noch nicht verpönt. In der Nachkriegszeit war der Griff zur Zigarette vornehmlich bei Männern selbstverständlich und auch Ausdruck eines neuen Lebensgefühls.

Abb. 117: Ticket Rundfunkausstellung, Düsseldorf (1955)

5.3.4 Neue Statussymbole

Insbesondere zwei technische Errungenschaften avancierten in den Fünfzigerjahren zum Statussymbol.

Das Fernsehzeitalter war angebrochen, auch wenn es anfangs nur stundenweise Programm gab und der Sender sich spätestens um Mitternacht mit einem „Testbild“ verabschiedete. Seit dem 22. Oktober 1952 war auch in Aachen ein Fernseh-Empfang möglich. Aber 1954 besaßen hier gerade einmal 128 Haushalte ein Fernsehgerät, 1959 waren es immerhin schon 11.586 Besitzer.[281] Das Interesse an dem neumodischen Gerät war groß. Auf der Funkausstellung 1955 in Düsseldorf (Abb. 117) gehörte der Fernsehapparat mit einer 43 cm Bildröhre zu den Hauptattraktionen. Zunächst praktizierte man eine Form des „public viewing“, indem man sich in geselliger Runde vor dem Apparat versammelte, den manche Kneipen angeschafft hatten, oder drängelte sich auf den Bürgersteigen vor den Radiogeschäften, wenn dort im Schaufenster ein Fernseher lief. Viele verfolgten 1953 so die Krönungszeremonie der britischen Königin Elizabeth II., das erste weltweit und live übertragene Medienereignis. Ähnlich populär waren die Übertragungen der Fußball-WM 1954, besonders das Endspiel mit dem Sieg der deutschen Mannschaft, der als „Wunder von Bern“ in die Geschichte einging. Diese Ereignisse trugen dazu bei, dass das Interesse an dem neuen Medium rasch wuchs. Ende der Fünfzigerjahre hatten auch einige Siedlungsanwohner bereits ein Gerät angeschafft oder sparten für den Kauf eines solchen. Zusätzlich zu der Ton-Rundfunkgebühr von zwei DM monatlich war dann eine Fernseh-Rundfunkgebühr von fünf DM zu entrichten. Der Briefträger kassierte die Beiträge Anfang des Monats gegen Quittung an der Haustür. In seiner ledernen Umhängetasche klimperten dann die Münzen.[282] Der Postbote mit blauer Schirmmütze und passender Uniform kam damals noch zweimal täglich und zahlte anfangs auch die Renten an der Haustüre aus.[283]

Abb. 118: Isetta (1950er Jahre)

wurden Kreationen aus der „kalten Küche" gereicht: Schnittchen, Spargelröllchen, Käseigel und gefüllte Tomaten, die mit Tupfen aus Mayonnaise wie Fliegenpilze dekoriert waren. Fernsehen zu schauen hatte in dieser Zeit immer auch einen geselligen Aspekt.

Das neue Statussymbol schlechthin wurde jedoch das Auto. Das Wirtschaftswunder hatte es möglich gemacht, dass sich immer mehr Menschen ein Auto leisten konnten. Auch in Aachen verdoppelte sich die Zahl der zugelassenen Kraftfahrzeuge im Zeitraum von 1951 bis 1955.[285] Fotos aus den frühen Fünfzigerjahren zeigen zwar schon vereinzelt am Straßenrand geparkte Autos in der Siedlung Branderhof (vgl. Abb. 80), bevorzugt unter den Laternen, aber insgesamt waren die Straßen noch erstaunlich leer. Eher schon lehnten Zweiräder, mit oder ohne Motorisierung, an den Häuserfronten. Aber die Nachfrage nach leichten, praktischen und zugleich preisgünstigen Kraftfahrzeugen stieg auch hier ab Mitte der Fünfziger-

Die ersten mehrteiligen Serien wie der Durbridge Krimi „Das Halstuch" oder das Russland-Heimkehrer Drama „So weit die Füße tragen" entwickelten sich zu wahren Straßenfegern.[284] An den Abenden der Sendetermine trafen sich die Nachbarn aus der Siedlung zum gemeinsamen Fernsehen bei den stolzen Besitzern eines Gerätes. Der politische Jahresrückblick der Münchner „Lach- und Schießgesellschaft", den das Fernsehen jedes Jahr am Silvesterabend ausstrahlte, war ein TV-Höhepunkt und eine gute Gelegenheit, das gemeinschaftliche Schauen mit einer kleinen Feier zu verbinden. Dazu

Abb. 119: Junge auf Roller und „Leukoplastbomber" am Weingartshof

jahre kontinuierlich, zumal verschiedene Klein- und Kleinstwagen auf den Markt kamen. Manchmal waren sie eine Mischung aus Motorrad und Auto wie die BMW Isetta (Abb. 118). Das von 1955 bis 1962 gebaute, zweisitzige Wägelchen mit nur einer Tür, die sich nach vorne öffnete und dabei mittels eines Mechanismus das Lenkrad und die Pedale mit ausklappte, wurde gerne „Knutschkugel" genannt. Auch andere Modelle mussten sich allerlei Spitznamen gefallen lassen. Der dreirädrige Messerschmitt Kabinenroller wurde „Schneewittchensarg" getauft, weil die Insassen unter einer Plexiglashaube saßen, der Lloyd Alexander (Abb.119) wegen seiner kunststoffbespannten Holzkarosserie „Leukoplastbomber".[286] Ein weiterer Kleinstwagen war das Goggomobil oder „Goggo", der Goggo Motorroller (Abb. 120, 121) war als Konkurrenzmodell zur italienischen Vespa konzipiert. Die Leichtfahrzeuge Zündapp Janus und der NSU Prinz waren lärmende Blechbüchsen. Solider und damit wertbeständiger waren die

Abb. 120, 121: Goggo Motorroller mit altem Aachener Kennzeichen und Autos (Mitte 1950er Jahre), Fotos: Hans Küster

frühen Modelle von VW gearbeitet. Den Brezelkäfer mit dem zweigeteilten kleinen Heckfenster mit Mittelsteg, das an eine Brezel erinnerte und später durch ein einteiliges ovales Fenster ersetzt wurde, sah man noch lange auf den Straßen der Siedlung. Ab 1956 fuhren die Autos unter neuem Kennzeichen. Das alte schwarze mit der weißen Schrift und den Buchstaben „BR", die für die Britische Besatzungszone Rheinland standen, war abgelöst durch das bekannte „AC" – schwarz auf weißem Grund.[287]

Die Siedlung präsentierte sich Ende der Fünfzigerjahre wieder sauber herausgeputzt, so wie die Städte sich insgesamt von ehemaligen Trümmerwüsten zu aufgeräumten Wohn- und Einkaufsorten entwickelt hatten.

Auf den Straßen flanierten wohlgenährte und gutgekleidete Leute, und das Land nahm im wahrsten Sinne des Wortes Fahrt auf.

„Bald waren die schlechten Zeiten vergessen – das Wirtschaftswunder begann. Auch in der Siedlung wurde es lebendiger, was den Verkehr betrifft.“

(A. Jonas, „Erinnerungen an fast Vergessenes", 1986)[288]

Abb. 122: Jungen mit Fahrgeräten am Weingartshof (1960er Jahre)

6. Die Sechzigerjahre: Wohlstand für alle?

6.1 Mehr Verkehr in der Siedlung

Wie kein anderes Produkt prägte das Auto das Bild der wiederaufgebauten Städte und veränderte den Alltag der Menschen. Ein Auto zu besitzen, signalisierte Wohlstand. Da auch viele Bewohner der Siedlung Branderhof nicht auf das neue Statussymbol verzichten wollten, trugen sie letztlich selbst zur Zunahme des Individualverkehrs in ihrem Wohngebiet bei. Allerdings hing das erhöhte Verkehrsaufkommen auch mit den allgemeinen Entwicklungen im Umfeld der Siedlung zusammen.

Am 12. August 1958 war die letzte Straßenbahn, die Linie 3/13, durch Burtscheid gefahren (Abb. 123, 124). In der Folge ersetzten Omnibusse die Tram. Die neuen Buslinien durchfuhren nun die Friedrich-Ebert-Allee und brachten damit Anfang der Sechzigerjahre mehr Verkehr zumindest in diesen Teil der Siedlung Branderhof.

Bis dahin hatte die Siedlung verkehrstechnisch insgesamt noch Glück gehabt, denn die erste Nachkriegsplanung von 1950 sah eine Ortsumgehung Burtscheids vor, die mittels einer neuen Straßenführung durch das Gillesbachtal erreicht werden sollte. Der Durchgangsverkehr sollte die ehemalige Raerener Straße [heute Monschauer Straße] verlassen und etwa parallel zum Gilles-

Abb. 123, 124: Tram in der Kapellenstraße (Mitte 1950er Jahre)

Abb. 125: Gillesbachtal mit Realschule (1965), Foto: Franz Matzkowski

bach bis zur Straße Im Gillesbachtal geführt werden, dieser folgen und über die Friedrich-Ebert-Allee und die Parkstraße [heute Kurbrunnenstraße] zur Normaluhr führen. Zum Glück wurde der landschaftliche Wert des Gillesbachtals höher eingeschätzt; außerdem wäre in der Straße Im Gillesbachtal ein nicht aufzuhebender Engpass entstanden. Nach dem Ausbau der Monschauer Straße wurde der Verkehr zum Kapellenplatz, über die Viehhofstraße und die Friedrich-Ebert-Allee geleitet.[289] Damit war die Siedlungsstraße Friedrich-Ebert-Allee zu einer Hauptverkehrsader geworden.

Abb. 126: Blick auf das Gillesbachtal mit Realschule und Sportanlage im Bau (nach 1963)

Abgesehen davon waren es erneut vor allem Veränderungen im Bereich Gillesbachtal und Branderhofer Weg, die sich auf das Wohnen in der Siedlung auswirkten. Im Jahr 1960 hatte die Stadt Aachen außer dem Branderhofer Weg auch den Forster Weg [bis 1957 Forster Straße genannt] ausgebaut und damit eine wichtige Verbindung zur Erzbergerallee und dem Frankenberger Viertel geschaffen.[290]

Anfang der Sechzigerjahre entstand als Ersatz für einen Altbau in der Eilfschornsteinstraße im Gillesbachtal eine neue städtische Realschule. Die 1963 eingeweihte Mädchenrealschule I [heute Luise-Hensel-Schule] galt lange als schulisches Vorzeige-Objekt in Aachen. Mit ihrem zweigeschossigen Baukörper zur Aufnahme der Klassenräume und einem fünfgeschossigen Fachklassentrakt mit Blick auf das Gillesbachtal, die durch eine Pausenhalle verbunden waren,[291] entsprach ihre Architektur den neuesten pädagogischen Erkenntnissen. Gleichzeitig erfüllte sie durch den gewählten Standort die damals für sinnvoll erachtete Vorgabe, Schulen außerhalb des Stadtkerns zwischen Grünanlagen zu verlegen.[292]
Der Schulneubau thronte hoch über dem Gillesbachtal, wo die ehemaligen Trümmerberge inzwischen rekultiviert und in einen Grünzug umgewandelt waren. Das Terrain war neu profiliert worden und bis zum Branderhofer Weg von einem Wanderweg [später bis Siegel verlängert und Wilhelm-Pitz-Weg genannt] erschlossen (Abb. 125).

Beinahe zeitgleich zur Einweihung des Schulneubaus wurde ein Kinderheim des evangelischen Frauenvereins am unteren Branderhofer Weg, gegenüber der Einmündung des Weingartsbergs, seiner Bestimmung übergeben. In unmittelbarer Nähe wurde die 1956 fertiggestellte evangelische Volksschule Am Höfling ebenfalls in dieser Zeit erweitert. Die Schwestern vom Armen Kinde Jesu hatten 1965 mit einem Ersatzbau für den zerstörten Kindergarten mit 120 Plätzen in der Friedrich-Ebert-Allee begonnen. Er sollte einen Zugang mit der Hausnummer Friedrich-Ebert-Allee 70 bekommen.[293]
In den Jahren 1964/65 konnte am Branderhofer Weg eine Sportstätte mit Leichtathletikanlage

Abb. 127: Ludwig-Kuhnen-Stadion, Branderhofer Weg (nach 1970)

und großer Mehrzweck-Sporthalle, später (1970) Ludwig-Kuhnen-Stadion benannt (Abb. 126, 127), in Betrieb genommen werden. Sie schloss an das Gelände des Belgierbads an[294] und wurde von den Schülerinnen der Realschule im Sportunterricht genutzt. Durch eine zeitweise Kooperation zwischen den belgischen Besatzungstruppen und der Realschule fand während der Sommermonate im Belgierbad sogar Schwimmunterricht statt.

Bei der fortschreitenden Ausdehnung der Bebauung in das Umfeld war abzusehen, dass das Gut Branderhof bald keine Grundlage mehr für eine landwirtschaftliche Existenz bieten würde. Daher wurden die Gutsgebäude 1960 vom Reitverein Aachen e.V. übernommen und Pferde-

Abb. 128: Kinder und Fahrzeuge, In den Heimgärten (Mitte 1960er Jahre)

stallungen und eine Reithalle angebaut. Bereits 1966 kam eine zweite Reithalle hinzu.[295] Immerhin konnte so ein charakteristischer alter Gutshof erhalten werden.

Die neuen Baumaßnahmen und Entwicklungen brachten mehr Leben in die Siedlung, aber letztlich auch mehr Autoverkehr. Besonders betroffen waren die Friedrich-Ebert-Allee als Durchgangsstraße, aber auch die abschüssigen Straßen Karl-Marx-Allee und Branderhofer Weg,

Abb. 129: Mädchen mit Puppenwagen, In den Heimgärten (Mitte 1960er Jahre)

wo die belgischen Militärjeeps oft mit hohem Tempo hinabbrausten.

Das Auto veränderte alles. Der ehemals dörfliche Charakter der Siedlung verschwand. Zu verkehrstechnisch brenzligen Situationen kam es vor allem an der Ecke der Friedrich-Ebert-Allee zur Zeise. Zwar war für die Schulkinder hier morgens und mittags ein Schülerlotsendienst eingerichtet,[296] aber außerhalb dieser Zeiten war eine Straßenüberquerung auch auf dem Zebrastreifen manchmal lebensgefährlich. Wiederholt gab es Unfälle mit Fußgängern, sogar mit tödlichem Ausgang.[297]
In anderen Siedlungsabschnitten, vor allem In den Heimgärten und dem Weingartshof, war trotz Zunahme des Verkehrs das Spielen auf den Straßen noch relativ gefahrlos möglich (Abb. 128, 129). Die Kinder malten mit Kreide auf der Straße, hüpften beim Gummitwist, fuhren Rollschuh oder mit ihren Rollern, die jetzt mit Luftreifen, Fußbremse, Ständer und kleinem Gepäckträger ausgerüstet waren. Selbst die Erwachsenen spielten hier in den frühen Abendstunden noch gerne Federball. Dennoch erklang immer öfter der Warnruf „Auto", bevor die Kinder sich auf den Bürgersteigen in Sicherheit brachten.

Mit der wachsenden Zahl von Autobesitzern tat sich auch ein neues Problem auf: Wohin mit den PKWs, wenn sie nicht bewegt wurden? An den Straßenrändern parkten schon immer mehr Wagen, längst nicht mehr nur an den Laternen-Plätzen (vgl. Abb. 80). Wo machbar, begannen die Eigentümer, ihre Grundstücke im Hinblick auf Abstellmöglichkeiten für Autos abzuklopfen.

6.2 Individualität und Modernisierungen

Platz zu schaffen für Autos und Menschen wurde zum vorrangigen Thema der Sechzigerjahre. Für eine autogerechte Stadt wurden Straßen verbreitert und sogar Fluchtlinien geändert. Für die Menschen baute man in die Höhe. Von diesen Entwicklungen blieb die Siedlung Branderhof zum Glück verschont, nichtsdestotrotz war der Wunsch nach mehr Raum auch hier vorhanden. Wo vor dem Krieg und noch in der Wiederaufbauphase bis in die Fünfzigerjahre selbst Großfamilien scheinbar zufrieden unter einem Dach gelebt hatten, reichte nun der Platz nicht mehr. Die Wohnfläche sollte unter optimaler Ausnutzung der Gegebenheiten vergrößert werden. Da durch den Reihenhauscharakter dies in erster Linie Richtung Garten realisierbar war, wurden hier Erdgeschossanbauten verwirklicht, z.T. mit darauf befindlichen Balkonen. Viele der ehemaligen Nutzgärten hatten ohnehin ihre Bedeutung als Nahrungslieferant verloren. Längst waren sie in Rasenflächen mit angrenzenden Ziersträuchern und Blumenbeeten umgewandelt und dienten nur noch der Erholung. So mancher Baum ist in dieser Zeit gefällt worden. Kleintierhaltung war in der Siedlung praktisch nicht mehr vorhanden, sah man von einigen Kaninchen ab, die von Kindern als Haustiere gehalten wurden.

Abb. 130: Friedrich-Ebert-Allee 8-12 (um 1966), Foto: Hans Küster

Auch die Dachgeschosse schienen manchem Hausbesitzer ausbaufähig. Zur Gewinnung zusätzlichen Wohnraums in den Mansardenzimmern mussten die ursprünglichen Gauben verändert werden. Sie erhielten in der Regel eine neue Verkleidung und größere Fenster. Überhaupt waren jetzt Fenstervergrößerungen angesagt. Mehr Licht sollte in die Häuser. Dabei

Abb. 131: „Heiztherme für Gaszentralheizung“, AVZ, 05.10.1961 Foto: Hein Call/Medienhaus Aachen

störten die ursprünglich dreigliedrigen Fenster. Großflächige Scheiben versprachen mehr Helligkeit. Immerhin waren mangels fehlender Alternativen wenigstens die Rahmen noch aus Holz. Hand in Hand mit dem Austausch der Fenster gingen leider oft die ersten Veränderungen der Fassaden, z.B. durch Klinker (Abb. 130). Und auch manche der originalen gemauerten Balkonbrüstungen verschwanden und wurden durch offene Gitter ersetzt.
Vor allem im Innern der Häuser wurde heftig modernisiert, nicht selten in Schwarzarbeit. Durch Wegnahme von Wänden oder durch Mauerdurchbrüche entstanden großzügigere und hellere Räume. Ansonsten betrafen die Modernisierungen hauptsächlich die in die Jahre gekommenen Elektro- und Sanitärinstallationen. Wo früher aus Kostengründen oft kunst-

Jetzt auch in Aachen:

Heiztherme für Gaszentralheizung

Erste Anlage jetzt installiert – In Norddeutschland ausprobiert

Zu den Zentralheizungen auf Kohle-, Koks- und Ölbasis ist jetzt auch in Aachen die Gas-Zentralheizung getreten. In einem Einfamilienhaus In den Heimgärten wurde die erste Heiztherme der neuen Art installiert. Sie arbeitet vollautomatisch.

Die Gas-Zentr lheizung, die jetzt in Aachen erstmals installiert wurde, ist in Deutschland neu. Trotzdem hat sie sich im norddeutschen Raum bereits in zwei Heizperioden bewährt. Bei der neuen Heizungsart handelt es sich um eine kleinere bzw. mittlere Pumpen-Warmwasserheizung, mit der Leistungen von 7500 bis 18 000 kcal/h erreicht werden können. Das aber ist gerade der Bedarf einer Etagenheizung oder eines nicht zu großen Einfamilienhauses. Bei größerem Bedarf besteht allerdings die Möglichkeit, zwei Heiz-Thermen parallel zu schalten. Das Beispiel für die Entwicklung der Gas-Zentralheizung gaben Frankreich und die Vereinigten Staaten von Amerika. In USA beispielsweise bekamen in den letzten Jahren 80 v. H. aller Neubauten eine Gasheizung.

Für Deutschland, wo die Gas-Zentralheizung zunächst nur langsam an Boden gewinnen konnte, bahnt sich jetzt eine kleine Revolution im Zentralheizungsbau an. An die Stelle des bei einer Zentralheizung notwendigen Kessels wird nämlich ein Durchlauf-Gaswasserheizer gesetzt. Die Anlage, die vollautomatisch arbeitet, erspart jede Lagerung von Brennstoff in fester oder flüssiger Form. Bezahl wird erst dann, wenn man Gas verbraucht hat. Besonders bewährt hat sich die neue Heizungsart in Wohnblocks mit Mietwohnungen. Da die Heiztherme nicht größer als ein normaler Gasbadeofen ist, kann sie in jeder Wohnung installiert werden. Wie alle modernen Gasgeräte ist die Heiztherme durch eine Zündsicherung gesichert. Bei einem unbeabsichtigten Erlöschen der Flamme wird die Gaszufuhr automatisch gesperrt. Bei der Installierung als Etagenheizung erhält jeder Mieter seinen eigenen Zähler. Mo.

Die erste Gas-Zentralheizung mit einer Heiztherme wurde jetzt in Aachen installiert. In einem Einfamilienhaus In den Heimgärten wurde sie in diesen Tagen fertiggestellt. (Foto: Call)

stoffbeschichtete Platten im Fliesendekor ein gekacheltes Bad vortäuschten, wurden jetzt zunehmend echte Keramik-Fliesen verlegt, vorwiegend in Rosa, Hellblau oder Hellgrün. Viele Hausbesitzer wünschten sich im Erdgeschoss ein zusätzliches WC. Der Platz dafür ließ sich entweder durch Verkleinerung der Küche gewinnen oder durch einen Anbau an der Rückseite der Häuser. Auf der ersten Etage blieb kein Platz für eine Badvergrößerung, aber wenigstens sollten die vorhandenen Gegebenheiten durch neue Einbau-Sitzbadewannen und praktische Handbrausen aufgepeppt werden. Die alten Badeöfen hatten ausgedient. Stattdessen sorgten Boiler oder Durchlauferhitzer für warmes Wasser. In den Haushalten, besonders in den Küchen, legte man jetzt noch mehr Wert auf Funktionalität und Komfort. Platzsparende Einbauschränke kamen in Mode. Die Porzellan-Waschbecken waren zugunsten von Nirosta-Spülen ersetzt, die alten Wasserhähne mit den aufgesteckten Gummischläuchen durch Edelstahl-Armaturen. Die mit Kohle oder Holz beheizten Küchenherde waren endgültig Vergangenheit.

Eine deutliche Arbeitserleichterung und ein neues Maß an Wohnqualität boten moderne Heizungsanlagen. Vorbei waren die Zeiten, als Koks und Briketts durch eine Schütte in den Keller befördert, dort eingelagert und gestapelt wurden, um später zum Befeuern der Kohleöfen in die einzelnen Zimmer hinaufgetragen und schließlich als Asche entsorgt zu werden. Die Beschickung der Ölöfen, mit denen manche Häuser beheizt wurden, war ein ähnlich mühsames Unterfangen und zusätzlich noch mit einer Geruchsbelästigung verbunden.

Wenn schon mit Öl geheizt wurde, sollte es eine zentral gesteuerte Anlage sein. Große Öltanks quetschten sich nun manchmal in die winzigen Keller der Siedlungshäuser. Zu den modernen Zentralheizungen auf Kohle- und Ölbasis gesellte sich in den Sechzigerjahren die Gas-Zentralheizung. Die erste Heizung dieser Art wurde in Aachen in einem Einfamilienhaus In den Heimgärten installiert. Der Vorgang sorgte damals für ein gewisses Aufsehen und war der *Aachener Volkszeitung* am 5. Oktober 1961 sogar einen Zeitungsartikel wert. Ein Foto zeigt die stolze Hausherrin, Frau Löhrer, in Kittelschürze neben der neuen Heiztherme (Abb. 131).[298] Sie schrieb ihrem Sohn Heinz: „Dadurch, daß wir jetzt keine Kohlen mehr einzukellern brauchen, haben wir einen Keller frei machen können für eine Waschküche.“[299]

Der Einrichtungsstil wandelte sich in den Sechzigerjahren erneut. Der Nierentisch und andere Fünfzigerjahre-Accessoires galten schon wieder als unmodern, verdrängt von Möbeln der „Nordischen Linie“ oder dänischem Design. Lange Sideboards, halbhohe Vitrinen oder kastenförmige Anbaumöbel aus Nussbaum oder Teak-

holz, manchmal auch aus rötlich-dunklem Palisander brachten die Maserung des Holzes gut zur Geltung. Leichte Holzsessel mit losen Sitzpolstern oder Clubsessel in Skai, einem Kunstleder, Kugelleuchten aus Glas oder Chrom standen für ein neues Wohngefühl, das aber nicht alle begeistern konnte.
Die breite Masse richtete sich lieber bürgerlich-konventionell ein. Viele Siedlungsbewohner bevorzugten gediegene Möbel im altdeutschen Stil, auch Eiche-Rustikal genannt. Schwere Wohnwände und Bücherschränke mit vergitterten Glasscheiben, rustikale Sitzgarnituren mit Gobelinstoffen und stabile Couchtische mit Kachelauflage galten als Inbegriff der Gemütlichkeit. Auch ein Perserteppich durfte nicht fehlen. Die Stilmöbel und Orientteppiche besaßen durchaus eine gewisse Qualität und wurden gerne auch als Wertanlage betrachtet. Beliebte Adressen für den Kauf waren die Möbelhäuser Bergs & Heffels in der Peterstraße/Stiftstraße sowie Bartz in der Promenadenstraße oder Kochs an der Roermonder Straße.

Für viele Anschaffungen musste noch lange gespart werden, wenn auch Ratenzahlung immer beliebter wurde. Vieles, was wir heute als selbstverständlich erachten, war in den frühen Sechzigerjahren allerdings noch kein Thema, wie beispielsweise ein privates Telefon. 1961 waren in der Stadt Aachen insgesamt 15.000 Telefonanschlüsse angemeldet,[300] aber in den Siedlungshaushalten waren erst wenige in Gebrauch. In erster Linie verfügten die hier ansässigen Geschäftsleute über einen Anschluss. Damals war die Bundespost noch der Monopolist in Sachen Telekommunikation. Zum Telefonieren, vor allem für Ferngespräche, ging man zum Postamt nach Burtscheid, Altdorfstraße 3, am Jonastor, wo nach Anmeldung in schallgedämmten Kabinen gegen eine entsprechende Gebühr telefoniert werden konnte. Für Ortsge-

Abb. 132: „Ich telefoniere", Auszug aus dem Heimatkundeheft der Autorin (1963)

Abb. 133: Opel an der Urfttalsperre (1966), Foto: Hans Küster

spräche war der öffentliche Münzfernsprecher (Abb. 132) am unteren Ende der Friedrich-Ebert-Allee Anlaufstelle. Zwei Groschen betrug die Gebühr dort für ein Telefonat ohne zeitliche Begrenzung. Bei Notfällen nahm man die Dienste des Nachbarn in Anspruch und legte zwei Groschen neben das Gerät. Die grauen Apparate mit Wählscheibe hatten ihren festen Platz im Hausflur oder im Wohnzimmer. Durch ihre kurze Schnur war der Bewegungsradius des Anrufenden überschaubar. Allein deshalb war Telefonieren zu der Zeit noch keine Freizeitbeschäftigung, sondern auf das Notwendige beschränkt. Allerdings änderte sich in den Sechzigerjahren das Freizeitverhalten in anderer Hinsicht.

6.3 Fernweh und Flimmerkasten

Bis Mitte der Fünfzigerjahre waren 48 Arbeitsstunden pro Woche die Regel, verteilt auf sechs Tage. Dann wurden Rufe nach einer Fünf-Tage-Woche laut. Die Kampagnen der Gewerkschaften mit dem Motto „Samstags gehört Vati mir“ waren bald erfolgreich. Im Laufe der Sechzigerjahre setzte sich in immer mehr Firmen und Branchen die 40-Stunden-Woche durch. Auch standen Arbeitnehmern jetzt 24 Urlaubstage im Jahr bei voller Lohnfortzahlung zu.
Mit den arbeitsfreien Samstagen wuchsen die zeitlichen Möglichkeiten der Freizeitgestaltung. Am Wochenende standen oft gemeinsame Unternehmungen mit der Familie auf dem Programm. Dazu gehörte jetzt immer häufiger ein Ausflug mit dem Auto. Bevorzugte Ziele waren dabei die nahe Eifel, z.B. Monschau oder der Rursee (Abb. 133), aber auch Verwandtenbesu-

Abb. 134: Reklame Reise- und Verkehrsbetriebe Lauscher und Schornstein (1968)

che im Umkreis. Längst waren die Motorroller oder Kleinstwagen gegen modernere Fahrzeuge eingetauscht. Alle größeren Automobilhersteller boten mittlerweile günstige Kleinwagen an. Opel produzierte ab 1963 den Opel Kadett, der dem VW Käfer Konkurrenz machen sollte. Beide Typen sah man jetzt auch vermehrt in der Siedlung Branderhof, während größere Mittelklassewagen wie der Ford Taunus, die Borgward Isabella (1954-1961) oder der Opel Rekord (ab 1963) noch eher selten anzutreffen waren. Inzwischen konnte sich ein immer größerer Teil der Bevölkerung auch einen längeren Urlaub leisten. Während anfangs manche noch mit dem Reisebus (Abb. 134) unterwegs waren, gewann das Auto zunehmend an Bedeutung, zunächst für den „Urlaub vor der Haustür". Von Aachen aus fuhr man mit dem eigenen PKW zur Sommerfrische in die Eifel, wo es noch preiswerte Übernachtungsmöglichkeiten in Privatpensionen gab, später gerne auch in den Schwarzwald.[301] Allmählich erweiterte sich der Radius der Reiseziele auf Österreich, Holland oder die Schweiz. Das Traumland vieler Deutschen war jedoch Italien. Vielleicht hatten die beliebten Italienschlager oder auch Film und Fernsehen die Sehnsucht nach diesem Land und seinem mediterranen Lebensgefühl befeuert. Viele Urlauber brachten Erinnerungsstücke mit nach Hause oder verschenkten sie an Daheimgebliebene. Die begehrten Mitbringsel schmückten nun die Wohnzimmer: Muschelkästchen, bastumwickelte Chiantiflaschen, Miniaturen venezianischer Gondeln, Vasen oder Aschenbecher aus Muranoglas. Ein solches Italien-Souvenir als Blickfang auf dem Fernsehgerät war ein prestige-trächtiges Arrangement, das den Status des Fernsehgerätebesitzers und Italienurlaubers perfekt vereinte.[302]

Die fotografischen Andenken von Ausflügen und Reisen wie auch Familienbilder waren jetzt oft farbig. Beliebt waren eine Zeitlang Dia-Abende, zu denen die Nachbarn zusammenkamen, um sich gemeinsam an den Urlaubserinnerungen zu erfreuen. Doch mit der Einführung eines zweiten Programms im Jahr 1963 und der Ausstrahlung in Farbe ab August 1967 avancier-

Abb. 135: Bedienungsanleitung für Philips Fernseh-Empfänger, Modell „Aachen" (1968)

te Fernsehen zum attraktiven Zeitvertreib für immer mehr Personen (Abb. 135). Viele verfolgten in der Nacht des 21. Juli 1969 die Mondlandung live im Fernsehen. Längst verfügten auch viele Haushalte in der Siedlung Branderhof über eigene Geräte, auf den Dächern reckten sich die Antennen in die Höhe. Durch diese Entwicklung gehörten das gemeinschaftliche Fernsehschauen und damit ein weiterer Teil des geselligen Siedlungslebens der Vergangenheit an.

Wie kaum ein anderes Medium beeinflusste das Fernsehen das Konsumverhalten und weckte neue Begehrlichkeiten auch im Hinblick auf Mobilität. Der Wunsch, die Umgebung, aber auch fremde Länder und Kulturen mit dem Auto zu erkunden, wuchs stetig und damit der Straßenverkehr mit all seinen Weiterungen. So wie das eigene Fernsehgerät seinen festen Platz in den Wohnzimmern erobert hatte, oft in einer dafür vorgesehenen Nische der neuen Stilmöbel, beanspruchte der private PKW seinen eigenen Raum, nicht nur auf der Straße.

Nachdem schon in der Wiederaufbauphase einige Hausbesitzer die Gelegenheit genutzt hatten, Platz für Garagen zu schaffen, griff diese Tendenz Ende der Sechzigerjahre weiter um sich. Hierzu eigneten sich natürlich vor allem die Eckhäuser, aber auch bei den Reihenmittelhäusern opferten die ersten Eigentümer ihre Vorgärten zugunsten von PKW-Stellflächen. Stilistische Fragen oder eine Anpassung an die Architektur der Siedlungshäuser blieben bei diesen Baumaßnahmen oft auf der Strecke. Als Folge verschwanden immer mehr straßenseitige Hecken und Mäuerchen mit den charakteristischen Stangen. Das ehemals einheitliche Bild des Siedlungsensembles bröckelte weiter.

„Von der ursprünglichen Form ist durch Kriegszerstörung, entstellenden Wiederaufbau und formal häufig unglückliche Modernisierung vieles verloren gegangen."

(Jan Altenkrüger, Siedlung Branderhof, 1977)[303]

Abb. 136: Skizze Eckhäuser, aus: Jan Altenkrüger, Siedlung Branderhof (1977)

7. Die Siebzigerjahre: Die Siedlung als Studienobjekt

7.1 Umbrüche

Während die äußere Hülle der Siedlungshäuser sich immer öfter vom ursprünglichen Zustand entfernte und damit meist nicht zu ihrem Vorteil entwickelte, geschah im Innern für damalige Verhältnisse manchmal geradezu Revolutionäres. Vermutlich als Nachwirkungen der Popkultur zu begreifen waren die auffälligen Muster und Farben, in denen manche Wohnräume sich jetzt präsentierten.[304] Bunte Tapeten mit großen grafischen Motiven in den angesagten Wohnfarben Gelb, Apfelgrün und Braun schmückten die Wände. Zur Modefarbe schlechthin wurde jedoch Orange (Abb. 137). Sie fand sich auf Kleiderständern, Küchenstühlen und anderen Kleinmöbeln sowie allen möglichen Behältern. Plastik, Chrom, Glas und hochflorige Teppiche sorgten für zusätzliche Abwechslung in den Wohnräumen. Möbel waren jetzt variabel und beweglich. Sitzgelegenheiten hatten herausnehmbare Kissen und waren mit Rollen versehen, Schrankelemente wurden in Metallträger eingehängt. Die Vorliebe für farbige Oberflächen zeigte sich auch in Küchen oder Bädern, wo Fliesen, Arbeitsplatten und Geräte in den Signalfarben um die Wette leuchteten.[305]

Abb. 137: Tapete mit geometrischem Muster (1970er Jahre)

Selbst die Deutsche Post setzte bei ihren Telefonapparaten auf Farbe und lag damit ganz im Trend der Siebziger. Mit ihrem grünen Modell –

natürlich weiterhin mit Wählscheibe – produzierte sie einen wahren Verkaufsschlager. Am 9. November 1973 war in Aachen der 100.000. Fernmeldeanschluss in Betrieb genommen worden.[306] Da wunderte es nicht, dass mittlerweile auch die meisten Haushalte in der Siedlung über einen eigenen Telefonanschluss verfügten.

Nach wie vor suchten viele Eigenheimbesitzer nach Wegen, die Wohnfläche ihres Häuschens zu erweitern oder wenigstens nach Möglichkeiten einer Umnutzung des vorhandenen Platzangebots. Neu war in den Siebzigern, dass sich das Augenmerk jetzt auch auf die Untergeschosse richtete, aber nicht etwa, um nachträglich eine Kellerküche einzurichten. Vielmehr wurde der eine oder andere Keller für die Einrichtung eines Partyraums geopfert, die in den Siebzigern groß in Mode kamen. Möglich wurde dies, da die Kohlen- und Vorratskeller oft überflüssig geworden und auch viele Öltanks zugunsten platzsparender Gasinstallationen verschwunden waren. Die heimische Kellerbar war typischerweise holzvertäfelt und hatte eine Theke mit Barhockern und einen Anschluss für Musikquellen wie Plattenspieler oder den Kassettenrekorder, die neue, kompakte Variante des Tonbandgerätes. Auch so mancher Kitsch und alte Italien-Souvenirs wie die bastumwickelten Chiantiflaschen fanden hier eine neue Heimat. Insgesamt wirkten die Partykeller eher bieder als unkonventionell. Sie waren in erster Linie ein Ort geselligen Zusammenseins unter Nachbarn und Freunden und ersetzten in gewisser Weise das früher so beliebte gemeinschaftliche Fernsehschauen in den Wohnzimmern.

Im Umfeld der Siedlung hieß es, Abschied nehmen von manch Vertrautem, aber an seine Stelle trat Neues. Die Heizungsbaufirma Plum & Flecken hatte sich am Weingartshof[307] niedergelassen, dort, wo früher eine Bäckerei gewesen war. Nachdem eine Zeitlang noch ein Bäcker namens Läufer den Backbetrieb weitergeführt hatte, war er Ende der Sechzigerjahre ganz aufgegeben worden. Der Einzelhandel und die Versorgungssituation hatten sich insgesamt stark gewandelt. Die zunehmende Mobilität begünstigte die Entstehung neuer Verkaufsformen an der Peripherie der Städte. Einkaufszentren oder Verbrauchermärkte auf der grünen Wiese wurden für immer mehr Menschen erreichbar und verdrängten mit ihren preislich attraktiven Angeboten den traditionellen Lebensmitteleinzelhandel. In der Siedlung Branderhof hielt nur noch der Laden von Johann Bong am Weingartshof 4 die Stellung. Zwar belieferten weiterhin fahrende Händler die Haushalte, z.B. ein Bäcker aus der Gregorstraße und ein Herr Hocks, der Milchprodukte verkaufte, aber die Menschen zog es zum Einkaufen nach Burtscheid oder „nach Aachen", wie man immer noch sagte. Die Siebziger wurden das Jahrzehnt der Fußgängerzonen. In Burtscheid wurde 1973

Abb. 138: Fußgängerzone Burtscheider Markt (1979)

zunächst das Areal zwischen Hauptstraße und Altdorfstraße autofrei,[308] später kam die Kapellenstraße hinzu. Die neuen Fußgängerzonen, ausgestattet mit Blumenkübeln, Rabatten oder Brunnen und mit Bänken möbliert, sollten einerseits ein Gefühl von Gemütlichkeit und Geborgenheit vermitteln,[309] andererseits aber auch zum Flanieren und Kaufen anregen. In den anliegenden Häuserzeilen lockten die ersten Selbstbedienungsläden mit breitem Warenangebot und gut sortierte Einzelhandelsgeschäfte mit Artikeln des täglichen wie des gehobenen Bedarfs. Infrastruktureinrichtungen wie Post und Sparkasse waren hier ebenfalls zu finden (Abb. 138-140).

Wie schon in der Vergangenheit lagen gerade im Bereich des Branderhofer Wegs Neues und Be-

Abb. 139: Filiale der Stadtsparkasse Aachen, Burtscheider Markt 9-11 (1979)

währtes dicht beieinander. Unter der Adresse Am Branderhof 100 wurde am 14. November 1970 das katholische Gemeindezentrum St. Aposteln als Filialkirche von St. Michael-B. eingeweiht. Die Architektur des Gebäudes ermög-

Abb. 140: Postamt Burtscheid [heute Konditorei Lammerskötter] (1975)

lichte Liturgie und Gemeindeleben gleichermaßen. Auch die belgischen Militärangehörigen fanden hier während ihrer Stationierung einen Versammlungsort.[310]

Ganz in der Nähe erfreuten sich die bewährten Freizeitvergnügungen gleichbleibender Beliebtheit. Auf dem abschüssigen Branderhofer Weg fanden wie in den Jahren zuvor Seifenkisten-Rennen statt,[311] auf dem Parkplatz an der Ecke Forster Weg drehten sich im Herbst die Karussells der Appeltaate Kirmes.[312] Am unteren Branderhofer Weg, genauer gesagt, schräg gegenüber den noch zur Siedlung zählenden Häu-

Abb. 141: Gut Höfling (vor 1973)

sern Nr. 3-7, lag hinter einer Hecke das etwas düster wirkende Gut Höfling (Abb. 141). Es hatte in der Vergangenheit mehrfach seinen Besitzer gewechselt, Nachfolgebauten dienten eine Zeitlang als Milchverwertungsanstalt. Diese musste 1973 für den Bau einer Turnhalle weichen, die zwei Jahre später fertiggestellt wurde.[313] Damit gehörte ein weiterer Gutshof aus der Umgebung der Vergangenheit an. Diesem Schicksal entging das Gut Branderhof, denn die von einem Reitverein genutzte Hofanlage stand mittlerweile in Teilen unter Denkmalschutz.[314] Etwa Mitte der Siebzigerjahre geriet auch die nach diesem Gutshof benannte Siedlung erstmalig in den Fokus der Denkmalpflege, indem sie zum Studienobjekt wurde.

7.2 Studenten in der Siedlung

Immer öfter sah man jetzt junge Leute, ausgerüstet mit Klemmbrett und Zeichenstift, durch die Siedlung spazieren. Sie machten sich eifrig Notizen oder fertigten Skizzen an, einige von ihnen fotografierten auch oder stellten den Anwohnern Fragen. Es handelte sich um Studenten, die von ihren Professoren der Fakultät für Architektur der RWTH Aachen geschickt waren. In einem Seminar des Lehrgebiets „Denkmalpflege" hatte auch Frau Prof. Ingeborg Schild ihre Studenten auf die Siedlung Branderhof aufmerksam gemacht. Insbesondere der Student Jan Altenkrüger interessierte sich für dieses Wohngebiet und verfasste zwei städtebauliche Forschungsbeiträge zu dem Thema. Unter der Leitung von Frau Prof. Schild entstand zunächst 1974 im Rahmen einer Abschlussübung eine Arbeit mit dem Titel „Siedlung Branderhof Burtscheid" (Abb. 142).[315]

1977, also 50 Jahre nach ihrem Entstehen, beschäftigte der Student Jan Altenkrüger sich erneut mit der Siedlung Branderhof, diesmal in Form einer „Großen Studienarbeit",[316] was gleichbedeutend mit einer Abschlussarbeit war. Seine Betreuerin im Lehrgebiet Denkmalpflege war wie drei Jahre zuvor Frau Prof. Schild.

Abb. 142: Cover Seminararbeit Jan Altenkrüger (1974)

Während Altenkrügers Arbeit aus dem Jahr 1974 in erster Linie eine Bestandsaufnahme und Dokumentation der vorhandenen baulichen und sozialen Struktur der Siedlung darstellte, zielte die wesentlich umfangreichere Forschungsarbeit aus dem Jahr 1977 darauf ab, Verbesserungsvorschläge und Anregungen zu entwickeln und ein Bewusstsein dafür zu erzeugen, wie man in Zukunft achtsamer mit den vorhandenen Strukturen umgehen könnte.[317]

Altenkrügers Verdienst war es, die erste systematische Untersuchung der Siedlung Branderhof vorgenommen und eine Basis für spätere Befassungen mit dem Thema geschaffen zu haben – auch in Richtung Denkmalschutz.

7.3 Jan Altenkrüger, Seminararbeit (1974)

Die Grundlage von Altenkrügers erster Arbeit bildete eine Fragebogenaktion, die er im Februar 1974 bei den Anwohnern durchführte und die 17 Fragen zur Sozialstruktur und zu den Wohnverhältnissen in der Siedlung umfasste.

Die Auswertung wurde ergänzt durch eine Fotodokumentation und verschiedene Grundrisspläne.
Altenkrügers Umfrage ergab, dass 1974 der Anteil der Eigenheimbesitzer in der Siedlung hoch war, die Zahl der vermieteten Objekte sehr gering. Das Mietniveau bei diesen Häusern war für Aachener Verhältnisse normal einzustufen. Laut Altenkrügers Recherchen war zu diesem Zeitpunkt lediglich ein Gebäude im städtischen Besitz. Gewerbliche Nutzung war in der Wohnsiedlung nur in geringem Maße anzutreffen[318] und beschränkte sich auf die bekannten Geschäfte und Firmen. Anhand der Berufsangaben der Fragebogen-Teilnehmer konstatierte Altenkrüger eine ausgeprägte mittelständische Bevölkerungsstruktur mit größtenteils Angestellten.

Die Einkaufsmöglichkeiten erachteten die meisten Siedlungsbewohner als ausreichend, der Weg zur Haupteinkaufsstraße nach Burtscheid wurde als nicht zu weit empfunden. Anderen, nicht mehr so mobilen Bewohnern, war das Angebot von Lebensmittelgeschäften in der Siedlung jedoch zu klein. Die immer noch verkehrenden ambulanten Händler konnten allerdings einen Teil des Bedarfs decken. Die Busverbindung zur Stadt mit den Haltestellen in der Friedrich-Ebert-Allee wurde von der überwiegenden Mehrheit als hinreichend bezeichnet.
Im Mittelpunkt von Altenkrügers Untersuchung stand die Beurteilung der Wohnqualität. Dabei erwiesen sich die eng miteinander verknüpften Fragen „Was stört Sie am meisten? Was sollte geändert werden? Was gefällt Ihnen am besten“ am aussagekräftigsten, wobei jeweils differenziert wurde zwischen „Privates Grundstück und Haus“ sowie „Siedlung“.

In der Kategorie „Privates Grundstück und Haus“ wurden im Wesentlichen Planungsfehler und Schwächen der Grundrissgestaltung beklagt: Zu kleine Zimmer, Hellhörigkeit, kein separates Treppenhaus, die nur teilweise Unterkellerung, fehlende Garagen und die bei den meisten Anrainern nicht vorhandene Verbindung Straße-Garten. Einige Bewohner hatten diese Mängel im Laufe der Zeit durch entsprechende Umbaumaßnahmen schon auf eigene Kosten behoben. In den meisten Haushalten waren bereits moderne Heizungsanlagen und Sanitärausstattungen, auch Duschen, installiert.[319]

Bei dem Punkt „Siedlung“ wurde in erster Linie die Verkehrssituation kritisiert, wobei die Störung durch Straßenlärm eindeutig die Beschwerdeliste anführte. Über Lärmbelästigung wie auch Gefahren infolge des hohen Verkehrsaufkommens klagten erwartungsgemäß vor allem die Anwohner der Friedrich-Ebert-Allee. Seit die Straße in den Sechzigerjahren zu einer Hauptverkehrsader ausgebaut worden war, häuften sich besonders an der Ecke zur Zeise die Unfälle mit Fußgängern. Mehr Fußgängerüberwege und Ampeln könnten hier Abhilfe schaffen. Doch erst 1979 fanden die Appelle der Anwohner Gehör, und es wurde durch eine Ampelanlage und eine Linksabbiegespur Richtung Karl-Marx-Allee und Branderhofer Weg mehr Verkehrssicherheit erreicht.[320]

Aber auch die Situation in der Straße Im Gillesbachtal bot Anlass zu Beschwerden. Gerade bei Veranstaltungen der Realschule und der Sporthalle am Branderhofer Weg war die ohnehin sehr enge Straße durch am Straßenrand parkende PKWs nur schwer passierbar. In der damals noch relativ verkehrsarmen Straße In den Heimgärten wurden die Bürgersteige im unteren und oberen Teil der Straße als zu schmal angesehen.
Altenkrügers Umfrage ergab, dass noch ein relativ hoher Anteil der Bewohner zu den „Pionieren" der Siedlung gehörte, was insgesamt bereits für einen hohen Zufriedenheitsfaktor spricht. Bei der Frage nach den positiven Merkmalen des Wohnens in der Siedlung gefielen den Bewohnern vor allem der eigene Garten, das Wohnen im Grünen und die ruhige Lage sowie die Nähe zur Stadtmitte, was in einem gewissen Widerspruch zu den genannten Störfaktoren stand. Auch die guten nachbarschaftlichen Beziehungen wurden positiv bewertet. In dieses Bild passte auch die Interessengemeinschaft Branderhof. Zum Zeitpunkt von Altenkrügers Studienarbeit zählte sie noch etwa 100 Mitglieder und erhob einen Jahresbeitrag von drei DM. Anders als zur Anfangszeit fanden allerdings keine regelmäßigen Treffen mehr statt, sondern nur noch bei Bedarf.

Selbstkritisch merkte der Student an, dass einige seiner Fragen nicht eindeutig genug formuliert waren oder ganz vergessen wurden, z.B. ob das Haus durch Kriegseinwirkungen zerstört oder beschädigt und anschließend originalgetreu wiederaufgebaut oder verändert wurde.[321]
Fast die Hälfte aller Haushaltungen beantwortete Altenkrügers Fragen, sodass durchaus von einem repräsentativen Meinungsquerschnitt gesprochen werden kann, der insgesamt eine beachtliche Zufriedenheit mit der Wohnsituation erkennen ließ.

7.4 Jan Altenkrüger, Große Studienarbeit (1977)

7.4.1 Verkehrssituation und Häuser

Ein schon in seiner Arbeit von 1974 erstellter Mängelkatalog wurde 1977 in Teilen von Altenkrüger wieder aufgegriffen, aber diesmal interpretiert und durch Lösungsvorschläge ergänzt.
Nach wie vor litt insbesondere die Friedrich-Ebert-Allee unter dem hohen Verkehrsaufkom-

Abb. 143: Verbindungsweg In den Heimgärten – Im Gillesbachtal, Foto: Ludwina Forst

men, das für die Anwohner eine permanente Lärm-, Abgas- und Schmutzbelästigung bedeutete. Der Verkehrsfluss ließe sich allerdings kaum umlenken. Zum einen bildete der Bahnkörper eine nicht zu überwindende Sperre. Zum anderen käme eine alternative Leitung des Verkehrsstroms zur Monschauer Straße und nach Burtscheid nicht in Frage, weil sie dann durch andere, ebenso belastete Wohngebiete führen würde.

Bis zu einem gewissen Grade könnten Doppelfenster, Isolierverglasung und Verlegung der Schlafräume zur Gartenseite die Lärmbelästigung reduzieren. Ansonsten wären Geschwindigkeitsbegrenzungen ein geeignetes Mittel, um die Straße zu beruhigen und auch die von den Anwohnern als „lebensgefährlich" eingestuften Fußgängerüberwege zu den Bushaltestellen sicherer zu machen.

In der Straße In den Heimgärten, die schon Einbahnstraße war, betrafen die meisten Klagen erneut die im unteren und oberen Teil der Straße sehr schmalen Bürgersteige. Altenkrüger warf die Frage auf, ob eine solch verkehrsarme Straße wirklich breitere Bürgersteige brauche und gab zu bedenken, dass eine Gehsteigverbreiterung in diesen Bereichen immer zu Lasten der Vorgärten ginge, was einer völligen Neugestaltung der Anlage gleichkäme. Um die Verkehrssituation in der engen Straße Im Gillesbachtal zu verbessern, wurde eine Einbahnstraßenlösung vorgeschlagen, die später auch realisiert wurde.

Bei den Häusern selbst wurde abermals die nur teilweise Unterkellerung moniert sowie eine fehlende Treppe vom Keller zum Garten. Als be-

Abb. 144: Gartenseite mit Dachgauben, In den Heimgärten 47-51 (1977)

Straßen In den Heimgärten, Im Gillesbachtal und Friedrich-Ebert-Allee grenzen, von dort zugänglich sind.

Rückseitige Erdgeschossanbauten, um das Wohnzimmer auf eine heute übliche Größe zu bringen, wurden vom Bauaufsichtsamt meist genehmigt. Untersagt war es jedoch zum damaligen Zeitpunkt, die Dachfläche als Terrasse zu nutzen (Abb. 144). Begründet wurde dies mit der Einsichtsmöglichkeit in Haus und Garten des Nachbarn. Wegen des geringen Veränderungsspielraums besonders bei den Mittelbauten brachte Altenkrüger die kühne Überlegung ins Spiel, zwei Reihenhäuser baulich zusammenzufassen, z.B. durch Aufkauf des Nachbarhauses, wenn sich infolge von Wegzug oder Sterbefall die Gelegenheit böte. Durch die Zusammenlegung würde sich die bewohnbare Grundfläche verdoppeln. Um Kosten beim Unterhalt zu spa-

sonders störend wurde empfunden, dass der Zugang zum Keller durch das Wohnzimmer, der zum Dachgeschoss durch das Elternschlafzimmer führte. Diese strukturellen Mängel wären nicht ohne aufwändige und teure bauliche Maßnahmen zu beheben, eine Treppe zum Garten ohnehin bei den meisten Haustypen nicht realisierbar. Ebenso wenig wäre die oft gewünschte Verbindung von der Straße zum Garten, wie sie bei den Kopfbauten besteht, machbar. Deshalb würde es dabeibleiben müssen, dass nur die Gärten, die an die kleinen Fußgängerquerverbindungen (Abb. 143) zwischen den

Abb. 145: Branderhofer Weg, unterhalb des Spielplatzes am Weingartshof

ren, könnte eine Einliegerwohnung in einem Teil sinnvoll sein, die dann sogar einen eigenen Hauseingang und Treppenaufgang hätte.
Wegen der weiter gewachsenen Zahl von Autobesitzern machte sich vor allem das Fehlen von Garagen und Abstellplätzen negativ bemerkbar. Hauseigentümer berichteten, dass die Stadt immer häufiger Bauanträge für Garagen ablehnte. Deshalb versuchten sie, durch die Anlage von Stellplätzen Parkraum zu schaffen. Diese Entwicklung führte zur weiteren Zerstörung der Vorgärten und Versiegelung von Flächen.

Altenkrüger schlug deshalb die Planung eines Garagenhofs vor, bzw. eine Konzentration von aneinanderstoßenden Garagen an einem zentralen Platz, z.B. Im Gillesbachtal. Auch die Böschung am Branderhofer Weg, unterhalb des Spielplatzes am Weingartshof (Abb. 145), wäre seiner Meinung nach als Abstellmöglichkeit für PKWs geeignet. Letztendlich geschaffen wurden vier Garagen an der Straße zwischen den Häusern Weingartsberg 4 und Weingartshof 2, dort außerdem eine Zufahrt zu einem Garagenhof mit weiteren Unterstellmöglichkeiten. Auch am Branderhofer Weg entstanden einige Garagen, fünf unterhalb des Gebäudes Weingartshof 2-4 sowie zwei Doppelgaragen am Fuß des Weingartsbergs, angrenzend an die Gärten der Häuser 20 und 18.

Vermutlich, so resümierte Altenkrüger, würden sich die Bewohner mit einigen Störfaktoren für immer abfinden müssen, da ihre Beseitigung entweder zu kostspielig würde oder aber an anderer Stelle neue Schwierigkeiten entstünden.[322]

7.4.2 Die Siedlung als Teil des Kurwesens

Städtischerseits war der Siedlung bisher kaum große Beachtung geschenkt worden. Dies änderte sich, als die Stadt 1974 für die Bezirke Monheimsallee und Burtscheid die staatliche Anerkennung als Heilbad erhielt. Jetzt sah sie sich gezwungen, mehr für diese Kurgebiete zu unternehmen. Seit 1973 die ehemalige Tuchfabrik Ferber an der Viehhofstraße abgerissen worden war, waren immer wieder ein neues Kurmittelzentrum zwischen Viehhof- und Kapellenstraße und die Umwandlung des Ferberparks in einen Kurpark im Gespräch, dessen Herzstück ein großes Thermalhallen- und Freibad werden sollte. Zum Zeitpunkt von Altenkrügers Arbeit war allerdings noch nichts in der Richtung geschehen. Im Jahr 1977 war die Siedlung Branderhof teilweise umgeben von den bestehenden Burtscheider Kureinrichtungen: der Kurklinik an der Rosenquelle in der Kurbrunnenstraße, dem Prinzen-, Goldmühlen-, Schwert- und Landesbad am Burtscheider Markt, dem Kurgarten an der Dammstraße (Abb. 146-151) sowie der Grünzone Gillesbachtal.[323]

Dennoch ging man in den Siebzigerjahren davon aus, dass der Kurbetrieb näher an die Siedlung Branderhof heranrücken und sie in Zukunft vermehrt auch von Kurgästen aufgesucht würde. Tatsächlich verlief schon der offizielle Kurweg K2 durch das Gillesbachtal, „vorbei an der Luise-Hensel-Schule und einer ansprechenden, liebenswürdigen Kleinsiedlung der ‚30er' (!) Jahre", wo man sich „unter den Alleebäumen bis zur Friedrich-Ebert-Allee leiten"[324] ließ, wie es in einem Stadtführer aus diesen Jahren heißt.

Im Kurförderungsprogramm des Landes NRW waren insgesamt sechs Kurwanderwege in Burtscheid als förderungswürdig aufgenommen und mit 50 Prozent bezuschusst.[325] Es war angedacht, einen weiteren Teilabschnitt dieser offiziellen Kurwege durch die Siedlung zu führen, wobei der Weingartshof Mittelpunkt des Kurwegesystems werden könnte. Bis zum Frühsommer 1977 war der Weingartshof ein mehr oder weniger kahler, asphaltierter Platz, gesäumt von schmalen Bürgersteigen, ohne Bäume oder Bänke, die zum Verweilen einluden. Alles wirkte leicht vernachlässigt bis ausdruckslos. Eigentlich war der Weingartshof nur noch ein Abstellplatz für Kraftfahrzeuge. Dabei war die ehemals repräsentative Anlage mit den angedeuteten Arkaden, ausgewogenen Proportionen und dem axialen Aufbau durchaus attraktiv und bot interessante Ansätze zur Gestaltung.

Den Entwurf für die Neugestaltung des Weingartshofs übernahm das städtische Garten- und Friedhofsamt. Den Planern schwebte zwar weniger Beton und dafür mehr Grün vor, aber die Kosten sollten gering gehalten werden, um einer späteren Befassung mit der Siedlung seitens der Denkmalpflege nicht vorzugreifen. Immerhin erreichte die Stadt mit den Umbaumaßnah-

Abb. 146-151: Burtscheider Kurviertel: Landesbad, Schwertbad, Kurgarten Dammstraße mit Kurparkterrassen (1970er Jahre)

rechts: Marktbrunnen (1960er Jahre)

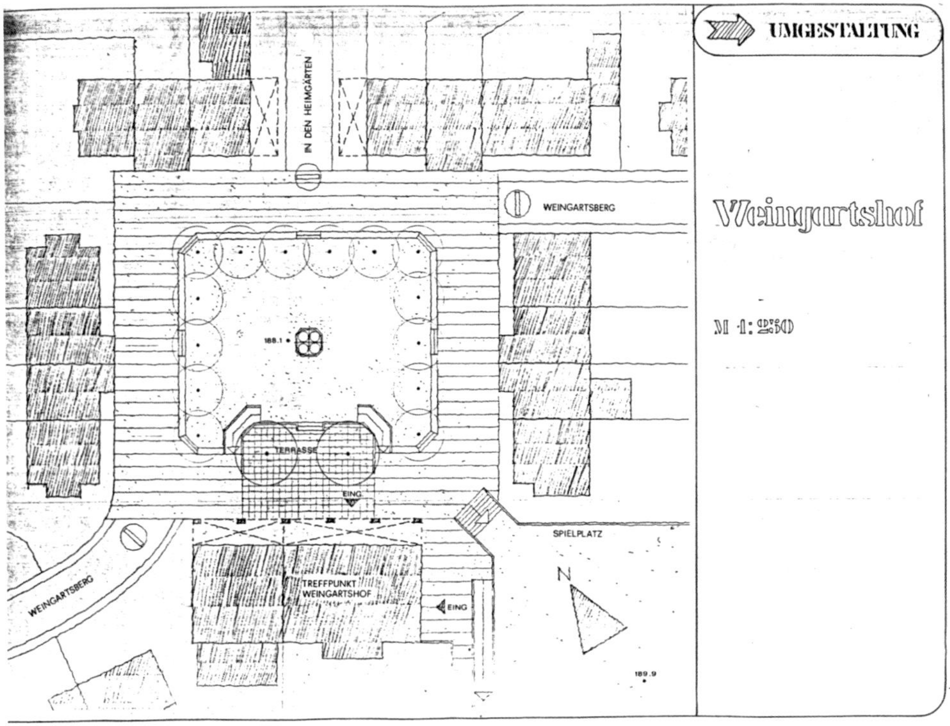

Abb. 152: Skizze Umgestaltung Weingartshof, aus: Jan Altenkrüger, Siedlung Branderhof (1977)

men einige Verbesserungen. Die Bürgersteige wurden verbreitert und in Klinker ausgeführt. Einige Bäume wurden gepflanzt, Bänke wurden aufgestellt. Ein Brunnen war projektiert, wurde aber nie verwirklicht. Bedauerlich war, dass das Grundübel der Platznutzung nicht angegangen wurde, nämlich den Ort von den vielen dort parkenden PKWs zu befreien.[326]

Als Gegenentwurf zur tatsächlich durchgeführten Neugestaltung des Weingartshofs entwickelte Altenkrüger eine Reihe von innovativen Alternativen (Abb. 152): Der Platz sollte reiner Fußgängerbereich werden, Autos nur zum Be- und Entladen sowie in Notfällen zugelassen sein. Die verloren gegangenen Abstellmöglichkeiten könnten ersetzt werden durch Stellplätze in der Böschung unterhalb des Kinderspielplatzes zum Branderhofer Weg hin. Altenkrüger schlug vor, den Weingartshof im mittleren Bereich um ca. 50 cm abzusenken, sodass ringsherum ein Streifen von ca. sechs Metern Breite bliebe, der notfalls von PKWs befahren werden könnte. Der Rand dieses abgesenkten Bereichs könnte als

Abb. 153: Sandkasten auf dem Spielplatz am Weingartshof

Sitzstufen genutzt werden. Im Innern wäre Raum für verschiede Freizeitaktivitäten wie Boccia, Schachspielen mit großen Figuren, Auftritte von Musik- oder Theatergruppen.

Da im Umkreis der Siedlung eine Kneipe oder ein Café fehlten, könnte eine solche Einrichtung ebenfalls am Weingartshof angesiedelt werden, eventuell mit einer Außenterrasse, die sich in den mittleren Bereich des Platzes schöbe, und einer Öffnung des Gastraums zum Verbindungsweg Branderhofer Weg – Weingartshof. Altenkrüger wollte dieses Lokal als kommunikativen Treffpunkt verstanden wissen, sowohl für Kurgäste als auch für Siedlungsbewohner. Er könnte dann gemeinschaftlichen Interessen dienen und auch als Versammlungs- und Veranstaltungsort für Vereine oder Gruppen genutzt werden. Hier blitzt der genossenschaftliche Gedanke, wie er für die Gartenstadtbewegung charakteristisch ist, auf.

Leider war es versäumt worden, bei den Planungen für die Neugestaltung des Weingartshofes den benachbarten Spielplatz einzubeziehen. Mit einem Sandkasten und ein paar Spielgeräten aus Stahlrohr bot er ein ähnlich trostloses Bild wie in den Fünfzigerjahren (Abb. 153). Nicht überraschend war der Platz nicht besonders gut frequentiert. Die Spielmöglichkeiten in Richtung eines Abenteuerspielplatzes zu erweitern, würde ihn vielleicht attraktiver machen, vermutete der Student. Generell sollten Weingartshof und Kinderspielplatz seiner Auffassung nach deutlicher miteinander verknüpft werden, z.B. durch eine Freitreppe oder die Einbeziehung des östlich danebenliegenden Grundstücks, das sich in städtischem Besitz befand.

Abb. 154, 155: „Wintersport" im Gillesbachtal (1979)

Die Chance, den Weingartshof als Kommunikationsmittelpunkt und Freizeitraum für die Siedlungsbewohner herzurichten, war bisher ebenso vertan wie die Gelegenheit, ihn zum attraktiven Akzent des Kurwegesystems werden zu lassen.[327] Zum Glück fanden die Kinder der Siedlung andere Möglichkeiten für Sport und Spiel (Abb. 154, 155).

7.4.3 Denkmalpflegerische Aspekte

Spätestens als die Stadt erwog, die Siedlung Branderhof in den Burtscheider Kurbetrieb zu integrieren, hätten die Anlieger in die Überlegungen einbezogen werden müssen, was aber nicht geschah. Dies blieb leider nicht das einzige Versäumnis.

Das Hauptanliegen von Jan Altenkrügers Studienarbeit war, die Besonderheit der Siedlung Branderhof aus bauhistorischer Sicht hervorzuheben und dabei sowohl bei Bewohnern als auch bei der Stadt ein Interesse dafür zu wecken und Überlegungen darüber anzuregen, wie der noch erhaltene unverfälschte Bestand denkmalpflegerisch geschützt werden könnte.

Dazu wäre es in einem ersten Schritt ratsam, das Bewusstsein der Bewohner dafür zu schärfen, dass sie in einer besonderen Wohnumgebung lebten. Eine größere Identifizierung mit dem engeren Wohnumfeld würde eine verstärkte Sensibilisierung und Mitwirkung der Bewohner bei Sanierungsabsichten bewirken, war Altenkrüger überzeugt. Die damals noch bestehende Interessengemeinschaft könnte sich dabei als wertvoll erweisen. Bei dem Bewusstmachungsprozess war Eigeninitiative genauso gefragt wie Anregung und Unterstützung seitens der Stadt, und zwar über ihr bloßes Interesse, den Burtscheider Kurbereich attraktiver zu machen, hinausgehend.
Der Zeitpunkt war günstig, denn auch bei der übergeordneten Behörde war eine Wende in Sachen Denkmalschutz spürbar. Während früher der institutionalisierten Denkmalpflege fast ausschließlich sakrale und profane Bauten aus weiter zurückliegenden Epochen schützens- und erhaltenswert galten, so interessierte sie sich nun vermehrt auch für Einzelobjekte der jüngeren Vergangenheit z.B. der Zwanziger- und Dreißigerjahre. Auch zeigte man sich zunehmend offen, weg vom Einzeldenkmal hin in Richtung umfassender Denkmalbereiche zu denken. Bei der Siedlung Branderhof stellte sich allerdings die Frage, ob einzelne Häuser und Zeilen oder sogar die gesamte Anlage noch genügend Originalsubstanz böten, um unter Denkmalschutz gestellt und letztendlich auch als förderungswürdig erachtet zu werden.

Zuständig für Denkmalschutz und -pflege war zu der Zeit das Amt des Landeskonservators Rheinland in Bonn. Auf Nachfrage erklärte ein Mitarbeiter dieser Behörde Altenkrüger gegen-

über, dass man sich zwar der Bedeutung der Siedlung bewusst sei, sie aber auf Grund des augenblicklichen deformierten Bildes nicht als Ganzes unter Denkmalschutz gestellt werden könnte, zumal wegen der sehr begrenzten Fördermittel Prioritäten gesetzt werden müssten. Sicher traf es zu, dass manche Siedlungen, z.B. in Duisburg und Essen, nicht nur den Grundriss nahezu unverändert bewahrt hatten, sondern auch das Mauerwerk im Originalzustand. Dennoch war die Siedlung Branderhof das einzige erhaltene Beispiel einer größeren Einfamilien-Reihenhaussiedlung der Zwanzigerjahre im Aachener Raum. Allein deshalb war Sorge zu tragen, die Substanz zu erhalten und in Zukunft schonender mit den noch vorhandenen Strukturen umzugehen.
Einiges, was Altenkrüger in seiner Großen Studienarbeit vorschlug, ist wenigstens ansatzweise verwirklicht worden. Seine mahnenden Worte zur Gesamtsituation der Siedlung und seine Forderung nach einer Sicherung ihrer baulich noch nicht veränderten Bestandteile, wenn möglich mittels Denkmalschutz, verhallten jedoch zunächst ungehört. Dabei hätte zum Zeitpunkt seiner Studie noch vieles durch maßvolle Modernisierungen gerettet werden können.

Immerhin schwebte den Denkmalpflegern in Bonn ein abgeschwächter Denkmalschutz für die Siedlung Branderhof in Form einer Gestaltungssatzung vor. Wie detailliert diese Gestaltungsvorschriften ausfallen würden, war zum Zeitpunkt der Studienarbeit aber noch offen.[328]

1978, also ein Jahr nach Fertigstellung von Altenkrügers Arbeit, erschien ein zweibändiges Denkmälerverzeichnis des Landeskonservators Rheinland für Aachen und seine Stadtteile. Unter der Rubrik „Wohnbauten“ im Stadtteil Burtscheid wurde erstmalig die Siedlung Branderhof mit folgenden Stichpunkten erwähnt:

„Siedlung Branderhof 1926-1928; geschlossene Gartensiedlung mit 2geschossigen Einfamilienhäusern, in Gruppen zusammengefasst; Mittelpunkt der Weingartshof, durch z.T. 3geschossige Häuser und Arkadenstellungen ausgezeichnet; die Bausubstanz des Großteils der Häuser durch spätere Veränderungen z.T. stark beeinträchtigt, die Anlage in Grundriss und Proportionen blieb jedoch gewahrt.“[329]

Mit der Aufnahme in das Denkmälerverzeichnis war zwar ein wichtiges Signal in Richtung Denkmalschutz gesetzt, aber in der Zwischenzeit konterkarierten die Wohnungsbauförderungsanstalt des Landes Nordrhein-Westfalen, auf städtischer Ebene vertreten durch das Amt für Bauförderung und Wohnungsaufsicht, die Bemühungen der Denkmalpflege auf ihre Weise.

„Genau dieser augenblickliche Zustand der Siedlungsfassaden – zwar gepflegt und intakt, aber häufig ohne Beziehung zum Originalzustand – erschwert den offiziellen Organen den Entschluss, die Siedlung unter Denkmalschutz zu stellen."

(Jan Altenkrüger, Siedlung Branderhof, 1977)[330]

Abb. 156: Schulkind, In den Heimgärten (1981)

8. Die Achtziger-/Neunzigerjahre: Modernisierungen, Straßenfeste und ein Unglück

8.1 Fragwürdige Modernisierungen

Seit 1976 vergab die Stadt zu günstigen Konditionen Modernisierungsdarlehen, die auf mehrere Jahre verteilt, erst 1988 zurückgezahlt sein mussten.[331] Von diesen städtischen Zuschüssen machten auch viele Eigentümer in der Siedlung Branderhof Gebrauch. Eine wahre Modernisierungswelle erfasste die Siedlung Ende der Siebziger-/Anfang der Achtzigerjahre und verstärkte eine Entwicklung, die in Ansätzen schon seit Kriegsende hier zu beobachten war. Während in der Nachkriegszeit der teilweise „entstellende“ Wiederaufbau aus der Not geboren war, entsprangen die später vorgenommenen Veränderungen ganz dem Belieben und den finanziellen Möglichkeiten der Hausbesitzer. Schon in den Sechzigerjahren war nach Lust und Laune umgebaut worden. Mit finanzieller Unterstützung durch die Stadt entwickelten ab Ende der Siebzigerjahre die individuellen Baumaßnahmen an den Häusern jedoch eine neue Dynamik.

Durchaus verständlich war der Wunsch nach Vergrößerung der Wohnfläche, besonders bei Familien mit mehreren Kindern. Dabei waren die rückwärtigen An- und Umbauten nicht so gravierend für das Gesamtbild. Bei den Kopfbauten sah das anders aus. Obwohl an den Endhäusern ein straßenseitiger Dachausbau nicht vorgesehen war, erhielten einige genau dort Dachflächenfenster und Gauben. Beliebt wurden hier auch seitliche Anbauten, die im Innern manchmal das hierhin verlegte Treppenhaus beherbergten, fast immer aber mit dem Bau einer Garage kombiniert wurden. Die Flachdächer dieser Garagen wie auch die Einfahrten begrenzten seitdem Mäuerchen mit teils sehr exotisch anmutenden Brüstungen. So entstanden komplett neue Eingangssituationen, die nichts mehr mit den ursprünglichen Gegebenheiten gemein hatten.

Auch bei den Reihenmittelhäusern galten viele Baumaßnahmen weiterhin oft dem Auto. Wenn nicht schon früher geschehen, so wurden noch mehr Vorgärten in Stellplätze oder Carports umgewandelt. Dabei erfreuten sich Bodenplatten aus Waschbeton großer Beliebtheit. Der Baustoff wurde zunehmend auch auf Terrassen, Gehwegen und in Pflanzkübeln verlegt oder verarbeitet. Der verbliebene Rest des Vorgartens bestand bei den Mittelhäusern jetzt meist nur noch aus einem schmalen Beet (Abb. 157).

Abb. 157: Umgestaltung eines Vorgartens (1981)

Aber auch ohne diese dem Auto gewidmeten Umbauten verschandelte manch andere Modernisierung die straßenseitige Front. Die verwendeten Materialien hatten vor allem zwei Kriterien zu erfüllen: Sie sollten pflegeleicht sein und dabei bestmöglich isolieren. So präsentierten sich die Fassaden der Siedlungshäuser nun immer öfter nicht nur in unterschiedlichen Farbanstrichen, sondern auch großflächig verkleidet oder verklinkert. In der hellen Ausführung wirkten die Klinker-Fronten geradezu klinisch rein, während der dunkleren Klinkerbauweise etwas Düster-Bedrohliches anhaftete. Die seinerzeit als unempfindlich beworbenen Eternit-Verblendungen erwiesen sich jedoch bald nicht nur als schmutzanfällig und wenig witterungsbeständig, sondern in späteren Jahren auch als schadstoffbelastet. Manche Fassaden waren mit Wärmedämmsystemen und Bekleidungen fast bis zur Unkenntlichkeit verändert, zumal damit oft notgedrungen weitere Veränderungen einhergingen. Die wenigen noch originalen Schmuckelemente aus der Entstehungszeit der Häuser wie die charakteristischen roten Klinkerbänder wurden im Zuge der Fassaden-Erneuerungen abgeschlagen.

Die dreiteiligen Holzfenster mit den waagerechten Sprossen erschienen manchen Hausbesitzern zunehmend unbequem. Bald waren auch noch die letzten der typischen Exemplare zugunsten einflügeliger, doppelverglaster Normfenster aufgegeben. Die Rahmen waren längst nicht mehr immer aus Holz, sondern aus Aluminium oder Kunststoff und benötigten keinen Anstrich mehr. Die Wunden, die die neuen Fenster in die ursprünglichen Fassaden rissen, wurden noch vertieft durch die Anbringung von Rollladenkästen. Der seit den Siebzigerjahren zu beobachtende Trend zu Glasbausteinen war ungebrochen. So wurden immer wieder völlig ohne Not im Dielenbereich oder bei den Nassräumen statt üblicher Fenster transparente wie farbige Glasbausteine eingesetzt (Abb. 158). Selbst manche Abtrennungen zwischen nebeneinanderliegenden Balkonen waren jetzt Glassteinwände.

Abb. 158: Glasbausteine im Dielenbereich, Foto: Ludwina Forst

Im Zuge einer Wärmedämmung für die Dachgauben wurden diese meist gleichzeitig vergrößert und entsprechend verändert. Bei den nach und nach erneuerten Haustüren waren alle möglichen Stile und Materialien vertreten – vom schlichten Holzblatt, über Aluminium und Glas, rustikalen Exemplaren aus Eiche mit entsprechenden Messing-Griffen bis hin zum billigen Baumarkt-Produkt. Oft war der Hauseingang mit einem kleinen Regendach geschützt. Auch hierbei kamen unterschiedliche Materialien und Formen zum Einsatz.

In ihrem Bestreben, praktisch und pflegeleicht zu sein, spiegelte die Wohnkultur im Innern der Siedlungshäuser die auch bei der äußeren Hülle zu beobachtende Tendenz. Das Design der Siebzigerjahre war noch schrill und mutig gewesen. In den Achtzigern ersetzten Braun- und Beigetöne in allen Schattierungen die farbenfrohen Muster. Weiterhin gefragt waren die gediegenen Altdeutschen Möbel in Eiche-Rustikal, wenn auch die Schrankflächen jetzt weniger verspielt waren. Essgruppen und Küchenschränke zeigten sich vom bäuerlichen Landhausstil inspiriert. Es war auch die Zeit, als die ersten Mitnahmemöbel zum Selbstaufbau angeboten wurden und der Trend zur Billigproduktion von Möbeln begann. Viele alteingesessene Möbelgeschäfte in der Innenstadt hatten schließen müssen, dafür eröffneten Möbelhäuser am Stadtrand oder im Gewerbegebiet.

Ende der Achtziger-/Anfang der Neunzigerjahre sollte das Wohnen möglichst unkompliziert sein. An den Wänden bevorzugte man beliebig oft überstreichbare Raufasertapeten, Teppichauslegeware bedeckte die Fußböden von Wand zu Wand. Einbaumöbel aus hellem Holz und Weichholzmöbel, meist aus Skandinavien, waren die billigere Variante zu echtem antikem Mobiliar. Viele Möbelteile bestanden jetzt oft nicht mehr aus furniertem Holz, sondern aus kostengünstigen, mit Folien beklebten Sperrholzplatten, die die Holzmaserung imitierten. In der Küche sollte alles schneller und bequemer gehen. Da war es von Vorteil, dass die Technik sich rasant weiterentwickelte und die Zahl der elektrischen Haushaltshelfer zunahm.

Die Siedlungshäuser wirkten Ende der Achtzigerjahre innen wie außen zwar sehr gepflegt, modern und die an ihnen vorgenommenen Baumaßnahmen trugen dem legitimen Bedürfnis der Bauherren nach individuellen Gestaltungsmöglichkeiten Rechnung. Gleichzeitig aber waren sie häufig dem Wunsch nach Kostenersparnis durch mehr Energieeffizienz geschuldet. Diese wiederum wurde auch immer öfter staatlicherseits gefordert und gefördert, ohne allerdings Rücksicht auf ästhetische Aspekte zu verlangen oder gar die Vergabe von Krediten an denkmalpflegerische Auflagen zu knüpfen.

Der Preis dafür war, dass sich die Häuser noch weiter vom Originalzustand entfernten und ein sehr heterogenes Gesamtgefüge entstand, das das charakteristische Erscheinungsbild der Siedlung nachhaltig zerstörte. In jeder der vier Siedlungsstraßen gab es Beispiele für misslungene, zumindest aber stilistisch fragwürdige Modernisierungen. Sie wurden von Seiten der Stadt nicht nur ignoriert, sondern durch die Bereitstellung eben jener günstigen, auflagefreien Darlehen indirekt sogar öffentlich gefördert. Dabei hatte der Student Jan Altenkrüger in seiner Seminararbeit bereits 1977 eindringlich auf die Notwendigkeit einer denkmalpflegerischen Befassung mit der Siedlung Branderhof hingewiesen. Doch bis dahin sollte es noch etwas dauern. Zunächst beschäftigte die Siedlungsbewohner anderes.

8.2 Jubiläen und Straßenfeste

Am 30. August 1952 war das 25-jährige Bestehen der Siedlung Branderhof zwar relativ bescheiden, aber dennoch mit einem geselligen Zusammensein im Lokal „Zur Waldklause", Kornelimünsterweg 20, in Anwesenheit von Oberstadtdirektor Albert Servais, dem Schöpfer der Siedlung, gefeiert worden. Eingeladen hatte die Interessengemeinschaft Branderhof unter ihrem damaligen Vorsitzenden Anton Willms, Im Gillesbachtal 11. Hubert Pauls, Stadtdirektor i.R. und ein Anwohner der Siedlung seit der ersten Stunde, hielt einen Festvortrag. Sein Rede-Manuskript wurde später unter dem Titel „25 Jahre Großgartensiedlung Branderhof" von der Interessengemeinschaft herausgebracht.[332]

In seinem Vortrag zum 50-jährigen Jubiläum im Jahr 1977 betonte der damalige Vorsitzende der Interessengemeinschaft Branderhof, Paul Lambertz, dass noch etwa 30 Familien im Besitz der Häuser seien, für die sie 1927/28 den Kaufvertrag unterzeichnet hatten. Eine zweite und dritte Generation an Hausbesitzern sei herangewachsen. Angehörige dieser Altersgruppen würden nun auch die Interessengemeinschaft weiterführen, die immerhin noch 100 Mitglieder zähle.[333]

Herzlich Willkommen

60 Jahre :
In den Heimgärten

Abb. 159: Einladung Straßenfest 1987

Am Sonntag, dem 30. August 1987 feiern wir das 60-jährige Bestehen als Straßenfest.
Hierzu sind alle Anwohner der Straße In den Heimgärten, Weingartshof und Weingartsberg herzlich eingeladen.

Natürlich sollen auch die früheren Anwohner, die inzwischen "in die Fremde" verzogen sind, aber immer noch gerne an die alte Heimat denken, unser Fest besuchen. Ebenso sind andere Gäste von Herzen willkommen.

Der Festtag beginnt um 11 Uhr mit einem zünftigen Frühschoppen auf dem breiten Bürgersteig vor dem Hause Nr. 16. Im weiteren Verlauf des Tages gibt es Erbsensuppe, Kaffee und Kuchen am Hause Nr. 33. Danach wird Leckeres vom Grill angeboten. Die Speisen und Getränke werden zu mäßigen Preisen verkauft; den Kuchen gibt es gratis zum Kaffee.

Für die Unterhaltung unserer Kinder haben wir uns auch einiges einfallen lassen. Außerdem veranstalten wir eine Tombola zugunsten der Deutschen Lebensrettungsgesellschaft. Geld- oder Sachspenden hierfür werden gerne angenommen.

Die über 80 Jahre alten Mitbewohner erhalten noch eine persönliche Einladung. Für sie haben wir etwas Besonderes geplant. Falls gewünscht, werden wir sie zu Hause abholen und später auch wieder heimbegleiten.

Um dem Fest auch äußerlich den gebührenden Rahmen zu verleihen, bitten wir,die Häuser und Vorgärten bunt zu schmücken.
Eine besondere Bitte richten wir an die Autobesitzer: Parken Sie an diesem Tage Ihren Wagen nicht vor den breiten Bürgersteigen. Dieser Straßenabschnitt soll auf beiden Seiten ganz dem festlichen Treiben vorbehalten bleiben. Gegen 22 Uhr wollen wir mit Rücksicht auf die ruhebedürftigen Nachbarn das Fest ausklingen lassen.

Und nun, liebe Nachbarn, bitten wir um regen Besuch!

Im Auftrag der Initiatoren

Emil Claessen   Peter Gülikers

1985 allerdings löste sich die IG Branderhof auf, vielleicht weil eine solche Vereinigung nicht mehr als zeitgemäß und notwendig erachtet wurde. Das angesparte Vermögen wurde satzungsgemäß einem sozialen Zweck zugeführt. Zwei Jahre später fehlte die Unterstützung durch die Interessengemeinschaft allerdings bei der Vorbereitung der Feier zum 60. Geburtstag der Siedlung. Deshalb bildete sich eigens ein Festausschuss, dessen Hauptaugenmerk der Planung eines großen Straßenfestes galt.

Pünktlich zur Jubiläumsfeier verfasste Adolf Jonas (1925-1999), der seine Kindheit in den Heimgärten verbracht hatte, unter dem Titel „Erinnerungen an fast Vergessenes“ eine kleine Schrift über die Siedlung. Darin ließ Jonas zunächst die Anfangsjahre der Siedlung noch einmal Revue passieren, wobei er auf das zurückgriff, was andere vor ihm zu Papier gebracht hatten, und ergänzte es um seine persönlichen Erinnerungen, die bis in die Fünfzigerjahre reichten. Im Anhang listete Jonas die Namen der Siedlungsbewohner auf, soweit sie sich anhand der Adressbücher recherchieren ließen.[334]
Jonas‘ Rückblick in die Vergangenheit ist nicht ungeschönt, doch ist er wie auch die seiner Vorgänger ein wertvolles Zeitdokument.
Am 30. August 1987 (Abb. 159) konnte bei herrlichem Spätsommerwetter ein Jubiläum erstmalig mit einem Fest unter freiem Himmel begangen werden. Zentrum der Aktivitäten waren die Heimgärten, aber auch der Weingartshof und der Weingartsberg waren einbezogen. Auf den breiten Bürgersteigen im Mittelteil der Heimgärten war reichlich Platz für Tische und Bänke, und auch die Straße war in diesem Abschnitt an dem Tag frei von parkenden Autos, sodass hier ungestört gefeiert werden konnte. Die Straßen und viele Häuser waren mit Fähnchengirlanden und Luftballons bunt geschmückt. In den leergeräumten Garagen waren Verkaufsstände untergebracht. Das Festprogramm begann um 11 Uhr mit einem Frühschoppen. Um die Mittagszeit gab es Erbsensuppe, nachmittags Kaffee und selbstgebackenen Kuchen vor dem Haus In den Heimgärten 33, dort, wo früher Willy Heinen sein kleines Lebensmittelgeschäft betrieben hatte (Abb. 160). Abends verkaufte eine Burtscheider Metzgerei an einem Stand Gegrilltes.

Der Festausschuss hatte den über 80 Jahre alten Anwohnern eine persönliche Einladung zukommen und für sie eine Extra-Kaffeetafel decken lassen. Außer den aktuellen Bewohnern fanden sich im Laufe des Tages auch zahlreiche Gäste ein, darunter etliche ehemalige Nachbarn. Für die Kinder war ein Spielbus aufgestellt, der eifrig genutzt wurde. Musikbegleitung sorgte den ganzen Tag für Stimmung. Für Jung und Alt gab es jede Menge Gelegenheit zum nachbarschaftlichen Austausch, und so saßen bis in die Sommernacht hinein viele gemütlich beisammen. Das Straßenfest war bestens besucht – zeitweilig

Abb. 160: Vorbereitungen zum Sommerfest (1987)

waren bis zu 500 Personen gleichzeitig anwesend – und ein voller Erfolg. Zu seinem Gelingen trugen viele freiwillige Helfer bei, sowohl bei der Planung und Organisation als auch durch Geld- und Sachspenden, die Preise für eine Tombola ermöglichten. Der bei dem Straßenfest erzielte Überschuss wurde für einen gemeinnützigen Zweck verwendet. So konnten die Initiatoren des Festes der Deutschen Lebensrettungs-Gesellschaft eine Spende von 2.000 DM überreichen, die einen Beitrag leistete, den Bereitschafts- und Aufenthaltsraum der DRLG in Wolfelsbach zu vergrößern.[335]

Das gelungene Straßenfest von 1987 war der Auftakt zu weiteren Jubiläums-Veranstaltungen dieser Art. Es folgten 2002 ein Fest zum 75-jährigen, 2007 zum 80-jährigen, 2012 zum 85-jährigen und 2017 zum 90-jährigen Bestehen der Siedlung. Alle Straßenfeste haben den Teilnehmern viel Spaß gemacht und gezeigt, dass sie sich mit der Siedlung verbunden fühlen, wie man den Abschlussberichten entnehmen kann. Die Tradition der Straßenfeste wird sich auch in Zukunft fortsetzen. Zum 95. Geburtstag der Siedlung steht bereits der Termin fest, und es ist davon auszugehen, dass 2027 das 100-Jährige ganz besonders gefeiert wird.

8.3 Ein spektakuläres Schadensereignis

Es ist der 31. Januar 1991. Kurz nach 12 Uhr bricht unter lautem Getöse die Friedrich-Ebert-Allee auf einer Länge von 21 Metern und einer Breite von zehn Metern sieben Meter tief ein – der unterirdisch vorgetriebene Kanal stürzt ein. Was genau war geschehen?
Acht Beschäftigte der Firma Sänger & Lanninger arbeiteten gerade in 22 Metern Tiefe unter der Friedrich-Ebert-Allee. Hier sollte ab 1989 als Teil des Kanalsystems zwischen Bachstraße und Malmedyer Straße ein gigantisches Regenrückhaltebecken mit einem Fassungsvermögen von 11.000 Kubikmetern entstehen. Ein Knacken im Fels signalisierte den Arbeitern an diesem eiskalten Donnerstag sofort: „Hier stürzt gleich alles ein." In Windeseile kletterten sie über enge Leiterstränge nach oben und warnten den Autoverkehr. Sie konnten sogar noch drei geparkte Wagen aus dem Gefahrenbereich rollen. Der Fahrer eines gut besetzten Busses ignorierte die Warnung der Bauarbeiter und fuhr noch weiter, bevor kurz hinter ihm das Erdreich nachgab. Eine 68 Tonnen schwere Vortriebsmaschine im Wert von etwa einer Million Mark war allerdings mit in die Tiefe gerissen worden und unter Felsmassen verschüttet.[336] Dies war der Beginn einer haarsträubenden und beinahe unendlichen Geschichte.

Unmittelbar nach dem Unglück spritzten Wasserfontänen aus geborstenen Rohren, Gas strömte aus gebrochenen Leitungen. Da erhöhte Explosionsgefahr bestand, mussten die umliegenden Häuser und der Klara-Fey-Kindergarten evakuiert werden. Einige Anwohner verbrachten zwei Nächte in einem Aachener Hotel. Wie durch ein Wunder wurde niemand getötet oder verletzt. Die Anwohner kamen zunächst mit dem Schrecken davon, aber an einigen Häuserwänden der Friedrich-Ebert-Allee zeigten sich Bruch-Schäden, durch viele Vorgärten und die gepflasterten Zuwege verliefen ebenfalls Risse.

Während Aachens Baudezernent Dr. Niehüsener von einem „spektakulären Schadensereignis" sprach, hieß die Unglücksstelle im Volksmund von Anfang an nur das „Burtscheider Loch" (Abb. 161). In den ersten Tagen nach dem Einbruch entwickelte sich ein regelrechter „Besichtigungs-Tourismus". Schaulustige hangelten sich an Vorgartenzäunen entlang und drängten sich vor den Absperrgittern, um einen Blick in den Krater werfen zu können. Währenddessen bemühten sich Bedienstete der Stadtwerke, die beschädigten Hausanschlüsse provisorisch zu reparieren. Die Baufirma ließ nach und nach mehr als 100 Kubikmeter Schotter in den gewaltigen Spalt hinab, um den Druck auf die Seitenwände zu mindern. Zur Absicherung wurde das Ganze noch mit Beton verfüllt. Damit

Abb. 161, 162:
Das „Burtscheider Loch“, AVZ, 01.02.1991

Die aus dem „Burtscheider Loch“ geborgene Fräsmaschine, AVZ, 04.02.1993

Fotos: Wolfgang Plitzner/ Medienhaus Aachen

sollte ein weiteres Einstürzen in einer Art Reißverschlusseffekt verhindert werden.[337]

Nach den ersten Reparatur- und Sicherungsmaßnahmen gab es Ärger an mehreren Fronten. Um nach der Vollsperrung die Friedrich-Ebert-Allee wenigstens wieder stadtauswärts passierbar zu machen, mussten zunächst zwei alte Haselnussbäume gefällt werden.[338] Im Frühjahr konnten die Anwohner zwar der Presse entnehmen, dass die Stadt Aachen einen unabhängigen Sachverständigen mit der Schadensermittlung beauftragt hatte, aber seitdem war von offizieller Seite keine Stellungnahme mehr erfolgt. Selbst im Sommer 1991, also ein halbes Jahr nach dem Straßeneinbruch, herrschte immer noch Funkstille seitens der Stadt Aachen. Vor allem wegen dieser mangelhaften Informationspolitik machten sich bei den betroffenen Hausbesitzern Verärgerung und Frust breit. Der Mängelkatalog war lang:
Nach wie vor führten oberirdisch liegende provisorische Gas- und Wasserleitungen zu den Häusern, notdürftig abgedeckt durch Bretterstiege. In den abgesackten Vorgärten gefährdeten halsbrecherische Zugänge zu den Häusern besonders ältere und gehbehinderte Bewohner. Beunruhigend waren auch neu aufgetretene Risse in Zimmerwänden und -böden sowie knackende Geräusche, die Tag und Nacht im Innern der Häuser zu hören waren. All das deutete darauf hin, dass der Untergrund an der Einbruchstelle immer noch in Bewegung war. Viele sorgten sich vor allem wegen verdeckter Schäden und der damit einhergehenden Wertminderung der Hausgrundstücke.[339]

Zur Klärung der Schuldfrage wurden zwei Gutachten in Auftrag gegeben. Die Stadt argumentierte, dass risikoreiches Arbeiten der Auslöser für den Straßeneinbruch war. Die Baufirma und das Ingenieurbüro hingegen machten den unvorhersehbar schlechten Baugrund verantwortlich. Die Parteien brauchten ein Jahr, bevor sie sich auf einen neutralen Gutachter einigten. Erst danach war an die Bergung der im Burtscheider Loch versenkten Vortriebsmaschine zu denken.

Im Frühjahr 1992 entstand an der Friedrich-Ebert-Allee ein neues Loch, diesmal planmäßig. Um zur Tunnelbaumaschine vorzudringen, wurde ein achtmal zwölf Meter großer Schacht ausgehoben. Es war klar, dass die Riesenmaschine nur in Einzelteile zerlegt herausgeholt werden konnte. Mit dem neu ausgehobenen Schacht glaubte man, sich unmittelbar über der Maschine zu befinden. Leider hatte man sich „verbuddelt", denn die Maschine stand nicht da, wo vermutet. Die Baufirma hatte sich um etwa zehn Meter verschätzt. Ein neuer Schacht musste gegraben werden. So konnte man in der Friedrich-Ebert-Allee jetzt getrost von drei Burtscheider Löchern sprechen. In der Zwischenzeit drohte auch noch die rechts gelegene Klostermauer zusammenzubrechen. Deshalb wurden Teile der vom Einsturz bedrohten Wand niedergelegt und durch einen Bretterzaun ersetzt.[340]

Die Leidtragenden der Verzögerungen waren einmal mehr die Eigentümer der Häuser Friedrich-Ebert-Allee 57-75, die sich nach wie vor von der Stadt im Stich gelassen fühlten. Sie hatten nicht nur seit Monaten ohrenbetäubenden Lärm, eine mit Zement, Staub und Dreck angereicherte Luft sowie riesige Baukrater direkt vor ihrer Haustür, sondern sorgten sich weiterhin wegen der Schäden an ihren Häusern. Es war weder geklärt, wann ohne Bedenken mit der Sanierung der Häuser begonnen werden konnte, noch wie hoch die finanzielle Entschädigung sein würde. Zwar hatten einige Hausbesitzer bereits in eine Abfindung eingewilligt, andere jedoch waren mit dem Angebot nicht einverstanden, da die von den Gutachtern anerkannte Schadensregulierung teilweise nur 30 Prozent betrug.
Die Großbaustelle sorgte bald auch für Spannungen bei den nachbarschaftlichen Beziehungen innerhalb der Siedlung. Seit sich das Burtscheider Loch aufgetan hatte, wurde der Autoverkehr Richtung Innenstadt durch die Straße Im Gillesbachtal geleitet. Zwar war für das gesamte Wohngebiet der Siedlung Branderhof Tempo 30 vorgeschrieben, aber die wenigsten Fahrzeugführer hielten sich daran. In einem Brief an Oberbürgermeister Linden und den Polizeipräsidenten beschwerten sich 250 Anwohner über die Raser im Gillesbachtal und forderten, den durch die Umleitung verursachten vermehrten Verkehr zu unterbinden.[341]
Die Anrainer der Friedrich-Ebert-Allee zeigten sich enttäuscht und verärgert über die mangelnde Solidarität der Bewohner der Straße Im Gillesbachtal. Dabei bekämen die Nachbarn der Nebenstraße jetzt nur das zu spüren, was sie bis zum Tag des Einsturzes tagtäglich hätten ertragen müssen. Außerdem fließe Im Gillesbachtal nur ein Bruchteil des Verkehrs, den die Anwohner der Friedrich-Ebert-Allee seit vielen Jahren hätten hinnehmen müssen, argumentierten sie.[342]

Endlich, im Februar/März 1993, wurde der Rest der verschütteten Vortriebsmaschine aus dem Burtscheider Loch geborgen (Abb. 162). Erst jetzt konnten die eigentlichen Arbeiten an dem unterirdischen Staukanal Richtung Malmedyer Straße weitergehen. Mit einer neuen Maschine im Einsatz ging es Meter um Meter voran, aber schon bald stand neue Aufregung ins Haus, denn an der Ecke Friedrich-Ebert-Allee/Karl-Marx-Allee [heute Tankstelle] bremste massives Felsgestein den Tunnelbau. Der felsige Untergrund in diesem Bereich hatte schon bei der Anlage der Siedlung im Jahr 1927 die Erdarbeiten behindert und Sprengungen erforderlich gemacht. Auch jetzt entschied man sich nach vorheriger Probesprengung für den Einsatz von Dy-

Abb. 163: Das verlassene Belgierbad (Ende 1990)

namit, wohl auch, weil kontrollierte Sprengungen für einen schnelleren und wirtschaftlicheren Vortrieb sorgen würden als herkömmliche Fräsarbeiten. Zur Unterstützung wurde zusätzlich ein zweiter Vortrieb von der Abteistraße aus vorgenommen.[343]

Zu Ostern 1994, mehr als drei Jahre nach dem Einsturz, war das Burtscheider Loch geschlossen, die Fahrbahndecke wiederhergestellt und die Friedrich-Ebert-Allee wieder zweispurig befahrbar.[344] Allerdings mussten die Gehwege noch erneuert und die aufgerissenen Vorgärten neu gestaltet werden. Auch die teilweise beschädigte Klostermauer war noch nicht repariert. Immerhin entfiel jetzt die lästige und nervenaufreibende Umleitung durch die Straße Im Gillesbachtal, und die dortigen Anwohner hatten wieder ihre geforderte Ruhe.
Dafür tat sich plötzlich ein weiteres Problem am Branderhofer Weg auf. Weil der Platz in der Friedrich-Ebert-Allee nicht ausreichte und wegen des kurzen Anfahrtsweges auch Kosten gespart wurden, hatte die zuständige Baufirma

Material wie Baustahlmatten und Vierkanthölzer, das für die Arbeiten am Burtscheider Loch benötigt wurde, auf dem Gelände des früheren Belgierbades am Branderhofer Weg gelagert. Das ehemals schöne Bad war nach dem Abzug der belgischen Streitkräfte 1986 verwaist und verkam seitdem immer mehr (Abb. 163). Nach langen Diskussionen um seine zukünftige Nutzung war es 1991 schließlich abgerissen worden,[345] aber das Terrain wirkte weiterhin ungepflegt, und die Lagerung der Baumaterialien machte die Situation nicht besser. Dieser Lagerplatz mitten im Kurgebiet sehe aus „wie Kraut und Rüben",[346] befand eine Anwohnerin. Aber auch diese Beschwerde blieb erfolglos.

Am 19. Mai 1994 gab es mit dem „Durchschlag" das sprichwörtliche Licht am Ende des Tunnels. Tief unter der Erde, vor geladener Gästeschar trafen die beiden Bautrupps aufeinander, die seit Monaten den Staukanal aus entgegengesetzten Richtungen vorangetrieben hatten, und reichten sich die Hände. Der Pfarrer von St. Johann, Dr. Volker Spülbeck, sprach ein Gebet und spendete einen Segen.[347]

So hatte die leidvolle Geschichte des Burtscheider Lochs doch noch ein gutes Ende gefunden, auch wenn der Einsturz acht Millionen Mark zusätzlich zu den ehemals veranschlagten Kosten von 17,5 Millionen verschlungen hatte, von den nicht-materiellen Folgen, die manchmal schwerer wogen als die finanziellen, ganz zu schweigen.
Die Pannenserie forderte schließlich noch ein letztes Opfer: Das Bauunternehmen Sänger & Lanninger musste im November 1994 Konkurs anmelden.[348]

„Sie [die Siedlung] nimmt unter bekannten zeitgleichen Siedlungsstrukturen mit ihrer hufeisenförmigen Gestalt und der gelungenen Aufeinanderfolge von umbautem Raum und Freiraum eine besondere Stellung ein, deren Erhaltung und Stärkung als Identitätsmerkmal der Stadtgestalt Aachens eine zeitgeschichtliche Bedeutung hat.“

(Denkmalbereichssatzung „In den Heimgärten“, § 3, 2005)[349]

Abb. 164: Die Siedlung aus der Luft (2022), Foto: Daniel Lohmann

9. Die Nullerjahre: Neuer Wohnraum und Denkmalschutz

9.1 Ein neues Wohnquartier an der Friedrich-Ebert-Allee

Das Burtscheider Loch war längst Geschichte, als die Friedrich-Ebert-Allee Anfang der 2000er Jahre noch einmal in den Fokus des Interesses geriet.

Bei der Planung der Siedlung Branderhof Ende der Zwanzigerjahre war ursprünglich beabsichtigt gewesen, die Friedrich-Ebert-Allee komplett beidseitig zu bebauen, was sich jedoch wegen der Besitzverhältnisse an ihrer nördlichen Seite nicht realisieren ließ. Das Terrain gehörte nämlich zum Kloster der Schwestern vom Armen Kinde Jesu an der Michaelsbergstraße und war Teil des Klostergartens. Vor Anlage der Siedlung Branderhof war der Garten nur durch eine Weißdornhecke von den damals dort vorhandenen Feldern begrenzt, nach Erschließung der Friedrich-Ebert-Allee durch eine lange Mauer (Abb. 165), die den Blick auf den schönen Klostergarten versperrte. Auch in der Nachkriegszeit blieb dieser Abschnitt der Friedrich-Ebert-Allee unbebaut (Abb. 166). Die Klostermauer bestand, bis im Jahr 2004 die Ordensschwestern angesichts von Überalterung und Nachwuchssorgen in Erwägung zogen, einen Teil ihres Grundbesit-

Abb. 165: Blick in die Friedrich-Ebert-Allee mit Klostermauer links (1928)

Abb. 166: Blick in die Friedrich-Ebert-Allee (1950er Jahre)

zes zu veräußern. Konkret ging es dabei um rund 8.800 Quadratmeter, etwa die Hälfte des bestehenden Klostergartens (Abb. 167, 168) und auch den dort gelegenen Klara-Fey-Kindergarten.

Erwartungsgemäß fanden sich schnell Investoren und ein Planungsbüro für das wertvolle Grundstück. Eine wichtige Vorgabe für die Planung war die Umgebung. Die Maßnahmen sollten sich in die bestehenden Strukturen einfügen, das hieß, vor allem bei der straßenseitigen Bebauung Rücksicht auf die gegenüberliegenden Siedlungshäuser an der Friedrich-Ebert-Allee nehmen. Dabei sollten die neuen Häuser die Bedürfnisse nach modernem Wohnen mitten in Burtscheid erfüllen und gleichzeitig selber eine ansprechende, urbane Architektur bieten.[350]

Der Bebauungsplan sah drei unterschiedliche Haustypen vor: Reihen-, Gartenhof- und Doppelhäuser in drei Baureihen, insgesamt 35 Wohneinheiten mit Wohnflächen von 66 bis 200 Quadratmetern. Die Reihenhäuser direkt an der verkehrsreichen Straße ermöglichten auch eine Nutzung mit nicht störendem Gewerbe, zum Beispiel Büros. Die dahinter entstehenden Gartenhofhäuser sollten teilweise begrünte Dächer erhalten, außerdem sollten Regenwasserzisternen einen Beitrag zur Ökologie leisten. In der dritten Reihe, also direkt vor dem verbleibenden

Abb. 167: Luftbild mit Klostergarten rechts (1981)

Abb. 168: Der noch unbebaute Klostergarten, AZ, 06.01.2004,
Foto: Wolfgang Plitzner/Medienhaus Aachen

Klostergarten, waren noch einmal acht unterkellerte Doppelaushälften z.T. mit Einliegerwohnungen geplant. Da das Gelände nach hinten abfällt, würden die dort liegenden Häuser den vorderen weder Sicht noch Lichteinfall verbauen. Zum Klostergarten hin sollte es einen Zaun und eine dichte Hecke geben, aber keine Mauer mehr. Die meisten Wohneinheiten würden über eine Dachterrasse verfügen.

Das neue Wohnquartier war weder weit von der Innenstadt noch vom Zentrum Burtscheids entfernt und verkehrstechnisch bestens angebunden. Damit es weitgehend autofrei bleiben konnte, sollte Durchgangsverkehr ausgeschlossen sein. Eine U-förmige Erschließungsstraße nahe der Einmündung Zeise diente lediglich der Müllabfuhr und Rettungsfahrzeugen. Der restliche Anfahrtsverkehr würde in eine Tiefgarage mit rund 70 Stellplätzen gelenkt, von wo aus jeder Bewohner in den eigenen Keller gelangte. Nur im hinteren Bereich der Anlage sollte es einige wenige Außenstellplätze geben, die über eine kleine private Stichstraße erreichbar waren.

Der Architektenbeirat bewertete das Projekt positiv, und die Stadt Aachen erteilte die Baugenehmigung erstaunlich zeitnah. Im Sommer 2005 wurden die Häuser in den Zeitungen mit Kaufpreisen von 173.000 bis rund 400.000 Euro

Abb. 169: Luftbild Klostergarten und Baustelle rechts, links die Siedlung (2006), Foto: Boris Forst

inseriert.[351] Zu dem Zeitpunkt waren allerdings schon einige Objekte verkauft, und das, obwohl so gut wie keine Werbung betrieben worden war. Die Bauarbeiten (Abb. 169) begannen am südlichen Ende des ehemaligen Klostergartens mit dem Neubau einer Tageseinrichtung für Kinder.

Der Kindergarten hatte den Ordensschwestern beim Verkauf des Grundstücks ganz besonders am Herzen gelegen. Deshalb hatten sie vertraglich festgelegt, dass die Einrichtung noch 20 Jahre Bestand haben müsse. Der alte dreizügige und stark sanierungsbedürftige Kindergarten wurde abgerissen und als fünfzügiger neu eröff-

Abb. 170: Neue Bebauung, Friedrich-Ebert-Allee (2022), Foto: Ludwina Forst

net. Im gleichen Haus entstanden weitere Wohneinheiten. Die Trägerschaft des Kindergartens ging an eine dem Caritasverband untergeordnete Organisation über, die ein neues Konzept entwickelte. Aus der ehemaligen Kleinkinderbewahranstalt wurde eine Kindertagesstätte mit integrativer Ausrichtung. Das Kindergartengebäude war Mitte 2006 fertiggestellt und hat seitdem die Adresse „Im Klostergarten 2". Danach ging es zügig mit der restlichen Bebauung voran, sodass 2007 das Projekt „Klostergarten" erfolgreich abgeschlossen werden konnte.[352]

Die Lücke zwischen der Friedrich-Ebert-Allee 42 und 88 war damit erstmals seit Bestehen der Siedlung Branderhof geschlossen. Das neue Wohnquartier an der Friedrich-Ebert-Allee kann insgesamt als gelungen bezeichnet werden. Es ist wegen der verkehrsberuhigten Ausrichtung familienfreundlich und daher auch bei jüngeren Leuten begehrt. Für das gesamte Areal gab es ein Grünkonzept, das die Zusammengehörigkeit erkennen ließ, gleichzeitig aber dem Gestaltungswillen der Grundstückseigentümer Spielraum gab. Die kleinteiligen, niedriggeschossigen Häuser sind hochwertig in der Ausführung und architektonisch ansprechend. Vor allem aber harmonisieren sie mit dem Bild der vorhandenen gegenüberliegenden Häuserzeile, indem sie die kubischen Formen der dortigen Zwanzigerjahre-Bauten spiegeln, beispielsweise durch die rot angestrichenen Vorbauten mit kleinem Fenster der Eingangsbereiche (Abb. 170). Wenngleich die Anlage „Klostergarten“ bewusst Bezüge zur Konzeption der Siedlung Branderhof herstellt, ist sie in ihrer Gesamtheit ein typisches Produkt ihrer Zeit, bei dem Einheitlichkeit zwar erwünscht war, jedoch nicht verpflichtend wie in den Zwanzigerjahren.[353]

9.2 Denkmalbereich „In den Heimgärten“

9.2.1 Rechtliche Voraussetzungen

Obwohl der Student des Instituts für Denkmalpflege der RWTH Aachen, Jan Altenkrüger, bereits in den Siebzigerjahren die Einzigartigkeit der Siedlung Branderhof herausgearbeitet und dringend zu einer denkmalpflegerischen Befassung geraten hatte, dauerte es noch einmal rund 25 Jahre, bis sich um das Jahr 2000 endlich der Denkmalschutz einschaltete. Bis dahin waren leider weitere entstellende Eingriffe in den historischen Bestand der Häuser erfolgt, weil niemand den willkürlichen Maßnahmen Einhalt geboten hatte. Der Prozentsatz der unveränderten Häuser lag zu diesem Zeitpunkt deutlich unter 20 %.[354] Mitunter war die Zugehörigkeit zur Siedlung nur noch schwer erkennbar, wie z.B. bei einigen Gebäuden der Friedrich-Ebert-Allee (Nr. 42/93) oder bei dem 1972 völlig neu errichteten Haus Weingartshof 14.

Erst im Jahr 2000 reifte die Einsicht, dass etwas geschehen müsse, wollte man wenigstens den Restbestand der Siedlung Branderhof erhalten. Doch bis zum Jahr 2004 existierte nur eine sog. „Stadtbildsatzung“ ohne rechtliche Handhabe. Deshalb wurden in den Jahren 2004 und 2005 verschiedene exaktere Satzungen verabschiedet, die Regeln für das künftig noch erlaubte Maß an Veränderungen aufstellen und gleich-

Abb. 171: Luftbild mit „Mittelachse" In den Heimgärten (2022), Foto: Daniel Lohmann

zeitig den Siedlungscharakter bewahren sollten.[355] Das Ensemble trug jetzt den – nicht ganz treffenden – Namen Siedlung „In den Heimgärten", der aber die besondere Bedeutung dieser Straße als Mittelachse (Abb. 171) der Siedlung hervorhob. Allerdings war die frühere Bezeichnung „Siedlung Branderhof" inzwischen ebenso wenig zutreffend, weil sie nur noch mit dem ehemaligen Gut und Reiterhof assoziiert wurde und insbesondere jüngere Leute sie nicht mehr mit dem Wohnviertel in Verbindung brachten. Im Einzelnen handelte es sich um drei Satzungen.

Ein erster Schritt war der Bebauungsplan Nr. 844 vom April 2000. Er war Voraussetzung für eine Unterschutzstellung des Denkmalbereichs der Siedlung „In den Heimgärten" und regelte Größe und Form von Anbauten und schrieb den vorhandenen Siedlungsgrundriss fest.

Ein im März 2001 gestellter Bauantrag eines Anwohners für einen zweigeschossigen Anbau wurde abgelehnt und war letztendlich Anlass, möglichst zeitnah eine Veränderungssperre zu verhängen. Nach Offenlegung der Pläne kam es wiederholt zu Querelen und Verzögerungen wegen Klagen und rund 100 Eingaben seitens der Bürger, die hauptsächlich auf der Furcht vor Beschneidung ihrer baulichen Möglichkeiten basierten. Die Stadt Aachen reagierte, indem sie die geplanten Satzungen in einigen Punkten im Sinne der Bürgereingaben modifizierte.

Endlich, am 17. März 2004, segnete der Rat der Stadt Aachen den Bebauungsplan Nr. 844 ab und beschloss eine Satzung über die Gestaltung baulicher Anlagen in der Siedlung „In den Heimgärten".[356] Diese Gestaltungssatzung bestimmte, welche baulichen Maßnahmen künftig im Planbereich der Siedlung „In den Heimgärten" noch erlaubt sein sollten und kam damit einer Veränderungssperre gleich. Die Satzung galt für die straßenseitigen Fassaden inklusive Fenster und Türen, Dächer und Gauben, Grundstückseinfassungen, Vorgärten und die Straßenführung. Durch die Gestaltungssatzung wurden bauliche Veränderungen genehmigungspflichtig.

Am 8. Dezember 2004 beschloss der Stadtrat eine Denkmalbereichssatzung, die am 18. März 2005 in Kraft trat und die komplette Siedlung „In den Heimgärten" als Denkmalbereich auswies und unter Schutz stellte.[357] Damit war die Siedlung nicht mehr als Summe von Einzelhäusern zu verstehen, sondern als untrennbares Ganzes und somit als e i n Baudenkmal zu behandeln.[358]
Der Geltungsbereich umfasste eine Fläche von etwa 7 Hektar (70.000 Quadratmeter) mit dem ursprünglichen Siedlungsgrundriss von 1926 und seinen natürlichen Begrenzungen durch den Gillesbach im Osten, den Bahndamm im Norden, die das Erscheinungsbild prägenden Bauten und Bauteile, außerdem die Straßenführung und Platzbildung sowie die vorhandenen Frei- und Grünflächen.

Begründet wurde die Unterschutzstellung des Denkmalbereichs u.a. wie folgt: Die Siedlung zeichne sich durch ihre besondere städtebauliche Gestalt aus. Sie sei ein Identitätsmerkmal der Stadtgestalt Aachens mit einer besonderen zeitgeschichtlichen Bedeutung. Die Siedlung weise eine Reihe von Qualitäten auf wie eine familiengerechte und ansprechende Architektur, eine prägnante Raumbildung und Durchgrünung. Sie sei eine der ersten typischen Einfamilienhaus-Genossenschafts-Siedlungen der Region Aachen und ein Beispiel für die Verwirklichung von Gartenstadtideen.[359] Ansonsten be-

Abb. 172, 173: Sprossenfenster und Giebelformen (1929 und nach Kriegsende)

stätigte die Denkmalbereichssatzung im Wesentlichen die Punkte der Gestaltungssatzung.

9.2.2 Bürgersorgen

Für den neuen Denkmalbereich waren vor Ort das Planungsamt und die Untere Denkmalbehörde zuständig, auf übergeordneter Ebene der Landschaftsverband Rheinland. Zu den Gestaltungsvorgaben brachte das Planungsamt der Stadt Aachen 2005 eine kleine Broschüre[360] mit den wesentlichen Vorschriften als Orientierungshilfe heraus. Darüber hinaus verfasste die Behörde, nach Themengruppen gebündelt, einen detaillierten Bericht[361] mit Antworten auf die drängendsten Fragen und Kritikpunkte, die die Bürger seinerzeit in ihren Eingaben an die Stadt formuliert hatten.

Viele Unsicherheiten der Anwohner betrafen die äußere Gebäudehülle. Grundsätzlich gilt: Vorhandene Fassaden, selbst solche mit künftig nicht mehr zulässigen Materialien wie Verklinkerungen oder Eternitverkleidungen, können repariert und instandgehalten werden. Bei einer Erneuerung des Putzes sollte ein mineralischer, z.B. ein Kalk-Zementputz, aufgetragen werden, Kratz- und Edelputze sind untersagt. Die Putzfläche soll hellfarbig sein. Falls die originalen Ziegelbänder noch vorhanden sind, bzw. bei Entfernung einer Verkleidung zum Vorschein kommen, sind sie unbedingt zu erhalten. Fehlende Klinkerriemchen müssen bei Fassadensanierungen vervollständigt werden.

Vielfach bestand der Wunsch nach einer Isolierung der Fassaden. Eine Dämmung der straßenseitigen und seitlichen Fassaden ist nur dann gestattet, wenn nach einer Entfernung von Verkleidungen (z.B. Eternit) die ursprüngliche Fassade nicht mehr vorhanden ist, ansonsten ist sie nach Abstimmung mit der Denkmalpflege zu sanieren. Auch ohne die potentielle Substanzzerstörung, so argumentierte die Stadt, seien Dämmmaßnahmen äußerst kritisch zu sehen. Sie seien nicht wirtschaftlich, da keine belastbare Energieeinsparung zu erwarten sei und wegen des hohen Aufwandes für Herstellung und Entsorgung auch nicht nachhaltig. Dämmen könne stattdessen durch die erzeugte absolute Dampfdichtigkeit zu Feuchtigkeitsschäden und gesundheitsschädlicher Schimmelbildung führen, weil der natürliche Transport von Wasserdampf im Mauerwerk unterbrochen werde.[362]

Auch die Vorgaben bei Fenstern und Türen stießen nicht immer auf Gegenliebe bei den Bewohnern. So wurde befürchtet, dass durch die geforderte senkrechte Dreiteilung der Fenster Licht verloren ginge. Von Seiten des Denkmalschutzes wurde mit dem Achsenbezug der Fenster argumentiert. Die Lage, Gliederung und Größe der Fenster unterstütze die Gestaltung der Fassade entscheidend. Bei einer Erneuerung der Fenster sollten diese aus Holz und außen weiß gestrichen sein. Fenster mit Kunststoffrahmen seien nicht mehr erlaubt. Die ursprüngliche horizontale Unterteilung mit Sprossen (Abb. 172, 173) wird nicht gefordert. Sollte jemand Sprossen wünschen, so müssten sie jedoch tatsächlich glasteilend sein. Zwischen die Glasscheiben eingelegte Sprossen („Sprossen in Aspik") würden nicht geduldet.

Die Anbringung von Rollläden als Einbruch- und Lärmschutz, wie von einigen Anwohnern gewünscht, sei nicht zugelassen und auch nicht sinnvoll. Außen aufgebracht würden sie vor die Fassade ragen und sich damit störend auswirken. Innerhalb der Mauer eingebaut, ergäben sie keinen Schallschutz und stellten außerdem eine Wärmebrücke dar.
Die wenigen noch originalen Hauseingangstüren seien zu konservieren, indem sie auf Grundlage der historischen Vorbilder und Materialien saniert würden, was aber ohnehin bei kaum einem Haus mehr zur Debatte stand. Sollten

Haustüren ersetzt werden, seien diese in Holz auszuführen mit einer waagerechten Verbretterung und einem durchlaufenden oberen Brett. Ein schmaler senkrechter Lichtschlitz aus Glas sorge für Helligkeit. Eine Farbe werde nicht vorgegeben. Schutzdächer über den Haustüren seien als schlichte, transparente Konstruktion aus Stahl und Glas zu fertigen.

Erklärungsbedarf gab es seitens der Bewohner auch, was Dächer, Anbauten und Vorgärten anging. Die Behörde betonte, dass Dächer als ein wesentliches Element der Architektur gerade in der Siedlung „In den Heimgärten" mit ihren verschiedenen Giebelformen stilbildend seien. Umso wichtiger sei es, die noch vorhandenen Formen nicht weiter aufzuweichen. Bei den Mittelhäusern sei ein neuer, straßenseitiger Dachausbau daher nicht mehr vorgesehen. Kompromissbereit zeigte man sich an anderen Stellen. Da an den Endhäusern bereits eine Reihe von Gauben und Dachflächenfenstern und eine Wohnnutzung vorhanden waren, sollte an dieser Stelle der Einbau von Dachflächenfenstern gestattet sein. Auch an der rückwärtigen Seite könnten Dachgauben errichtet werden, die es in der ursprünglichen Form nicht gab. Sie dürften sogar fast die komplette Hausbreite einnehmen. Lediglich drei Dachpfannenreihen müssten auf einer Seite erhalten bleiben. Die Gaube dürfe allerdings nicht bis vorne zur Fassade reichen. Bis zur Traufe müsse mindestens eine Dachpfannenreihe durchlaufend sein. Am hinteren Dachbereich dürften auch Solaranlagen angebracht werden. Auf den straßen- und giebelseitigen Dachflächen hingegen seien Sonnenkellektoren, Satellitenschüsseln und Markisen nicht zulässig.

Seitliche Anbauten – ebenso wie Garagen – seien ein wesentlicher Störfaktor für das städtebauliche Bild, vor allem weil letztendlich durch das „Zusammenwachsen" der Hauszeilen eine geschlossene Bebauung entstehen würde, die nicht bloß die ursprünglich gewollte Durchgrünung konterkarieren, sondern auch eine Verwässerung des Siedlungsgrundrisses insgesamt bedeuten würde. Auch die das Haus prägende Eingangssituation durch den Vorbau mit seinen Zierelementen würde durch seitliche Anbauten zerstört. Deshalb sollten über die bereits bestehenden Anbauten hinaus keine weiteren zugelassen werden. Dort, wo beispielsweise das Treppenhaus in den seitlichen Anbau verlegt und damit der Grundriss und die technischen Anschlüsse des Hauses angepasst worden seien, könne dies so bleiben.

Da die meisten Wohngrundrisse und -flächen von durchschnittlich nur 73 Quadratmetern nicht mehr den heutigen Ansprüchen genügen, war für Nutzer gerade in diesem Punkt der Veränderungsdruck besonders hoch.[363] Ein zweigeschossiger gartenseitiger Anbau schien manchem die Lösung zu sein. Diese Erweiterungsmöglichkeiten wurden wegen der möglichen „Verschattung" davon abhängig gemacht, ob es sich um ein Haus einer Gruppe mit oder ohne Kellerküche handelt. Bei den Hausgruppen ohne Kellerküchen dürfe ein rückwärtiger Anbau in geschlossener Bauweise sich über die gesamte Hausbreite erstrecken, also zwischen 5,50 und 5,70 Metern betragen. Die maximale Höhe solle allerdings die Unterkante der Fenster im Obergeschoss nicht überschreiten. Die Form des Daches sei dabei irrelevant; auch ein Glasaufbau oder eine Terrasse seien möglich. Die Anbauten dürften nicht mehr als vier Meter in der Tiefe ausmachen.

Die Vorgärten seien in Zukunft gärtnerisch zu gestalten, selbst bei neuen Einfriedungen sei zu beachten, dass sie mit ihren Hecken und Einfassungen den historischen Vorbildern folgen. Um einer weiteren Versiegelung von Flächen Einhalt zu gebieten, sei der Bau von Stellplätzen oder Carports in den Vorgärten außer bei den Reihenendhäusern untersagt, allein schon deshalb, weil durch weitere Zufahrten auf die privaten Grundstücke Stellplätze im öffentlichen Straßenraum entfallen würden. Eine sinnvolle Ergänzung wurde allerdings für die vorderen Gärten angeregt. Vor den Mittelhäusern und neben den Endhäusern sind jetzt kleinere Unterstände für Fahrräder, Kinderwagen oder Abfallbehälter erlaubt.

Zusammenfassend gilt: Schon bestehende Veränderungen und Anbauten an den Häusern genießen Bestandschutz, erst bei Maßnahmen an der Vorderseite muss in den ursprünglichen Zustand zurückgebaut werden, um sich diesem wenigstens anzunähern. Erweiterungspotential und Freiräume für Erneuerungen bestehen somit nur an der Gartenseite und im Innern der Häuser.

9.3 Denkmalschutz – zu spät?

Die Erklärungsversuche seitens der Stadt Aachen für die sehr späte denkmalpflegerische Befassung mit der Siedlung wirken insgesamt nicht immer überzeugend.

Die Verwaltung begründete ihre Zurückhaltung in Sachen Denkmalschutz vor allem mit der unterschiedlichen Bewertung der Siedlung über die Jahre hinweg. So wären beispielsweise in den Sechzigerjahren in dem Bedürfnis nach Modernität alte Siedlungen nicht geschätzt und nicht als schützenswert eingestuft worden. Auch hätten sich durch die scheinbare Enge die Reihenhäuschen den Ruf einer „Arme-Leute-Behausung" erworben. Erst „mit steigendem Alter wurde die historische Bedeutung der Siedlung […] gesellschaftlich relevant und eine Un-

Abb. 174: Luftbild Weingartshof und In den Heimgärten mit Gärten und Anbauten (2022), Foto: Daniel Lohmann

terschutzstellung als Möglichkeit der Wahrung prägender Baustrukturen erkannt",[364] argumentierte die Stadt Aachen.

Dieser Rechtfertigungsversuch ignoriert den Tatbestand, dass in anderen Städten Nordrhein-Westfalens, z.B. im Ruhrgebiet, die Denkmalschutzbehörden sehr wohl den Wert historischer Wohn- und Arbeitersiedlungen früher erkannt und diese zeitiger unter Schutz gestellt haben. Natürlich sind manche dieser Siedlungen einheitlicher und stilistisch reiner erhalten

und daher eher schützenswert als die zum damaligen Zeitpunkt bereits in Teilen deformierte Siedlung Branderhof. Hätte man jedoch die Warnungen des Instituts für Denkmalpflege der RWTH Aachen – hier vor allem durch die Arbeiten von Jan Altenkrüger – ernst genommen, wäre spätestens seit Mitte der Siebzigerjahre noch einiges an Substanz zu retten gewesen. Auch das 1978 erschienene Denkmälerverzeichnis des Landeskonservators Rheinland hatte die Siedlung ja bereits auf dem Schirm.[365]
Das Dilemma der Denkmalpflege bestand allerdings darin, dass es in den Siebzigerjahren noch keine gesetzliche Handhabe gab, um private Hausbesitzer zur denkmalpflegerischen Erhaltung und Modernisierung zu verpflichten. Stattdessen gab es ein Wirrwarr von Behörden mit unterschiedlichen Verwaltungsebenen und Befugnissen, Zuständigkeiten und Kompetenzen. Erst 1980 bekam Nordrhein-Westfalen ein verlässliches Denkmalschutzgesetz, das neben den planungs- und bauordnungsrechtlichen Instrumentarien für Einzelobjekte auch eine zusätzliche Möglichkeit zum substantiellen Erhalt wertvoller Siedlungen in ihrer Gesamtheit bot.[366]

Bedauerlicherweise gingen seit Inkrafttreten dieses Gesetzes im Hinblick auf die Siedlung Branderhof noch einmal mehr als 20 Jahre ins Land, bevor der Denkmalschutz hier umfassend aktiv wurde, Jahre, in denen individuelle Baumaßnahmen auch das Gesamtbild der Siedlung weiter verschandelten. Vor diesem Hintergrund kam der Ensembleschutz eindeutig zu spät. Als die Mühlen der Verwaltung jedoch einmal in Gang gesetzt waren, tat die Denkmalbehörde alles, um die geplanten Schutzmaßnahmen für alle Seiten verträglich zu gestalten. In jedem Fall nahm sie die Sorgen und Bedenken der Bürger ernst. Ursprünglich war ein viel weitreichenderer Denkmalschutz vorgesehen gewesen,[367] doch mussten im Interesse der Anwohner in einigen Punkten Abstriche gemacht werden.
Das größte Konfliktpotential lag in dem berechtigten Anliegen der Betroffenen, die nach heutigen Maßstäben nicht mehr zumutbare Wohnfläche ihrer Häuser zu vergrößern. Dennoch gelang es fast immer, für beide Seiten akzeptable Lösungen zu finden. Einer dieser Kompromisse war, dass auf eine Unterschutzstellung der Gartenansichten verzichtet wurde, um den Bewohnern Entwicklungsmöglichkeiten an der rückwärtigen Hausseite (Abb. 174) zu geben.[368] Damit widersprach die Denkmalbehörde in gewisser Weise ihren eigenen Prinzipien, da sie sich in ihrer Argumentation für die Unterschutzstellung der Siedlung ausdrücklich auf die Gartenstadtbewegung beruft. So ist die Rede davon, dass die Siedlung „In den Heimgärten" die Gartenstadtidee von Ebenezer Howard beispielhaft umsetze, was angesichts der teilweise sehr veränderten Grünbereiche und der Ausklammerung der Gärten beim Denkmalschutz sowie einiger anderer fehlender Charakteristika allen-

falls rudimentär verwirklicht ist.[369] Auch die der Platzbildung Weingartshof zugeschriebene Förderung der Kommunikation zwischen den Bewohnern ist ausgeblieben. Ebenso wenig kann die Siedlung als Genossenschafts-Projekt bezeichnet werden.[370]

Alle straßenseitigen Veränderungen müssen vor Ausführungsbeginn mit der Denkmalpflege abgestimmt werden. Dann können die Aufwendungen, die von Forderungen aus der Denkmalbereichssatzung betroffen sind, steuerlich abgeschrieben werden. Auch Zuschüsse werden gewährt. Eine Reihe von Hausbesitzern hat von diesen Angeboten bereits Gebrauch gemacht und z.B. Haustüren und Fenster im Sinne der historischen Vorbilder erneuert. Manche Häuser wurden in Gänze denkmalgerecht vorbildlich saniert. Das Haus Im Gillesbachtal 28 ist sogar als eigenständiges Baudenkmal in die Denkmalliste Aachens eingetragen.

Im Gillesbachtal 58 gelang es, durch geschickte Ergänzungen das Reihenhaus für eine fünfköpfige Familie auszubauen.[371] Aber auch kleinere Einzelmaßnahmen sind zu begrüßen. So wurde das Haus In den Heimgärten 33 von seiner verklinkerten Fassade befreit, die roten Riemchen sind wieder zu sehen und die Fenster dem ursprünglichen Zustand angenähert. Ähnliches gilt für die Friedrich-Ebert-Allee 12 (Abb. 175, 176). Vielleicht könnte man bei entsprechender Förderung die Unterschutzstellung von Einzelobjekten innerhalb der Siedlung vorantreiben und so noch weitere Anreize für Hausbesitzer schaffen, ihre Bauten adäquat zu erhalten.

Abb. 175: Friedrich-Ebert-Allee 8-12 (um 1966)

Vor allem alteingesessene Mitbewohner beschwerten sich anfangs über die neuen Vorschriften und fürchteten, dass sie zu Spannun-

Abb. 176: Friedrich-Ebert-Allee 6-12 (2022), Foto: Ludwina Forst

gen zwischen den Bewohnern führen würden. Aufgrund dieser Regeln, die für alle gleich sind, kam es insgesamt aber eher zu einem Abbau von Spannungen, weil man sich nun auf geltendes Recht berufen kann. Bei rückwärtigen Anbauten ist der Bauwillige beispielsweise nicht mehr auf die nachbarliche Zustimmung angewiesen. Auf der anderen Seite wird vermieden, dass man sich durch Bauprojekte von Nachbarn unter Druck gesetzt fühlt.[372]

Grenzen zu setzen war in jedem Fall wichtig. Auch wenn der Denkmalschutz zu spät kam, ist es gut, ihn wenigstens jetzt zu haben, denn er gebietet weiterem planlosen Wildwuchs Einhalt und sichert künftig wenigstens den noch verbliebenen historischen Bestand. Allerdings müssten einige denkmalpflegerische Auflagen wegen der inzwischen geänderten Rahmenbedingungen eventuell neu bewertet werden. Es sind dies vor allem zwei aktuelle Entwicklungen mit gesetzgebender Wirkung:

1. Durch die Dringlichkeit eines bewussteren Umgangs mit Energieressourcen und der Forderung nach Einsatz erneuerbarer Energien hat sich das Dilemma zwischen Klima- und Denkmalschutz in den letzten Jahren insgesamt verschärft und ist auch im Siedlungsbereich „In den Heimgärten" spürbar. So ist beispielsweise durch das Verbot von Solaranlagen auf der Südseite straßenseitiger Dächer durchaus Konfliktpotential unter Siedlungsnachbarn vorhanden, weil Hausbesitzer je nach zufälliger Ausrichtung ihrer Dächer bezuschusste Photovoltaikanlagen beantragen und installieren können oder nicht. Nach wie vor ein Dauerthema ist die Energieeinsparung mittels Wärmedämmung.[373] Die kürzlich aufgelegten umfangreichen Förderprogramme zugunsten einer wärmedämmtechnischen Aufrüstung der Gebäudehülle kommen nach jetzigem Stand für die Siedlungshäuser nicht in Frage. „Für eingetragene Baudenkmäler gelten besondere Bestimmungen", ruft die Stadt Aachen auf ihrer Internetseite in Erinnerung und verweist auf eine „Abstimmung und Erlaubnis durch die untere Denkmalbehörde."[374] Diese Sonderregelung wird es in Zukunft in der Form vielleicht nicht mehr geben.

Erfreulich ist, dass ein aktuelles Projekt der RWTH Aachen sich mit der Siedlung „In den Heimgärten" unter dem Blickwinkel denkmalgerechter Sanierung und der Behebung von energetischen Unzulänglichkeiten befassen wird. Anhand des Baudetails „Gaube" soll exemplarisch untersucht werden, wie sich denkmalpflegerische, energetische und bautechnische Aspekte hier vereinbaren lassen.[375]

2. Am 6. April 2022 verabschiedete der NRW-Landtag ein nicht unumstrittenes neues Denkmalschutzgesetz. Es liberalisiert die Vorgaben für den Denkmalschutz und erleichtert künftig die Veränderung und Umnutzung denkmalgeschützter Bauten, vielleicht sogar deren Abriss. Die neuen Bestimmungen sollen jedenfalls auch den Einsatz erneuerbarer Energien, etwa die Installation von Solaranlagen auf denkmalgeschützten Dächern, ermöglichen. Eine grundlegende Veränderung besteht darin, dass die Landschaftsverbände in Zukunft nicht mehr Fachaufsicht mit Entscheidungsbeteiligung sind, sondern nur noch angehört werden und unverbindlich beraten dürfen. Damit geht wichtige Fachkompetenz verloren.[376]

„Das Wohnen in einer denkmalwürdigen Siedlung und das Wohlbefinden der in ihr lebenden Menschen dürfen sich nicht konträr gegenüber stehen, sondern müssen sich gegenseitig bedingen.“

(Ludger J. Sutthoff, „Erwartungen an die zukünftige ...Siedlungsdenkmalpflege", 2006)[377]

Abb. 177-179: Haustüren, In den Heimgärten (Ende 1920er Jahre und 2022), Fotos: L. Forst, A.Löhrer

10. Fazit und Ausblick

Der Spagat zwischen der Aufgabe der Denkmalpflege, die Einheit der Siedlung zu schützen, und dem Wunsch der Bewohner nach Individualität scheint insgesamt geglückt. Voraussetzung war und ist eine Kompromissbereitschaft beider Seiten. Schon deshalb ist die Identifikation der Bewohner mit ihrer Siedlung von essentieller Bedeutung. Erfreulicherweise wächst das Bewusstsein für die Einzigartigkeit ihrer Wohnumgebung inzwischen bei den meisten Anwohnern, vor allem bei den jüngeren. Schon deshalb ist eine umfassende Informationspolitik seitens der Behörden ebenso unabdingbar wie die konsequente Ahndung von ordnungswidrigen Baumaßnahmen. Leider steht dem oft eine sich verschlechternde Personalsituation in den Unteren Denkmalbehörden entgegen, die dem wachsenden Beratungs- und Koordinierungsbedarf kaum noch gerecht werden können.[378] Das kürzlich verabschiedete Denkmalschutzgesetz für NRW wird die Situation an den Ämtern noch weiter verschärfen, da nicht mehr jede der 396 Städte und Gemeinden in NRW einen eigenen Denkmalpfleger beschäftigen soll, sondern sich Fachkräfte teilen können. Vor allem aber wird das neue Gesetz wieder Unruhe in die mittlerweile bestehende Akzeptanz der bisher geltenden Bestimmungen bringen. Es müsste besonders hinsichtlich energetischer Maßnahmen deutlich präzisiert werden, damit die Eigentümer denkmalgeschützter Bauten Sicherheit haben.

Der Wohnwert innerhalb der Siedlung „In den Heimgärten" kann als hoch eingestuft werden. Das Viertel hat eine ideale Lage mit kurzen Wegen sowohl zu innerstädtischen Kernbereichen als auch zur freien Landschaft. Die unbebaute Seite der Straße Im Gillesbachtal mit den dahinterliegenden Schrebergärten öffnet sich zu einem Naherholungsgebiet. Das Tal des Gillesbachs ist als Frischluftschneise für Aachen seit jeher von großer Bedeutung.[379] Über den Wilhelm-Pitz-Weg wird Fußgängern der Aachener Stadtwald erschlossen. Auch Verkehrsanbindungen und Infrastrukturangebote sind gut. Die ASEAG bedient zwei Bushaltestellen. Fußläufig erreichbar sind Schulen, ein Krankenhaus, das Geschäftszentrum von Burtscheid und das Frankenberger Viertel.

Seit die Siedlung 2018 Bestandteil der Bewohnerparkzone BU2 wurde, hat sich die Parksituation für Anwohner deutlich entspannt, da nun Pendler und Reisende, die den nahen Hauptbahnhof ansteuerten und hier gerne ihre Fahrzeuge abstellten, außen vor bleiben. Auch der Parksuchverkehr von Mitarbeitern und Besuchern des Marienhospitals ist abgeebbt. Letztendlich kam die neue Parkregelung der Siedlung insgesamt und damit indirekt auch dem Denkmalschutz zugute. Zumindest machte sie den Wunsch nach weiteren Parkflächen in den Vorgärten überflüssig.

Die Siedlung ist nach wie vor beliebt, vor allem bei jungen Familien, und die älteren Bewohner sind gut integriert und werden von den jüngeren unterstützt. Natürlich hat sich seit den frühen Jahren, wo ein intensives Miteinander und freiwilliges Engagement in der Gemeinschaft selbstverständlich und oft auch notwendig waren, das Zusammenleben verändert. So wie seit den Fünfzigerjahren die zunehmende Verbreitung von Fernsehen und Auto das Konsum- und Freizeitverhalten veränderte, markierten um das Jahr 2000 die digitalen Errungenschaften den Beginn eines neuen Zeitalters. Der Gebrauch von Internet, Computer und Handy veränderte das Alltags- und auch das Siedlungsleben in einem bis dato nie vorstellbaren Maße. Doch Austausch und Nachbarschaftshilfe sowie gemeinsame Feste sind vielen Anwohnern der Siedlung bis heute wichtig geblieben. Dies ist ein Aspekt, der in der Gesellschaft insgesamt in der letzten Zeit wieder vermehrt Beachtung findet, sei es durch genossenschaftlich errichtete und betriebene Wohnungskomplexe oder die Wiederentdeckung solidarisch-kollektiver Konzepte.

Abb. 180: Titelbild einer Schülerarbeit aus der 4. Klasse (2021)

Dass auch der städtebauliche und zeitgeschichtliche Aspekt des Siedlungsbereichs nach wie vor von Interesse ist, zeigt sich u.a. daran, dass Schüler und Studenten sich im Rahmen von Facharbeiten und Projekten (Abb. 180) mit dem Viertel beschäftigen und auch in Abstän-

Abb. 181: Luftbild mit Siedlung und Klostergarten am unteren Bildrand (2022), Foto: Daniel Lohmann

den Führungen durch die Siedlung angeboten werden, z.B. von der VHS.

Abzuwarten bleibt, ob und wie die geplante Umstrukturierung der Burtscheider Kurbetriebe mit einer teilweisen Bebauung des Klostergartens hinter der Friedrich-Ebert-Allee (Abb. 181) sich auf die Wohnqualität und die Familienfreundlichkeit der Siedlung auswirken wird. Eine Klinik in der vorgesehenen Größenordnung würde unweigerlich eine Zunahme des Verkehrs in den angrenzenden Straßen zur Folge haben. Die Hauptlast würde wieder einmal die Friedrich-Ebert-Allee tragen und die Wohnqualität der dort 2006 neu errichteten Häuser beeinträchtigen. In jedem Fall würde mit der

Versiegelung des noch verbliebenen Klostergartens eine der wenigen letzten stadtnahen Grünflächen geopfert.

Um gewissen Entwicklungen vorzubeugen, war die Unterschutzstellung ein Segen für die Siedlung – wenigstens bisher. Als ausgewiesener Denkmalbereich müssen die Proportionen des Grundrisses gewahrt bleiben. Dies wird etwaige Begehrlichkeiten im Hinblick auf Ausdehnung der Bebauung von vornherein unterbinden. So wird auch verhindert, dass in Zukunft Investoren Häusergruppen aufkaufen, niederreißen und in neuer Form wiederaufbauen können, um sie anschließend gewinnträchtig zu veräußern oder zu vermieten.[380] Der Siedlungsbereich wird auch kein Betätigungsfeld für Luxussanierungen werden. Damit wirkt die Denkmalpflege einmal mehr der zunehmenden Gentrifizierung entgegen. Es ist zu hoffen, dass auch das neue Denkmalschutzgesetz durch konkrete Leitlinien der beschriebenen Tendenz verlässlich Einhalt gebietet.
Auch wenn die Immobilienpreise für die Siedlungshäuser in den letzten Jahren gestiegen sind, so ist das Wohnen in der Siedlung „In den Heimgärten“ immer noch preiswerter als in der Innenstadt oder in manchen als „hochwertig“ beworbenen Eigentumswohnungen am Stadtrand. In jedem Fall hebt sich der hier vorhandene Wohnraum, selbst wenn er manchmal in der Vergangenheit nicht denkmalgerecht saniert wurde, positiv vom architektonischen Einheitsbrei so mancher von der Baumarktkultur beeinflussten Neubausiedlung ab.[381]

Auch fast hundert Jahre nach ihrer Entstehung ist die Siedlung „In den Heimgärten“ ein beliebtes und attraktives Wohngebiet und wird dies hoffentlich noch lange bleiben. (Abb. 182-189)

Abb. 182:
Verbindungsweg Friedrich-Ebert-Allee – In den Heimgärten (2022), Foto: Ludwina Forst

Abb. 183- 189: Impressionen aus der Siedlung „In den Heimgärten“ (2022), Fotos: Ludwina Forst

Extrablatt

Gut Branderhof

Der Namensgeber

Das Gut Branderhof, zeitweise auch als „Gebrannter Hof" bezeichnet, wurde 1513 erstmals erwähnt. Seinen Namen erhielt es vermutlich von einer Brandrodung oder einem Brand auf dem Anwesen. Die wechselvolle Geschichte der Anlage ist eng mit der Burg Frankenberg und deren Besitzern verbunden, deren Pachthof er war.

Anfang 1744 wurde der Hof als Unterpfand für die Schulden der Burg Frankenberg verschrieben und am 27. Mai 1746 auf der Burtscheider Gerichtslaube versteigert. Den Zuschlag erhielt der Eupener Bankier und Kaufmann Leonhard Thimus [manchmal auch Thymus geschrieben] für 12.000 Reichstaler und war damit neuer Eigentümer des Branderhofes mitsamt Zubehör. Thimus kaufte in den nächsten Jahren auch den Weingartshof.[382]

Durch Erbteilung kam der Branderhof 1761 an dessen Sohn Heinrich Josef, der in den Jahren 1777 bis 1783 viermal Bürgermeister von Aachen war. Durch den chronischen Kapitalmangel der Vorbesitzer war der Hof nicht im besten Zustand. Vermutlich unter dem Einfluss von Jakob Couven erneuerte und erweiterte Thimus deshalb die Hofanlage im Jahr 1769, wie der Schlussstein im Torbogen am Eingangstor verrät.

Die lateinische Inschrift unter dem Wappen

Abb. 190: Wappen und Inschrift im Torbogen (2022), Foto: Ludwina Forst

besagt: „Unter dem Schutz des Himmels errichtet von Joseph von Thimus." Außerdem beinhaltet sie ein Chronogramm,[383] das aufgelöst das Baujahr 1769 ergibt (Abb. 190).

Abb. 191: Gut Branderhof, nach einem Gemälde von E. Mönikes (1929)

Eine Feuersbrunst legte Berichten zufolge 1796 den Hof in Schutt und Asche.[384]
Im Jahr 1860 gehörte er mit den benachbarten Gütern Schönthal, Buschhausen und Weingartshof und sechs weiteren Höfen zum Majorat des Freiherrn von Nellessen, den „Zwanzig Morgen".

Nachdem 1919 die sog. „Fideikommisse", nach denen Grundbesitz unveräußerlich und unteilbar in der Hand einer Familie bleiben musste, in der Weimarer Reichsverfassung aufgehoben worden waren, erwarb die Stadt Aachen 1925 die „Zwanzig Morgen" mitsamt dem Branderhof und Weingartshof. Erst dieser Ankauf ermöglichte den Bau der Siedlung Branderhof und gab ihr ihren damaligen, leicht missverständlichen Namen.

Seit 1871 war der Branderhof mit seinen 165 Morgen Land (Abb. 191) an die Familie Dückers verpachtet. Der Pächter Dückers bewirtschaftete den Hof bis in die Nachkriegsjahre und lieferte seine landwirtschaftlichen Produkte regelmäßig auch in die Siedlung Branderhof. Dann verlor das Gut durch die Schaffung neuer Wohnviertel wie die ECA-Siedlung immer mehr an Bodenfläche und damit seine Existenzgrundlage.

So kam es am 2. Februar 1960 zur Verpachtung des Branderhofes an den Reiterverein Aachen e.V.. Der Hof wurde zwar für Reiterzwecke umgebaut und erweitert , aber der Kern

Abb. 192: Blick vom Branderhofer Weg auf Gut Branderhof (vor 1960)

der dreiflügeligen Hofanlage (Abb. 192) konnte erhalten und unter Denkmalschutz gestellt werden.[385] Der Verein verließ den Hof im Jahr 2013 wegen der zu erwartenden hohen Renovierungskosten und der Unvereinbarkeit zwischen den Auflagen des Denkmalschutzes und den Ansprüchen des Reitsports.[386]

Der Hof und die umliegenden Flächen wurden noch im gleichen Jahr an die Stadt Aachen zurückgegeben. Sie beabsichtigte, das Gut an einen Investor zu verkaufen und nach sog. „Rückbauarbeiten" an den nicht denkmalgeschützten Reithallen und Ställen das gesamte Areal in Bauland umzuwandeln.[387] Um den denkmalgeschützten Kern der Anlage sollten verschiedene Baukörper gruppiert und ein nachbarschaftlich orientiertes Wohnquartier

Abb. 193: Gut Branderhof (2022), Foto: Ludwina Forst

realisiert werden. Diese Pläne wurden von den direkten Anwohnern nicht grundsätzlich in Frage gestellt, doch zeigten sie sich skeptisch und wurden aktiv.[388]

Im Jahr 2015 gründete sich der Verein „Gut! Branderhof e.V." und übernahm den ehemaligen Reiterhof zunächst provisorisch. Seitdem leistet der Verein sehr erfolgreiche Quartiersarbeit mit vielfältigen kulturellen und sozialen Angeboten und ist vor allem in der Nachbarschaftshilfe engagiert. Die ehemalige Doppelscheune wird seit 2018 von der privaten Kindertagesstätte „Kind und Kegel" genutzt. Der inzwischen mit einem Förderpreis ausgezeichnete Verein „Gut! Branderhof" ist in die städtische Planung eingebunden.

Aber auch die neue Fassung des Bebauungsplans von 2019 mit veränderten Akzenten stieß bei den Nachbarn auf Widerstand. Denn statt der ursprünglich geplanten zweigeschossigen Bebauung mit Einfamilienhäusern war nun teilweise Viergeschossigkeit im Gespräch. Die Anwohner befürchten zu Recht eine Blockbebauung und den Verlust der Sichtachse zum Gut Branderhof.[389]

Zurzeit sind Sanierungs- und Umbauarbeiten an der Hofanlage im Gange, um den bisherigen Testbetrieb dauerhaft in ein Nachbarschafts- und Begegnungszentrum umzuwandeln. Eine endgültige Entscheidung, wie die umliegende Bebauung künftig aussehen wird, ist noch nicht gefallen. Fest steht, dass der ehemalige Gutshof als identitätsstiftend für das Quartier erhalten bleiben soll (Abb. 193).

Vermischtes

Annoncen und Artikel aus Tageszeitungen (1927 - 1943)

Deutsche Schäferhunde
kräftige Jungtiere mit erstklass. Stammbaum, von dressierten Eltern stammend, graue Farb. zu verkaufen. 9966
In den Heimgärten 31

Möbl. Zimmer elektr. Licht, separ. Eing., z. vermieten. In den Heimgärten 10 3347

Braves, zuverlässig.
Mädchen 7798
nicht unt. 18 J., für Küche u. Hausarb. zu 2 Person., Nähe Aachens, z. 1. April ges. Ausk.: Aachen-B., in den Heimgärten 56.

Spezialhaus für Aachener Printen
Hubert Radermacher
gegr. 1879. Aachen, Dammstraße 23
Ab Montag, den 18. Oktbr.
2 Weingartshof 2.
7391

Dauerbrenner
mod. Kamin, (handgehämm.) preiswert zu verk. Siedlung Branderhof, i. Gillesbachtal 2. 3008*

Gebr., guterhaltenes **Damenrad** für 20.- Mk. zu verk. 7312*
In den Heimgärten 28

MÖBL. ZIMMER
zu vermieten

Frdl. möbl. Zimmer
mit Bad und Garten zu verm. Weingartsberg 3. 6697

Fast neuer Matrosen-mantel, -Anz. u. -Mütze für 10-13jährig. Jungen zus. für 25 M. zu verkauf. In den Heimgärten 25. 6862*

Ein Krippenbrand

entstand am ersten Feiertag gegen 16,20 Uhr in einem Hause am Weingartshof. Die herbeigerufene Feuerwehr konnte das durch unvorsichtiges Hantieren mit den Kerzen entstandene Feuer in kurzer Zeit löschen. — Am gleichen Tage löschte sie kurz nach 12 Uhr mittags einen Ofenrohrrußbrand in der Benediktinerstraße 45. — Am zweiten Feiertag gegen 15,30 Uhr wurde die Wehr zu einem Zimmerbrand im Hause Klosterplatz 12 gerufen, wo Betten und Kleider in einem Kleiderkorb in Brand geraten waren. Auch hier konnte die Gefahr in kurzer Zeit beseitigt werden.

unterricht im schneidern eleganter damenkleidung
morgen-, nachmittag- und abendkurse je 2 × wöchentlich. — **berte sturm,** in den heimgärten 28. — prospekt wird kostenlos übersandt. 37871

Bekanntmachung.

In der von der Stadt Aachen errichteten Siedlung Branderhof ist ein Ladenlokal für Bäckerei, Konditorei und Café voraussichtlich zum 1. März 1928 zu vermieten. Mit dem Geschäftslokal sind die erforderlichen Betriebs- und Vorratsräume verbunden. Geräumige Wohnung ist vorhanden. Die näheren Bedingungen und Pläne können in der Zeit vom 5.–10. Dezember ds. Js. beim Miet- und Pachtamt der Stadt Aachen, Neues Rathaus, Zimmer 94, während der Dienststunden von 9–12 Uhr eingesehen werden. Mietangebote sind bis zum 20. Dezember ds. Js. bei derselben Stelle einzureichen. 2870a
Aachen, 1. 12. 27. **Der Oberbürgermeister.**

Brötchendieb gefaßt

△ Für die Hausfrau ist es immer eine unangenehme Ueberraschung, wenn sie feststellen muß, daß die Brötchen, die für ihren Frühstückstisch bestimmt sind, und die der Bäckerjunge pünktlich wie immer, an der Tür oder auf der Fensterbank deponiert hatte, gelegentlich mit dem besten Willen nicht zu finden sind. Nicht minder freut sich der Lieferant über die Beschwerden, die dann eingehen. In der letzten Zeit häuften sich die Beschwerden in der Gegend von Branderhof. Lange Zeit konnte man den fleißigen Frühaufsteher nicht fassen, der sich straßenweise für die Frühstücksbrötchen interessierte. Am Samstagmorgen gelang es jedoch dem Inhaber einer Bäckerei am Weingartshof, einen etwa 25 bis 37 Jahre alten Mann, der in der Augustastraße wohnt, zu fassen, bei dem man noch 15 Brötchen und zwei Flaschen Milch in der Aktentasche beschlagnahmen konnte.

Gut
möbliertes Zimmer mit elektr. Licht, an berufst. ordentl. Frau od. Fräulein für 16 Mark zu vermieten. In den Heimgärten 39.
1052

Große Schließkorb, Kinderkorb m. Gestell Kinderklappwagen z. verk. Burtscheid, In den Heimgärten 4.
3929

Küchenherd zu verk.
Weingartshof 41.
7049

Möbl. Zimmer mit all. Bequemlichk. u. Kochgelegenh. f. 25 M. zu vm
In den Heimgärten 14
5760

Suche für kleinen Geschäftshaushalt ein in allen Hausarbeiten durchaus erfahrenes
Mädchen
mit la Zeugnissen. Bäckerei und Konditorei Reinartz, Kolonie Branderhof. 52243

Saub., freundl., gut möbl. Zimmer, elektr. Licht u. Zentralheizung, an bessere Dame oder Herrn zu vermieten. 7286*
Burtscheid, Weingartshof 8.

Hübsch möbl. Zimmer in ruh. Hause, ruh. gesund. Lage, el. L., Zentralhzg., Schreibtisch zu 25 Mk. zu vm. Friedr.-Ebertallee 34.
5808*

Ihre Vermählung geben bekannt:
Otto Houben
Thea Houben geb. Kohl
Aachen, Im Gillesbachtal 22, z. Zt. Wehrmacht,
Aachen, Krugenofen 66, z. Zt. Im Gillesbachtal 22.
2. Oktober 1943. 7111

Handelsregister-Eintragungen.

In das Handelsregister wurde eingetragen am 10. Januar 1929:
bei der offenen Handelsgesellschaft: **„Marx & Palm" in Aachen**: Die Gesellschaft ist aufgelöst. Alleiniger Liquidator ist der Bücherrevisor Adolf Kaever zu Aachen;
die Firma: **„Frau Aline Michel" in Aachen** und als deren Inhaberin die in Gütertrennung lebende Ehefrau Wilhelm Michel, Aline geborene Thiede, Kauffrau zu Aachen. Als nicht eingetragen wird veröffentlicht: Geschäftszweig: Handelsvertretungen in Lebensmitteln und Delikatessen. Geschäftsräume: In den Heimgärten 25;
bei der Firma **„Wilhelm Michel" in Aachen**: Die Firma ist erloschen.
I1178 **Amtsgericht 5, Aachen.**

*

Tödlicher Unfall eines Reiters.

△ Am Montagnachmittag ritt ein Fuhrunternehmer aus Burtscheid mit einem Pferde aus, das mehrere Tage im Stall gestanden hatte. In der Friedrich-Ebert-Allee bäumte sich das Pferd auf, überschlug sich und begrub den Reiter unter sich. Er wurde mit schweren inneren Verletzungen unter dem Pferd hervorgezogen und zum Marienhospital Burtscheid gebracht, wo er nach einigen Stunden gestorben ist. Zeugen des Vorfalles werden gebeten, sich im Polizeidienstgebäude, Zimmer 534, zu melden.

*

Extrablatt

Eisbär & Zeppeline

Ein Eisbär in der Siedlung und Menschen auf Dächern

Seit den späten Zwanzigerjahren war eine Reihe von Kameramodellen auf dem Markt, die auch für Amateure erschwinglich waren und eine vergleichsweise einfache Handhabung und Entwicklung ermöglichten.[390] In der Siedlung Branderhof besaßen anfangs nur wenige Leute einen eigenen Fotoapparat. So nahm man meist die Dienste professioneller Ateliers in Anspruch.

Ein etwas skurriler Foto-Trend ist auf frühen Aufnahmen aus der Siedlung Branderhof festgehalten: der sog. „Foto-Eisbär". Dabei handelt es sich um einen mehr oder weniger realistisch als Eisbär verkleideten Assistenten eines professionellen Fotografen, der seine Mitmenschen durch die außergewöhnliche Kostümierung dazu animierte, sich kostenpflichtig mit ihm fotografieren zu lassen.

Entstanden war die Mode des „Foto-Eisbären" in den frühen Dreißigerjahren als Marketinginstrument und Urlaubsandenken vermutlich in Kur- und Badeorten, verbreitete sich aber dann immer mehr auch in den Städten. In den Fünfzigerjahren erlebte das Phänomen eine Wiedergeburt; das Ende des „Foto-Eisbären" kam Mitte der Sechzigerjahre, weil fast jeder eine eigene Kamera besaß und kaum jemand mehr bereit war, Geld für ein derartiges Andenken zu zahlen.[391]

Ein solcher „Foto-Eisbär" besuchte die Siedlung Branderhof um das Jahr 1933, und Eltern zahlten bereitwillig, um ihre Kinder im Arm des pelzigen Zeitgenossen ablichten zu lassen. Immerhin kostete ein solches Fotoshooting mit einem Eisbären etwa drei bis fünf Reichsmark, damals nicht wenig Geld, das aber scheinbar für die Kinder gerne ausgegeben wurde.

Diese seltsamen Andenken sind nicht nur kulturgeschichtlich von Interesse, sondern auch siedlungshistorisch, weil sie als Nebenprodukt oft Ansichten von Straßen und Häusern liefern. Auf den vorliegenden Fotos sind beispielsweise die charakteristischen Mäuerchen mit den Stangen und Hecken sowie Fenster der Siedlungshäuser zu sehen (Abb. 194, 195). Im Laufe der Dreißigerjahre erwarben immer mehr Siedlungsbewohner einen eigenen Fotoapparat. Manche richteten in ihren Häusern

Abb. 194, 195: Kinder mit „Foto-Eisbär" in der Siedlung (um 1933)

sogar eine kleine Dunkelkammer ein, aber die meisten ließen ihre Fotos in der Foto-Drogerie Dautzenberg am Burtscheider Markt entwickeln.

Beliebte Fotomotive waren zu der Zeit die Zeppeline. Als Symbole deutscher Arbeitsleistung und fortschrittlicher Technik wurden sie von den Nationalsozialisten gerne für propagandistische Zwecke genutzt. Wenn die mäch-

Abb. 196: Jungen auf einem Dach In den Heimgärten (29.03.1936)

tigen Luftfahrzeuge am Himmel auftauchten, verursachten sie regelmäßig Menschenaufläufe. Während ihrer viertägigen Deutschlandfahrt im Frühjahr 1936 überfuhren die Luftschiffe LZ 127 („Graf Zeppelin“) und LZ 129 („Hindenburg“) am 29. März 1936 auch Aachen.[392] Der „Graf Zeppelin“ war am 17. November 1929 schon einmal über Aachen gewesen. In der Schule Michaelsbergstraße wurde an diesem Tag der Unterricht unterbrochen, damit die Kinder im freien Gelände dem Schauspiel beiwohnen konnten.[393]

1936 erwartete die Bevölkerung die Giganten mit ganz besonderer Spannung, weil

Abb. 197: Zeppeline, fotografiert von einem Haus In den Heimgärten (29.03.1936)

beide gleichzeitig über der Stadt erscheinen würden. Vor allem Jugendliche kletterten durch Dachluken auf das Dach (Abb. 196) und postierten sich neben dem Kamin, um einen möglichst guten Beobachtungsposten oder Standpunkt zum Fotografieren zu haben.[394]

Aufnahmen, die vom 29. März 1936, einem Sonntag, datieren, zeigen Personen auf den Dächern der Siedlungshäuser und die Luftschiffe vor der Kulisse der Siedlung mit dem Lousberg im Hintergrund (Abb. 197).

Extrablatt

Haus & Mode

Reklamen aus Tageszeitungen und Magazinen (1925 - 1955)

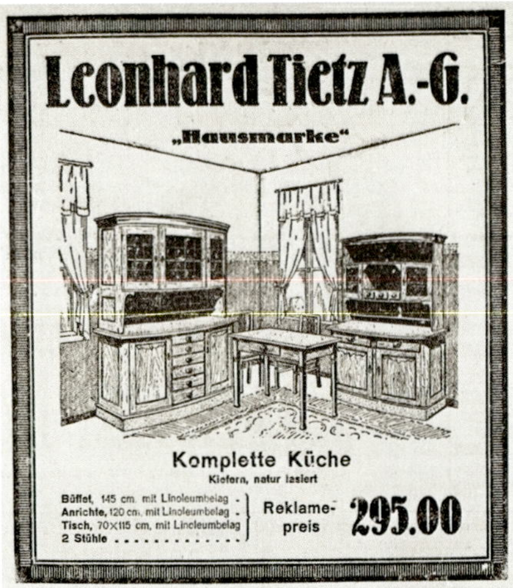

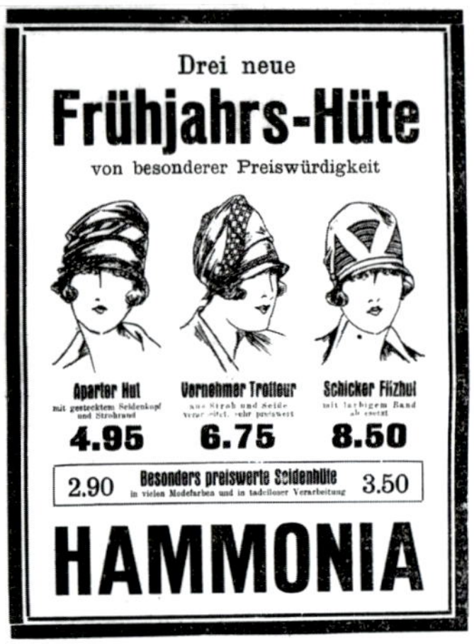

Für Allerheiligen
den neuen Mantel von Tietz
denn unter diesen 5 werden auch Sie das Passende finden
Jugendlich und flott
ist dieser Mantel aus neuartig gemustertem Wollstoff mit hochstehendem Kragen und Fehstulpen aus Biberette, ganz gefüttert
und kostet nur
48.00
So billig und doch so kleidsam
ist dieser Mantel aus fellartigem Plüsch mit modern gezogenem Kragen, ganz auf Damassé gefüttert
und kostet nur
29.50
Vornehm und gediegen
wirkt dieser Mantel aus gutem Ottoman mit riesengroßem Pelzkragen u. breiten Stulpen, im Rücken aparte Biesengarnitur, ganz gefüttert
und kostet nur
39.50
Hochmodern und apart
ist dieser Mantel aus Velour ramagé in anliegender Glockenform, Kragen und Stulpen breit mit Nutriette verbrämt, ganz gefüttert
und kostet nur
69.00
Elegant und schick
ist dieser Mantel aus gut. Velour-Duvetine in modisch geschweifter Form, vorzüglicher Verarbeitung mit überaus reicher Pelzverbrämung
und kostet nur
78.00
Sonntag, den 27. Okt. ist unser Geschäft von 12 bis 6 Uhr geöffnet!
TIETZ
AACHEN MARKT

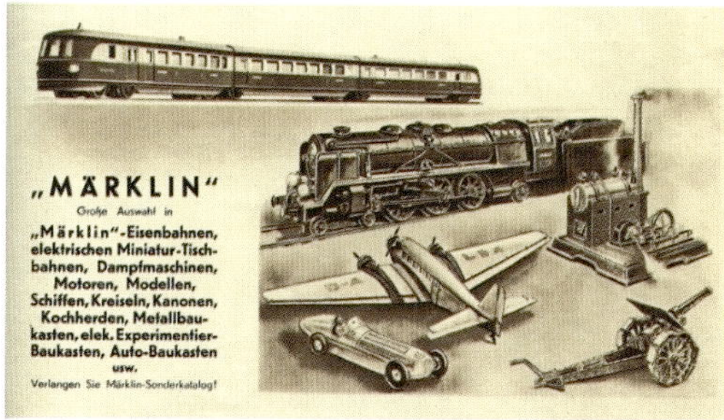
„MÄRKLIN"
Große Auswahl in
„Märklin"-Eisenbahnen, elektrischen Miniatur-Tischbahnen, Dampfmaschinen, Motoren, Modellen, Schiffen, Kreiseln, Kanonen, Kochherden, Metallbaukasten, elek. Experimentier-Baukasten, Auto-Baukasten usw.
Verlangen Sie Märklin-Sonderkatalog!

Klosettanlagen
nach neuer polizeil. Verordnung liefert u. ändert fachgemäß und billig
2323p
Joseph Micheels
Aachen, Harscampstraße 3
Telephon 1870.

„Nur Miele Miele"
sagte Tante,
die alle Waschmaschinen kannte
Mielewerke A.G.
Größte Waschmaschinenfabrik Deutschlands
Gütersloh/Westfalen
Über 2000 Beamte und Arbeiter.
Zu haben in den einschlägigen Geschäften

PFAFF
Meine Lebensgefährtin
Bei allen Mitbürgern bekannt und beliebt
ist das 1870 gegründete
Nähmaschinenhaus
Gebr. Dohle
Aachen-Seilgraben 14
Fernsprecher: 1578

ZANKER
Domina
TROMMEL-WASCHMASCHINE
ELEKTRISCH BEHEIZT

Extrablatt

Bert Heller

Der Maler und Grafiker Bert Heller (1912-1960): Die frühen Jahre

Ein später über die Grenzen Aachens hinaus bekannt gewordener Bewohner der Siedlung Branderhof war der Maler und Grafiker Bert Heller. Hubert (Bert) Heller wurde am 30. März 1912 als Sohn des Eisendrehers Johann Josef Heller in Haaren geboren. Er genoss eine eher sporadische Ausbildung, doch schon früh zeigte sich seine zeichnerische Begabung. Deshalb verwunderte es nicht, dass er sich bereits 1927 an der Kunstgewerbeschule Aachen in der Südstraße einschrieb und dort ab 1930 Schüler von Anton Wendling wurde.

1927 gewann der junge Bert Heller den Plakatwettbewerb des Diözesanverbandes der katholischen Jünglings- und Jungmännervereine, an dem sich insgesamt 39 Künstler beteiligt hatten, mit seinem Entwurf „Wallfahrt“.[395]
Im Januar 1932 stellte Bert Heller seine Arbeiten erstmals im Suermondt-Museum Aachen aus. Die lokale Presse lobte ihn als Künstler von hervorragender zeichnerischer Begabung. Im Juni 1933 folgte eine weitere Ausstellung im Suermondt-Museum, diesmal mit Porträts hiesiger Persönlichkeiten.[396]

Spätestens ab 1933 lebte Bert Heller am Weingartshof 16 im Haushalt seines Bruders, dem Bürovorsteher Franz Heller. Das Adressbuch von 1933 weist ihn als „Graphiker“ aus, ein Jahr später als „Maler“.[397]
Wohl inspiriert durch seine Lehrjahre bei Anton Wendling, versuchte Heller sich in Glasmalereien für die Aachener und Münchener Versicherung (1933) und für die Reichspostdirektion (1935). Eine Wandmalerei mit dem Titel „Geschichte des Verkehrs“ war 1934 im Aachener Hauptbahnhof zu finden.[398]

Ansonsten bediente sich Heller in seinen frühen Bildern oft Motiven aus heimatlicher Sage und Legende oder dem Volkstümlichen. 1935 illustrierte er das Buch „Aachener Käuze – Straßenfiguren und Stadtoriginale“[399] von Will Hermanns mit Federzeichnungen. Diese Technik wandte er in den Jahren 1936/37 auch für Darstellungen aus dem Aachener Karneval an. Wiederholt entwarf Heller Plakate zum Aachener Reitturnier. Für den Ausstellungsführer der Wirtschaftsausstellung „Schaffendes Grenzland“, die 1938 im Neuen Kurhaus stattfand, lieferte er das Titelbild (Abb. 198) und

Abb. 198: Titelbild des Ausstellungsführers „Schaffendes Grenzland" (1938)

war neben anderen Aachener Künstlern maßgeblich an der Gestaltung der Ausstellungsräume beteiligt. „Ein von Bert Heller kunstvoll geschaffenes Hoheitszeichen an der Stirnseite ist eine geschmackvolle Krönung der festlichen Ehrenhalle“,[400] lobt die Broschüre seine Arbeit.

Abb. 199: Annonce des Grafikbüros Stiel & Heller, Politisches Tageblatt, 08.10.1938

Für den Raum der Stadt Aachen steuerte er ein Bildnis des „Wehrhaften Schmieds“ und die Bildgestaltung einer Dreh-Vitrine bei. Heller wird als „Werbekünstler“ tituliert und schaltete hier wie auch im *Politischen Tageblatt* Inserate des Grafikbüros „Werbekunst Stiel & Heller“ in der Adalbertstraße 16 (Abb. 199)[401], dessen Teilhaber er seit 1935 war. In den folgenden Jahren schuf er Titelbilder für die Kur- und Verkehrszeitung 1938/39 (Abb. 200), gestaltete und illustrierte das Programmheft des Stadttheaters Aachen für die Spielzeit 1939/40 [402] und zeichnete Umschlag und Karten für einen Stadtführer aus dem Jahr 1940 (Abb. 201).[403] Seine Zeichnungen sind gut zu erkennen an den verwendeten Initialen „bh“.

Ab 1937/38 tauchte sein Name nicht mehr unter der Adresse am Weingartshof 16 auf. Etwa zu der Zeit scheint er eine Nachbarin geheiratet zu haben und wohnte jetzt Weingartshof 9.

1940 ist Heller laut Adressbuch noch an der Roermonderstraße in Laurensberg zu finden, wo er als freischaffender Künstler arbeitete.

Abb. 200: Titelbild „Aachener Leben“ (1938/39)

Abb. 201: Titelbild Stadtführer (1940)

Im gleichen Jahr zog er nach München und studierte bis 1942 bei Hermann Kaspar an der Münchener Akademie der Künste. Vielleicht war es der Einfluss seines Hochschullehrers, der dem Nationalsozialismus nahestand und u.a. an der Ausgestaltung der Neuen Reichskanzlei beteiligt war, der Heller 1940 zum Eintritt in die NSDAP bewog. Kaspar hat als Professor für Monumentalmalerei vermutlich auf diesem Gebiet eine nachhaltige Wirkung auf Hellers künstlerisches Schaffen gehabt.[404]
Im Krieg verliert sich Hellers Spur, seine (ehemalige) Frau Emilie wohnte offensichtlich weiterhin im elterlichen Haus am Weingartshof 9. Erst 1946 ist überliefert, dass Heller freischaffend in Wernigerode im Harz lebte,[405] später als Dozent an der dortigen Kunstschule. Heller blieb in der DDR, trat der SED bei[406] und machte dort Karriere. Er erhielt eine Professur für Malerei an der Hochschule für Bildende

Abb. 202: Mosaik „Aus dem Leben der Völker der Sowjetunion“ im Café Moskau, Berlin (1964)

und Angewandte Kunst in Berlin-Weißensee, deren Rektor er von 1956 bis 1958 war. Zu den bekanntesten Arbeiten des in der DDR vielfach ausgezeichneten Künstlers gehören Porträts von Helene Weigel (1951) und Bertold Brecht (1957/56) sowie ein großes Mosaik im Café Moskau in Berlin (Abb. 202).

Abb. 203 Titelbild „Aachener Woche“ (1949)

Abb. 204: Rückseite „Aachener Woche“ (1952)

Das frühe Schaffen Bert Hellers ist nur bruchstückhaft dokumentiert. Seine Glasmalereien und Wandbilder aus den Dreißigerjahren sind Kriegszerstörungen zum Opfer gefallen. Meist beginnen die Monographien über Heller erst mit Kriegsende und erwähnen die Aachener Jahre nur als biografische Randnotizen. Weder sein Privatleben noch seine politische Gesinnung werden thematisiert. In Aachen wurden Hellers Zeichnungen allerdings noch lange über das Kriegsende hinaus verwendet, so z.B. verschiedene Varianten der stilisierten Figur (Abb. 203, 204), die er seinerzeit für das Kur- und Werbeamt entwarf.

Anmerkungen

1 Buschmann, Walter: „Wohn- und Arbeitersiedlungen im Rheinland. Ein 30jähriges Forschungsthema mit Vorgeschichte“, in: Landschaftsverband Rheinland/ Rheinisches Amt für Denkmalpflege (Hrsg.): Wohn- und Arbeitersiedlungen im Rheinland. Eine Zwischenbilanz aus denkmalpflegerischer Sicht, Arbeitshefte der rheinischen Denkmalpflege 67, Worms 2006, S. 32.

2 Servais, Albert: Der Wohnungsbau in Aachen in den Jahren 1920-1927, hrsg. im Auftrage des Oberbürgermeisters Farwick, Aachen 1927; ders., „Der Wohnungsbau in Aachen“, in: Huyskens, Albert (Hrsg.): Deutschlands Städtebau – Aachen, Berlin-Halensee 1928, S. 92-96; Kerz, Philipp: Die Neue Stadtbaukunst – Aachen, Berlin/Leipzig/Wien 1928; Lammerz, Friedrich von: „Der städtische Wohnungsbau in Aachen in den Jahren 1925-1928“, in: Huyskens, Albert (Hrsg.): Deutschlands Städtebau – Aachen, Berlin-Halensee 1928, S. 97-107.

3 Gut, Albert: Der Wohnungsbau in Deutschland nach dem Weltkriege, München 1928, S. 86, 374.

4 Pufke, Andrea (Hrsg.): Siedlungen in Nordrhein-Westfalen. Rheinschiene, Band 1: Bergisch-Gladbach bis Köln, Band 2: Königswinter bis Wuppertal, Petersberg 2021, hrsg. vom Landschaftsverband Rheinland/Rheinisches Amt für Denkmalpflege, Reihe: Die Bau- und Kunstdenkmäler von Nordrhein-Westfalen I. Rheinland.

5 Mann, Albrecht: Unser Aachen heute. Aachens Architektur im Stilwandel des 20. Jahrhunderts, Aachen 1998, S. 47.

6 Vgl. Servais, Wohnungsbau 1920-1927, S. 7 und Mann, Unser Aachen heute, S. 12.

7 Vgl. Reiff, Friedrich: Die weitere Besiedlung Burtscheids zwischen 1920 und 1985, Gesellschaft Burtscheid für Geschichte und Gegenwart e.V., Schriften Band 3, Aachen 1986, S. 17.

8 Vgl. Dux, Holger A.: Aachen so wie es war, Düsseldorf 2011, S. 42.

9 Vgl. Servais, „Der Wohnungsbau in Aachen“, S. 92f.

10 Vgl. Pilgram, Hermann Josef: „Einfamilienhaus-Siedlung Branderhof“, in: Bad Aachen, Dez. 1997, S. 10.

11 Vgl. Poll, Bernhard (Hrsg.): Geschichte Aachens in Daten, Aachen 1960, S. 285.

12 Albert Servais (1887-1974) wurde 1923 zum Städtischen Beigeordneten gewählt, ab 1928 war er Erster Beigeordneter mit der Amtsbezeichnung Bürgermeister. Nach dem Zweiten Weltkrieg war Servais u .a. Stellvertretender Oberbürgermeister und zwölf Jahre lang Oberstadtdirektor. (vgl. Poll, Geschichte Aachens, S. 282, 349).

13 Vgl. Kerz, Neue Stadtbaukunst, S. XI-XII und Fischer, Barbara: „Kurze Entwicklungsgeschichte des Wohn- und Arbeitersiedlungsbaues im Rheinland“, in: Landschaftsverband Rheinland/Rheinisches Amt für Denkmalpflege (Hrsg.): Wohn- und Arbeitersiedlungen im Rheinland. Eine Zwischenbilanz aus denkmalpflegerischer Sicht, Arbeitshefte der rheinischen Denkmalpflege 67, Worms 2006, S. 57.

14 Vgl. Pilgram, „Einfamilienhaus-Siedlung Branderhof“, S. 10.

15 Vgl. EdG, 23.01.1926.

16 Vgl. EdG, 28.09.1926.

17 6. Sitzung der Stadtverordneten-Versammlung im Stadtverordneten-Sitzungssaal des alten Rathauses, Freitag, den 30. Juli 1926, TOP 10, S. 103 und EdG, 31.07.1926.

18 Ebd.

19 Vgl. ebd.

20 EdG, 28.09.1926 und PT, 29.09.1926.

21 Vgl. Engels, Ludwig: „Aus Alt-Burtscheid. Die Zwanzig Morgen einst und jetzt“, in: Detiège, Dieter/Holger A. Dux/Kurt Jünger (Hrsg.): Burtscheider Lesebuch, Gesellschaft Burtscheid für Geschichte und Gegenwart e.V., Schriften Band 10, Aachen 2003, S. 133f. und ders., „Aus Alt-Burtscheid. Die Zwanzig Morgen und ihre Umgebung, einst und jetzt“, in: EdG, 17.09.1927.

22 Vgl. Königs, Hans: „Der Branderhof und seine Besitzer“, in: AVZ, 04.02.1960.

23 Vgl. 3. Sitzung der Stadtverordneten-Versammlung im Stadtverordneten-Sitzungssaal des alten Rathauses, Freitag, den 20. Februar 1925, TOP 13, S. 49.

24 Vgl. Engels, „Aus Alt-Burtscheid. Die Zwanzig Morgen einst und jetzt“, S. 135 und ders., „Aus Alt-Burtscheid, Die Zwanzig Morgen einst und jetzt, Schluß“, in: EdG, 22.09.1927.

25 Vgl. Pauls, Hubert: „25 Jahre Gartengroßsiedlung Branderhof“, maschinenschriftliches Manuskript des Festvortrags zum 25jährigen Bestehen der Siedlung“, hrsg. von der IG Branderhof im Oktober 1952, S. 3.

26 Vgl. Dautzenberg, Bernhard: Burtscheid und seine engeren Randgebiete einst – damals – heute, dargestellt in Daten von 997 bis 1976, Aachen 1976, S. 73.

27 Vgl. Pauls, „25 Jahre Gartengroßsiedlung Branderhof“, S. 3f.

28 Vgl. Engels, „Aus Alt-Burtscheid. Die Zwanzig Morgen einst und jetzt“, S. 135.

29 Schwartzenberg, Heinrich von: Zwischen Beverbach und Gillesbach, Gesellschaft Burtscheid für Geschichte und Gegenwart e.V., Schriften Band 2, Aachen 1985, S. 80f.

30 Vgl. Pauls, „25 Jahre Gartengroßsiedlung Branderhof“, S. 4.

31 Erinnerung von Maria und Bruno von den Driesch.

32 Vgl. Schwartzenberg, Heinrich von: Alte Höfe in Burtscheid, Aachen 2000, S. 15 und EdG, 17.09.1927.

33 Vgl. Quix, Christian: Historisch=topographische Beschreibung der Stadt Burtscheid, mit 61 Urkunden, Nachdruck der Ausgabe von 1832, Aachen 1976, S. 37 und Peter, Christof et al.: Spurensicherung. Spaziergänge entlang der Aachener Bäche, Aachen 1983, S. 89.

34 Vgl. Pauls, „25 Jahre Gartengroßsiedlung Branderhof“, S. 4.

35 Die kleine Brücke und der Weg wie auch der kleine Eisenbahnweiher sind bereits auf dem Rappard-Plan von 1860 eingezeichnet. Zwei Höfe lagen in der Senke beim Gillesbach: „Haus Kuckesrath“ befand sich in der Nähe der heutigen Realschule, wo ein Fußweg den Gillesbach mit einer kleinen Brücke kreuzt. Es wurde schon vor 1876 abgerissen. „Gut Külchen“, an der Kreuzung des Baches mit dem heutigen Wilhelm-Pitz-Weg, bestand bis nach dem Zweiten Weltkrieg. Seine Fundamente sind heute noch teilweise zu sehen. (vgl. Schwartzenberg, Höfe, S. 27, 29 und ders., Zwischen Beverbach und Gillesbach, S. 82).

36 Vgl. Lammerz von, „Der städtische Wohnungsbau in Aachen“, S. 104.

37 Vgl. Altenkrüger, Jan: Siedlung Branderhof Burtscheid, Große Studienarbeit Lehrgebiet Denkmalpflege, Stolberg-Dorff 1977, S. 7.

38 Vgl. EdG, 14.10.1926.

39 Vgl. EdG, 19.10.1926 und 16.12.1926 sowie 19.01.1927.

40 Vgl. EdG, 27.05.1927.

41 Vgl. EdG, 05.07.1927.

42 Vgl. EdG, 05.08.1927.

43 EdG, 27.01.1927.

44 Vgl. EdG, 17.08.1927.

45 EdG, 20.04.1927. Die Straße Rothbenden war die Verlängerung der Ellerstraße [heute Malmedyer Straße].

46 Vgl. EdG, 12.04.1927 und Pauls, „25 Jahre Gartengroßsiedlung Branderhof“, S. 3.

47 Vgl. EdG, 17.08.1927.

48 Koppen, Bodo von: „Das Gillesbachtal. Ein Kleinod der Aachener Landschaft“, in: ABB, 6 (1962), S. 19 und Quix, Christian: Aachen und dessen Umgebungen, Frankfurt 1818, S. 6.

49 Vgl. EdG, 25.05.1927.

50 Vgl. EdG, 11.06.1927 und 10.08.1927.

51 Vgl. 6. Sitzung der Stadtverordneten-Versammlung im Stadtverordneten-Sitzungssaal des alten Rathauses, Freitag, den 27. Juli 1927, TOP 8, S. 77 und EdG, 28.07.1927.

52 Vgl. Notarverträge Pützinger, Branderhof 11 und Frantzen, Branderhof 22.

53 Vgl. Lammerz von, „Der städtische Wohnungsbau in Aachen“, S. 104 und EdG, 23.07.1927.

54 Vgl. EdG, 17.08.1927 und 08.10.1927.

55 Vgl. EdG, 03.12.1927.

56 Vgl. EdG, 02.12.1927.

57 Vgl. Reiff, Die weitere Besiedlung Burtscheids, S. 72.

58 Vgl. Jonas, Adolf: „Erinnerungen an fast Vergessenes“, maschinenschriftliches Manuskript, Aachen 1986, S. 14.

59 EdG, 03.03.1928.

60 EdG, 09.09.1928 und 01.12.1928.

61 Vgl. EdG, 10.08.1927.

62 EdG, 07.04.1928 und 09.06.1928.

63 Freundliche Auskunft von Herrn Prof. Daniel Lohmann am 24.11.2021.

64 Vgl. Reiff, Die weitere Besiedlung Burtscheids, S. 45 und EdG, 25.01.1929.

65 Vgl. Haak, Galina: Entstehung und Entwicklung einer denkmalgeschützten Siedlung in Burtscheid, dargestellt am Beispiel der Wohnsiedlung „Branderhof" im Zeitraum von 1927 bis heute, Facharbeit im Fach Euregio Maas-Rhein am Einhard-Gymnasium, Aachen 2006, S. 4 sowie Altenkrüger, Siedlung Branderhof, 1977, S. 10 und EdG, 14.07.1928.

66 EdG, 25.05.1927 und PT, 25.05.1927.

67 EdG, 05.09.1927 und PT, 02.09.1927.

68 EdG, 14.07.1928.

69 EdG, 16.08.1928.

70 Vgl. EdG, 25.05.1927 und 05.09.1927.

71 Vgl. EdG, 04.10.1927.

72 Vgl. EdG, 03.12.1927 und 01.12.1928. Die Verzinsung konnte später sogar auf 3,5 % gesenkt werden (vgl. Anm. 118).

73 Vgl. Servais, „Der Wohnungsbau in Aachen", S. 95 und EdG, 08.10.1927.

74 Vgl. Altenkrüger, Siedlung Branderhof, 1977, S. 7f.

75 Vgl. Mann, Unser Aachen heute, S. 46.

76 Servais, „Der Wohnungsbau in Aachen", S. 96.

77 Vgl. ebd.

78 Vgl. Kloß, Klaus-Peter: Siedlungen der 20er Jahre. Großsiedlung Britz Hufeisensiedlung – Waldsiedlung Zehlendorf, Onkel Tom's Hütte – Großsiedlung Siemensstadt – Weiße Stadt, Großsiedlung Schillerpromenade, Berlin 1982, S. 15-28.

79 Vgl. Mann, Unser Aachen heute, S. 46.

80 Vgl. Mathissen, Herbert: Siedlung Branderhof – Beobachtungen und Anmerkungen zu Architektur und Städtebau, Aachen 2021, S. 40.

81 Vgl. Dux, Holger A.: „Ein Haus für gut 13 000 Mark", in: AVZ, 15.09.1995.

82 Vgl. Haak, Entstehung und Entwicklung einer denkmalgeschützten Siedlung in Burtscheid, S. 3

83 Vgl. EdG, 28.09.1926.

84 Vgl. EdG, 03.09.1931.

85 Vgl. PT, 05.05.1933.

86 Vgl. Simeon, J.: Das Verkehrswesen des Aachener Gebietes in Vergangenheit und Gegenwart. Der Aachener Kleinbahn-Gesellschaft zum 50jährigen Bestehen 1930, Aachener Beiträge zur Heimatkunde, Aachen 1930, S. 66.

87 Vgl. ebd., S. 81f.

88 Vgl. Lammerz von, „Der städtische Wohnungsbau in Aachen", S. 104.

89 Vgl. Servais, Wohnungsbau 1920-1927, S. 43.

90 Vgl. Altenkrüger, Siedlung Branderhof, 1977, S. 10-12.

91 Vgl. Dux, „Ein Haus für gut 13 000 Mark".

92 Vgl. EdG, 31.07.1926 und Haak, Entstehung und Entwicklung einer denkmalgeschützten Siedlung in Burtscheid, S. 4f.

93 Vgl. Lammerz von, „Der städtische Wohnungsbau in Aachen", S. 105 und Pilgram, „Einfamilienhaus-Siedlung Branderhof", S. 12.

94 Vgl. Bericht über Eingaben der Bürgerinnen und Bürger [der Siedlung Branderhof] und Stellungnahme der Verwaltung, Punkt 2.2.1, [Aachen] o. J.

95 Vgl. Mann, Unser Aachen heute, S. 46 und Mathissen, Siedlung Branderhof, S. 5.

96 Vgl. Mathissen, Siedlung Branderhof, S. 7.

97 PT, 01.06.1929.

98 Vgl. Bericht über Eingaben der Bürgerinnen und Bürger, Punkt 2.5.3.

99 Vgl. Mann, Unser Aachen heute, S. 46 und Pilgram, „Einfamilienhaus-Siedlung Branderhof", S. 12 sowie Lammerz von, „Der städtische Wohnungsbau in Aachen", S. 105.

100 Vgl. PT, 01.06.1929.

101 Vgl. Notarvertrag 1927 Frantzen, Branderhof Nr. 22, § 10.

102 Vgl. Lammerz von, „Der städtische Wohnungsbau in Aachen", S. 104f.

103 EdG, 31.07.1926 und 16.03.1927.

104 EdG, 31.07.1926.

105 EdG, 16.08.1928.

106 EdG, 27.01.1927, 20.04.1927, 29.07.1927, 17.08.1927, 05.09.1927, 15.09.1927, 14.04.1928.

107 Pauls, „25 Jahre Gartengroßsiedlung Branderhof", S. 1.

108 Reiff, Die weitere Besiedlung Burtscheids, S. 25.

109 Bericht über Eingaben der Bürgerinnen und Bürger, Punkt 2.4.5 und Landschaftsverband Rheinland/ Rheinisches Amt für Denkmalpflege (Hrsg.): Gutachten, Denkmalbereich Aachen Innenstadt, Gutachten in 2 Teilen, Teil 1: Meyer, Lutz Henning (Bearb.): Denkmalbereich Aachen Innenstadt/Pufferzone Dom, Pulheim 2008, S. 16.

110 Vgl. Howard, Ebenezer: Garden Cities of To-Morrow, London 1902, S. 23 und Sitte, Camillo: Der Städte-Bau nach seinen künstlerischen Grundsätzen, Wien 1889. Sitte betonte z.B. die Bedeutung von Freiflächen, Gärten, gekrümmten Straßen und aufgeweiteten Räumen für ein positives Erleben von Stadträumen. (vgl. S. 107f., 117-122, 140f.).

111 Vgl. Altenkrüger, Siedlung Branderhof, 1977, S. 5.

112 Vgl. Fischer, „Kurze Entwicklungsgeschichte des Wohn- und Arbeitersiedlungsbaues, S. 55f.

113 Vgl. Reiff, Die weitere Besiedlung Burtscheids, S. 20, 33 und EdG, 18.05.1925.

114 Vgl. Pauls, „25 Jahre Gartengroßsiedlung Branderhof", S. 6.

115 Vgl. Pilgram, „Einfamilienhaus-Siedlung Branderhof", S. 10.

116 Vgl. Jonas, „Erinnerungen an fast Vergessenes", S. 2.

117 EdG, 15.09.1927.

118 Vgl. Lambertz, Paul: Vortrag zum 50jährigen Bestehen der Siedlung Branderhof, gehalten 1977 im Pfarrheim St. Michael, Zeise, S. 2.

119 Vgl. Pauls, „25 Jahre Gartengroßsiedlung Branderhof", S. 10.

120 Schumacher, Fritz: Die Kleinwohnung. Studien zur Wohnungsfrage, Leipzig 1917, S. 17.

121 Vgl. Fischer, „Kurze Entwicklungsgeschichte des Wohn- und Arbeitersiedlungsbaues", S. 57.

122 Vgl. Altenkrüger, Siedlung Branderhof, 1977, S. 23f.

123 Mann, Unser Aachen heute, S. 46.

124 Curdes, Gerhard: Die Entwicklung des Aachener Stadtraumes. Der Einfluß von Leitbildern und Innovationen auf die Form der Stadt, Dortmund 1999, S. 187.

125 Pauls, „25 Jahre Gartengroßsiedlung Branderhof", S. 4.

126 Zit. n. Jonas, „Erinnerungen an fast Vergessenes", S. 2-4.

127 Die folgenden Beschreibungen basieren im Wesentlichen auf den Rückblicken von Pauls, „25 Jahre Gartengroßsiedlung Branderhof" (1952) und Jonas, „Erinnerungen an fast Vergessenes" (1987) sowie mündlichen Informationen von Frau Maria Staerck am 07.06.2021 und Frau Maria von den Driesch am 16.06.2021.

128 Longerich, Peter: Deutschland 1918-1933. Die Weimarer Republik. Handbuch zur Geschichte, Hannover 1995, S. 177ff.

129 Vgl. Karrasch, Anja: „Traum vom sozialen Möbel", taz-Archiv, 01.11.1997, https://taz.de/!1375321/ (letzter Zugriff: 01.07.2022).

130 Vgl. EdG, 01.06.1928.

131 Vgl. Petsch, Joachim: Eigenheim und gute Stube. Zur Geschichte des bürgerlichen Wohnens, Köln 1989, S. 161f. und Selle, Gert: Geschichte des Design in Deutschland, Frankfurt am Main/New York 1994, S. 212-217 sowie „Frankfurter Küche bis heute – Küchen im Wandel der Zeit", https://www.schoener-wohnen.de/einrichten/wohntrends/die-reformkueche--1928---bild-2_12611786-12635764.html (letzter Zugriff: 01.07.2022).

132 Vgl. Zanger, Octavia: „Veränderungen in den Lebensumständen und Wohnansprüchen der Bewohner von Siedlungen", in: Landschaftsverband Rheinland/Rheinisches Amt für Denkmalpflege (Hrsg.): Wohn- und Arbeitersiedlungen im Rheinland. Eine Zwischenbilanz aus denkmalpflegerischer Sicht, Arbeitshefte der rheinischen Denkmalpflege 67, Worms 2006, S. 118 und EdG, 11.01.1928.

133 Vgl. „Was war wann? Möbel der 30er Jahre", https://www.was-war-wann.de/moebel/moebel_der_30er_jahre.html (letzter Zugriff: 01.07.2022).

134 Vgl. „Der Einzug des Kinderzimmers im 20. Jahrhundert", Portal Alltagskulturen im Rheinland https://alltagskulturen.lvr.de/de/themen/Kinderzimmer/LVR/lido/5654704683ec03.77803150 (letzter Zugriff: 01.07.2022).

135 Vgl. EdG, 18.11.1928 und 01.05.1925.

136 Vgl. EdG, 03.09.1931.

137 Vgl. Schwartzenberg, Alte Höfe in Burtscheid, S. 24.

138 Vgl. Petsch, Eigenheim und gute Stube, S. 163.

139 Vgl. Haak, Entstehung und Entwicklung einer denkmalgeschützten Siedlung in Burtscheid, S. 5.

140 Vgl. EdG, 25.01.1928.

141 Erinnerung von Maria und Bruno von den Driesch; vgl. ansonsten die Rückblicke von Pauls (1952) und Jonas (1987).

142 EdG, 17.11.1928.

143 Vgl. Engels, „Aus Alt-Burtscheid, Die Zwanzig Morgen einst und jetzt, Schluß", in: EdG, 22.09.1927.

144 Vgl. Dux, Holger A.: Burtscheid – wie es früher war, Gudensberg-Gleichen 2001, S. 63.

145 Freundliche Auskunft von Frau Gisela Köhler (geb. 1927) am 05.03.2022.

146 Vgl. Grafen, Heinz: Schule St. Johann Gruppe B, Kleverstraße 2-4. Ein Stück der Geschichte Burtscheids 1896-1965, Aachen um 1988, S. 458.

147 Vgl. ebd., S. 350 und Engels, Ludwig: „Zur Schulgeschichte der ehemaligen Stadt Burtscheid", in: Detiège et al.(Hrsg.): Burtscheider Lesebuch, S. 158.

148 Vgl. Jonas, „Erinnerungen an fast Vergessenes", S. 10.

149 Vgl. Dux, Holger, A.: Hier trinkt man Köppelchen! Vom Café ‚Einmal', dem Samstag-Badetag … und weiteren Ameröllchen aus dem alten Aachen, Kassel 2004, S. 25.

150 Vgl. Bischops, Klaus: 150 Jahre Schule Michaelsbergstraße Aachen-Burtscheid (1862-2012), Aachen 2012, S. 68f.

151 Vgl. Grafen, Schule St. Johann, S. 269 und EdG, 20.01.1925.

152 Vgl. EdG, 01.03.1926 und 21.04.1928.

153 Vgl. Dux, Hier trinkt man Köppelchen, S. 39.

154 EdG, 11.11.1933 und PT, 11.11.1933.

155 Vgl. Pauls, „25 Jahre Gartengroßsiedlung Branderhof", S. 8.

156 Vgl. Forst, Ludwina: Königs Weg – auf den Spuren des 1. Aachener Stadtkonservators Hans Königs (1903-1988), Aachen 2008, S. 60.

157 Vgl. Poll, Geschichte Aachens, S. 310, 312.

158 Vgl. Selle, Geschichte des Design, S. 248, 255.

159 Vgl. „Aachener Straßennamen in der NS-Zeit", http://www.aachener-geschichtsverein.de/Online-Beitraege/aachener-strassennamen-in-der-ns-zeit (letzter Zugriff: 01.07.2022).

160 Vgl. Gasten, Elmar: Aachen in der Zeit der nationalsozialistischen Herrschaft 1933-1944, Diss. Köln, Europäische Hochschulschriften, Reihe 3: Geschichte und ihre Hilfswissenschaften, Bd. 541, Frankfurt a.M. 1993, S. 69 und EdG, 03.07.1933.

161 Vgl. Kirschgens, Albert/Gerd Spelsberg: Einigkeit statt Recht und Freiheit. Aachen 1933, Aachen 1983, S. 119.

162 Vgl. Poll, Geschichte Aachens, S. 312.

163 Vgl. EdG, 13.11.1933.

164 Vgl. Grafen, Schule St. Johann, S. 372, 412.

165 Zit. n. Löhrer, Heinz: „Kriegszeit, Erinnerungen", maschinenschriftliches Manuskript, o. O. o. J., S. 12

166 Vgl. Hugot, Yvonne: „Die Hitlerjugend in Aachen bis 1936", in: ZAGV, Bd. 107/108 (2005/2006), S. 440-444.

167 Vgl. Bischops, 150 Jahre Schule Michaelsbergstraße, S. 80f. und Grafen, Schule St. Johann, S. 388f.

168 Vgl. Hugot, Yvonne: „Die Hitlerjugend", S. 451 und Ferchhoff, Wilfried: „Jugendkulturen in der NS-Zeit", in: Faulstich, Werner (Hrsg.): Die Kultur der 30er und 40er Jahre, München 2009, S. 74, 79.

169 Vgl. Sowa, Axel/Ariane Wilson: Aachen nach 1945, Fakten und Debatten zum Wiederaufbau. Wissenschaftliche Schriften an der Fakultät für Architektur, Band 10, Aachen 2013, S. 121.

170 Bischops, 150 Jahre Schule Michaelsbergstraße, S. 85. Der Dichter und Freiheitskämpfer Theodor Körner (1791-1813) war im August 1813 während der Freiheitskriege gegen Napoleon gefallen. Wegen seiner patriotischen Lyrik wie auch seiner vorbehaltslosen Opferbereitschaft und kämpferischen Entschlossenheit wurde er von den Nationalsozialisten zu einer Leitfigur erklärt. Heute ist in Aachen noch eine Kaserne nach ihm benannt. (vgl. Schilling, René: „Körner Superstar", Zeit online, 08.11.2013 (https://www.zeit.de/zeitlaeufte/koerner/komplettansicht?utm_referrer=https%3A%2F%2Fwww.google.com%2F (letzter Zugriff: 01.07.2022).

171 Vgl. Grafen, Schule St. Johann, S. 392.

172 Vgl. EdG, 09.08.1933 und Grafen, Schule St. Johann, S. 384.

173 Vgl. Bischops, 150 Jahre Schule Michaelsbergstraße, S. 74.

174 Ebd., S. 85. Dr. Vitus war von 1933-1937 Kaplan an St. Michael-B.

175 Vgl. Grafen, Schule St. Johann, S. 372f., 399, 405 und Bischops, 150 Jahre Schule Michaelsbergstraße, S. 76, 88.

176 Hassel, Erich (Hrsg.): Deutsches Philologen-Blatt, 42. Jg., H. 46 (1934), „Schulgemeinde und Jugendwalter", Leipzig 1934, S. 510.

177 Vgl. Bischops, 150 Jahre Schule Michaelsbergstraße, S. 89.

178 Vgl. Gasten, Aachen 1933-1944, S. 315.

179 Vgl. ebd., S. 110, 115.

180 Vgl. Selle, Geschichte des Design, S. 253.

181 EdG, 01.07.1935.

182 Vgl. ebd.

183 Vgl. Gasten, Aachen 1933-1944, S. 173, 178.

184 Vgl. Bussiek, Dagmar: „Eintopf für die Volksgemeinschaft. Die Kultur des Alltags unter den Bedingungen der Diktatur", in: Faulstich, Werner (Hrsg.): Die Kultur der 30er und 40er Jahre, München 2009, S. 43.

185 Vgl. PT, 13.03.1933. Der Kandidat hieß Wilhelm Hoffmann.

186 Adressbuch Aachen 1941, S. 311: „Esser, M., Untergauführerin".

187 Vgl. EdG, 27.05.1933.

188 EdG, 16.06.1933.

189 Vgl. PT, 17.06.1933.

190 Vgl. Jonas, „Erinnerungen an fast Vergessenes", S. 5.

191 Vgl. Interview mit Herrn Kurt Jünger (1926-2020) am 01.07.2009.

192 PT, 20.04.1939.

193 Vgl. PT, 19.04.1939. „Werkscharen" waren eine Unterorganisation innerhalb der NS-Einheitsgewerkschaft DAF (Deutsche Arbeitsfront) bei NS-Musterbetrieben. Sie hatten eine eigene Uniform.

194 Brief Josefine Löhrer an Käthe, 27.04.1944.

195 Vgl. z.B. EdG, 29.10.1935.

196 Vgl. Bischops, 150 Jahre Schule Michaelsbergstraße, S. 84.

197 Vgl. Poll, Geschichte Aachens, S. 319, 322 und Löhrer, „Kriegszeit, Erinnerungen", S. 2.

198 Vgl. Forst, Königs Weg, S. 75.

199 Vgl. Poll, Geschichte Aachens, S. 325.

200 Vgl. Bischops, 150 Jahre Schule Michaelsbergstraße, S. 90.

201 Vgl. Siemons, Hans: Kriegsalltag in Aachen, Aachen 1998, S. 38.

202 Vgl. Jonas, „Erinnerungen an fast Vergessenes", S. 9.

203 Vgl. Dautzenberg, Burtscheid und seine engeren Randgebiete, S. 80.

204 Vgl. Siemons, Kriegsalltag in Aachen, S. 40, 47.

205 Vgl. Emunds, Paul: Mit 15 an die Kanonen, Aachen 1975, S. 194.

206 Vgl. Schroeder, Walter: Geschichte der Beverau, Aachen 2019, S. 252.

207 Vgl. Bischops, 150 Jahre Schule Michaelsbergstraße, S. 90.

208 Vgl. Doerenkamp, Helmut/Kurt Jünger: Die Zerstörung des alten Burtscheid im Zweiten Weltkrieg, Gesellschaft Burtscheid für Geschichte und Gegenwart e.V., Schriften Band 1, 1984, S. 100.

209 Vgl. Pauls, „25 Jahre Gartengroßsiedlung Branderhof", S. 6.

210 Vgl. Jonas, „Erinnerungen an fast Vergessenes", S. 9.

211 Vgl. Interview mit Frau Staerck am 07.06.2021 sowie Dautzenberg, Burtscheid und seine engeren Randgebiete, S. 81.

212 Vgl. Wernerus, Josef: „Burtscheid nach dem II. Weltkrieg. Planung, Wiederaufbau und Entwicklung als Teil der Stadt Aachen", in: Gesellschaft Burtscheid für Geschichte und Gegenwart e.V. (Hrsg.): Beiträge zur Geschichte Burtscheid, Band 1, Schriften Band 9, 2003, S. 191f.

213 Vgl. Dautzenberg, Burtscheid und seine engeren Randgebiete, S. 82 und Bischops, 150 Jahre Schule Michaelsbergstraße, S. 90.

214 Vgl. Wernerus, „Burtscheid nach dem II. Weltkrieg", S. 191 und „Als Aachens Uhren stehen blieben", in: AVZ, 11.04.1964.

215 Vgl. Emunds, Mit 15 an die Kanonen, S. 13, 197.

216 Freundliche Auskunft von Herrn Bernd Willscheidt am 15.10.2021.

217 Vgl. Interviews mit Frau Maria Staerck am 07.06.2021 und Frau Maria von den Driesch am 16.06.2021.

218 Vgl. Grafen, Schule St. Johann, S. 414.

219 Vgl. Poll, Geschichte Aachens, S. 336f. und Schroeder, Geschichte der Beverau, S. 254.

220 Vgl. Verwaltungsbericht der Stadt Aachen, zugleich Bericht über den bisherigen Wiederaufbau (1. Dezember 1944 bis 31. Dezember 1946), Aachen, im Mai 1947, S. 20f.

221 Vgl. Siemons, Kriegsalltag in Aachen, S. 151.

222 Vgl. Interview mit Frau Maria Staerck am 07.06.2021.

223 Vgl. Altenkrüger, Siedlung Branderhof, 1977, S. 8.

224 Vgl. Wernerus, „Burtscheid nach dem II. Weltkrieg", S. 190.

225 Vgl. N. N.: Dauergartenverein Branderhof 1923-1973, Aachen 1973, S. 5 und N. N.: 70 Jahre Familien-Dauergartenverein Branderhof 1923-1993, Aachen 1993, o. S.

226 Vgl. Reiff, Die weitere Besiedlung Burtscheids, S. 72f.

227 Vgl. Römling, Michael: Aachen. Geschichte einer Stadt, Soest 2007, S. 303. Der Verwaltungsbericht 1949 nennt 169.567 Kubikmeter Schutt für das Jahr 1949 insgesamt (S. 25).

228 Plan „Schütte Gillesbachtal", 23. April 1956, Der Direktor des Planungsamtes: Wilhelm Fischer, aufbewahrt im StAAc unter StAAc_KPL10_393_002.

229 Vgl. Wernerus, „Burtscheid nach dem II. Weltkrieg", S. 190.

230 Vgl. Pauls, „25 Jahre Gartengroßsiedlung Branderhof", S. 7.

231 Vgl. Poll, Geschichte Aachens, S. 344.

232 Vgl. Löhrer, „Kriegszeit, Erinnerungen", S. 3.

233 Vgl. Leisten, Hans-Peter: „Des Häuslebauers Glück auf 52 Quadratmetern. ECA-Siedlung auf Beverau feiert 50-jähriges Bestehen", in: AZ, 09.05.2003.

234 Vgl. Lambertz, Vortrag zum 50jährigen Bestehen, S. 2f. Das Lastenausgleichsgesetz von 1952 hatte zum Ziel, Personen, die infolge des Zweiten Weltkriegs Vermögensschäden oder andere Nachteile erlitten hatten, eine finanzielle Entschädigung zu gewähren.

235 Freundliche Auskunft von Herrn Lothar Kämmerling am 28.03.2022 und Interview mit Frau Maria von den Driesch am 16.06.2021

236 Vgl. Interview mit Frau Maria Staerck am 07.06.2021.

237 Vgl. Pauls, „25 Jahre Gartengroßsiedlung Branderhof", S. 6f.

238 Vgl. Pape, Matthias: Umbrüche. Die Region Aachen vom Roer-Département zur Städteregion, Aachen 2009, S. 180.

239 Vgl. Schmidt-Hermsdorf, Christian und Gabriele (Bearb.): Stadtlesebuch. Ein historischer Längsschnitt durch die Aachener Stadtentwicklung, Lehrstuhl für Planungstheorie der RWTH Aachen, Werkberichte, Reihe Planungsgeschichte 2, Aachen 1984, S. 77.

240 Vgl. N. N.: Dauergartenverein Branderhof 1923-1973, S. 7.

241 Vgl. Sowa/Wilson, Aachen nach 1945, S. 27.

242 Vgl. Interview mit Frau Maria Staerck am 07.06.2021.

243 N. N.: „Kurz belichtet", in: Kur- und Werbeamt der Stadt Aachen (Hrsg.): Aachener Leben. Kur- und Fremdenverkehrs-Zeitschrift der Stadt Aachen, Nr. 1, 1. Januar 1958, 4. Jahrgang, S. 13 und Sowa/Wilson, Aachen nach 1945, S. 27-29 sowie Dautzenberg, Burtscheid und seine engeren Randgebiete, S. 97.

244 Vgl. Doerenkamp, Helmut und Ingrid: St. Michael Aachen-Burtscheid, Aachen 1986, S. 13f. und Dautzenberg, Burtscheid und seine engeren Randgebiete, S. 86.

245 Vgl. Römling, Aachen. Geschichte einer Stadt, S. 302.

246 Vgl. Bischops, 150 Jahre Schule Michaelsbergstraße, S. 91 und Grafen, Schule St. Johann, S. 424 ff., 444-446.

247 Pauls, „25 Jahre Gartengroßsiedlung Branderhof", S. 7f.

248 Freundliche Auskunft von Willy Heinen (1921-1995); vgl. auch die Ausführungen in 5.3.3.

249 Vgl. Dux, Holger, A.: Weißt du noch? Geschichten und Anekdoten aus Aachen in Wirtschaftswunderzeiten, Kassel 2007, S. 54.

250 Vgl. Detiège, Dieter: Kleine Familien- und Firmenfestschrift Hans Hugot u. Sohn GmbH u. Co. KG, Aachen 2000, o. S.

251 Freundliche Auskunft von Herrn Hans Hugot am 20.04.2021.

252 Vgl. Mathissen, Siedlung Branderhof, S. 49. Die Bezeichnung ‚Dentist' verwandte man für Zahnheilkundige ohne akademische Ausbildung.

253 Vgl. Dautzenberg, Burtscheid und seine engeren Randgebiete, S. 88 und „Es geht aufwärts in Burtscheid. Wiedereröffnung der Volksschule Michaelsberg", in: AN, 21.01.1950.

254 Vgl. „Burtscheider auf dem Wege nach Kevelaer", in: AVZ, 13.08.1955.

255 „Aachen baut auf", Sonderbeilage AVZ, Nr. 100, Samstag, 16.10.1948.

256 Mai, Karl Heinz/Herbert Günther: Wir Kinder von früher. Bilder und Geschichten aus einer anderen Zeit, Leipzig 2011, S. 72.

257 Vgl. Storz, Bernd: Wir sind die Jungen der 50er und 60er Jahre, Gudensberg-Gleichen 2004, S. 48.

258 Ein prominentes Beispiel ist Hans Globke. Er hatte 1935 u. a. einen Kommentar zu den Nürnberger Rassegesetzen verfasst, mit denen die Verfolgung der Juden einen rechtlichen Rahmen erhielt. Schon kurz nach Gründung der Bundesrepublik spielte Globke wieder eine Rolle in der deutschen Politik, zunächst als Stadtkämmerer von Aachen, (vgl. Verwaltungsbericht der Stadt Aachen 1. Dezember 1944 bis 31. Dezember 1946, S. 14), dann in diversen Ämtern unter Kanzler Konrad Adenauer.

259 Vgl. Statistisches Amt der Stadt Aachen (Hrsg.): Verwaltungsbericht der Stadt Aachen für das Jahr 1949, Aachen März 1950, S. 12.

260 Vgl. Pauls, „25 Jahre Gartengroßsiedlung Branderhof", S. 7.

261 Vgl. Löhrer, Heinz: „Nachkriegszeit (1945-1949)", maschinenschriftliches Manuskript, o. O. 2015, S. 3.

262 Freundliche Auskunft von Herrn Dr. Thomas Goege am 13.02.2022.

263 Architekt bei vielen Wiederaufbauten war Walter von den Driesch, z.B. bei den Häusern In den Heimgärten 39 und 41 sowie Im Gillesbachtal 80.

264 Vgl. Mailverkehr Prof. Puttkamer und Prof. Terstegge vom 27.11.2012, zur Verfügung gestellt von Herrn Prof. Terstegge am 14.02.2022.

265 Z.B. „Der Unheimliche vom anderen Stern" (1957) oder „Das unsterbliche Universum" (1959), vgl. https://de.wikipedia.org/wiki/Jesco_von_Puttkamer_(Raumfahrtingenieur) (letzter Zugriff: 01.07.2022).

266 Vgl. Statistisches Amt der Stadt Aachen (Hrsg.): Verwaltungsbericht der Stadt Aachen für das Jahr 1952, Aachen im Aufbau, Aachen, im April 1953, S.88f. und Reiff, Die weitere Besiedlung Burtscheids, S. 68f. sowie Schroeder, Beverau, S. 156-161. Da es keine Möglichkeit gab, das Wasser aus den Kellern der kleinen Einfamilienhäuser herauszuleiten, waren hier Waschmaschinen verboten. Die ECA-Siedlung verfügte deshalb über ein zentrales Waschhaus mit Waschautomat.

267 Vgl. Poll, Geschichte Aachens, S. 343f.

268 Vgl. Schroeder, Beverau, S. 270ff. und Reiff, Die weitere Besiedlung Burtscheids, S. 73.

269 Freundliche Auskunft von Herrn Bernd Willscheidt am 15.10.2021.

270 Vgl. Statistisches Amt der Stadt Aachen (Hrsg.): Verwaltungsbericht der Stadt Aachen für das Jahr 1953, Aachen im Aufbau, Aachen, im April 1954, S. 55 und Dautzenberg, Burtscheid und seine engeren Randgebiete, S. 94.

271 Vgl. Schroeder, Beverau, S. 117 und Wernerus, „Burtscheid nach dem II. Weltkrieg", S. 233.

272 Vgl. Koppen von: „Das Gillesbachtal", S. 19.

273 Vgl. „Einrichtungsstil der 50er Jahre. Wohnen wie im Film-Hit ‚La La Land'", https://bellevue.nzz.ch/design-wohnen/einrichtungsstil-der-50er-jahre-so-wohnen-sie-wie-im-film-ld.143894 (letzter Zugriff: 01.07.2022).

274 Vgl. Wodarz, Corinna: Unser Haushalt in den 50er und 60er Jahren, Gudensberg-Gleichen 2007, S. 7.

275 Vgl. Dux, Wirtschaftswunderzeiten, S. 53.

276 Vgl. Delille, Angela/Andrea Grohn: „Komfort im Reich der Frau", in: Delille, Angela (Hrsg.): Perlonzeit. Wie die Frauen ihr Wirtschaftswunder erlebten, Berlin 1985, S. 127, 129.

277 Vgl. dies., „Wir wollten wieder schön sein. Mode, Schönheit, Hygiene", in: Delille, Angela (Hrsg.): Perlonzeit, S. 152.

278 Vgl. Schäffer, Gisela: „New Look und Nietenhosen. Mode der 1950er Jahre“, in: Pohle, Frank et al. (Hrsg.): Der Krieg ist aus. Politik, Alltag und Medien in Aachen, Begleitband zu den Ausstellungen im Centre Charlemagne, Couven Museum und Internationalen Zeitungsmuseum anlässlich des 75. Jahrestages des Endes des Zweiten Weltkriegs, Aachen 2019, S. 236.

279 Vgl. Dux, Wirtschaftswunderzeiten, S. 55.

280 Vgl. Mailverkehr Prof. Puttkamer und Prof. Terstegge vom 27.11.2012, zur Verfügung gestellt von Herrn Prof. Terstegge am 14.02.2022.

281 Vgl. Verwaltungsbericht der Stadt Aachen 1952, S. 100 und Nelsen, Heike: „Happy Birthday, Fernsehen! Vor 50 Jahren eroberten die Flimmerkisten Aachen“, in: Bad Aachen. Das Stadtmagazin mit Durchblick, Oktober 2002, S. 48.

282 Vgl. Pauls, „25 Jahre Gartengroßsiedlung Branderhof“, S. 10.

283 Nicht selten wurde der Postbote auf ein Schnäpschen eingeladen. Vielen in Erinnerung ist in diesem Zusammenhang noch der Briefträger Herr Thelen.

284 Vgl. Dux, Wirtschaftswunderzeiten, S. 27f.

285 Vgl. Statistisches Amt der Stadt Aachen (Hrsg.): Verwaltungsbericht der Stadt Aachen für das Jahr 1951, Aachen im Aufbau 1951, Aachen, im April 1952, S. 16 und Statistisches und Meldeamt der Stadt Aachen (Hrsg.): Stadt Aachen 1955-1975. Zwanzig Jahre kommunale Arbeit. Bericht des Oberstadtdirektors, Aachen 1975, S. 72. Die Kraftfahrzeugzulassungen stiegen von 6.435 im Jahr 1951 auf 11.415 im Jahr 1955.

286 Vgl. Zimmer, Dieter: Alles in Butter. Eine liebenswert-turbulente Familienchronik aus wirtschaftswunderlichen Zeiten, Bern und München 1980, S. 206, 265.

287 Vgl. Dux, Wirtschaftswunderzeiten, S. 32.

288 Jonas, „Erinnerungen an fast Vergessenes“, S. 13.

289 Vgl. Wernerus, „Burtscheid nach dem II. Weltkrieg“, S. 195-198.

290 Vgl. Reiff, Die weitere Besiedlung Burtscheids, S. 72.

291 Vgl. N. N.: „Aachen baut weitere Schulen“, in: Kur- und Werbeamt der Stadt Aachen (Hrsg.): Aachener Leben. Kur- und Fremdenverkehrs-Zeitschrift der Stadt Aachen, Nr. 17, 1. September 1960, 6. Jahrgang, S. 4.

292 Vgl. Stadt Aachen (Hrsg.): Aachen Planung Aufbau Fortschritt, Monographien des Bauwesens, Folge 29, Stuttgart 1965, S. 25.

293 Vgl. Dautzenberg, Burtscheid und seine engeren Randgebiete, S. 101-105.

294 Vgl. Reiff, Die weitere Besiedlung Burtscheids, S. 73 und Schroeder, Beverau, S. 223.

295 Vgl. Dautzenberg, Burtscheid und seine engeren Randgebiete, S. 98.

296 Vgl. Poll, Geschichte Aachens, S. 372.

297 Vgl. Lambertz, Vortrag zum 50jährigen Bestehen, S. 3. Frau Josefine Löhrer starb am 25. Januar 1965 infolge eines Unfalls an dieser Stelle am selben Tag (vgl. Löhrer, Heinz: „Mutters Briefe an Heinz. Zur Geschichte der Familie durch 12 ½ Jahre. 1952-1964“, maschinenschriftliches Manuskript, , o. O. o. J., S. 162.

298 Vgl. „ Heiztherme für Gaszentralheizung“, in: AVZ, 05.10.1961.

299 Löhrer, „Mutters Briefe an Heinz“, S. 139.

300 Vgl. Hermann, Rosemarie (Red.): Bad Aachen – eine Stadt in der Tasche, Handbuch 1979/80, Aachen 1979, S. 99.

301 Vgl. Dux, Wirtschaftswunderzeiten, S. 5, 31, 35.

302 Vgl. Osses, Dietmar, „Komm ein bisschen mit nach Italien. Deutscher Italienurlaub in den 1950er Jahren“, in: Asfur, Anke/Dietmar Osses: Neapel – Bochum – Rimini. Arbeiten in Deutschland. Urlaub in Italien. Katalog zur Ausstellung des Westfälischen Industriemuseums Zeche Hannover, Bochum 12. Juli – 26. Oktober 2003, Essen 2003, S. 37-40.

303 Altenkrüger, Siedlung Branderhof, 1977, S. 2.

304 Vgl. Petsch, Eigenheim und gute Stube, S. 244.

305 Vgl. „Wohnkultur der 70er Jahre“, https://www.schoener-wohnen.de/einrichten/wohntrends/wohnkultur-der-70er-jahre---bild-6_12623988-12636324.html (letzter Zugriff: 01.07.2022).

306 Vgl. N. N.: in: ABB, 37 (1973), S. 39.

307 Die Firma Plum & Flecken bezog später das völlig neu errichtete Haus Weingartshof 14, unterhielt aber noch eine Zeit lang ihr Lager in der ehemaligen Backstube des Hauses Nr. 2.

308 Vgl. Dautzenberg, Burtscheid und seine engeren Randgebiete, S. 118.

309 Vgl. Petsch, Eigenheim und gute Stube, S. 233.

310 Vgl. Schroeder, Beverau, S. 186-188.

311 Vgl. N. N.: ABB, 23 (1968), S. 43 und N. N.: ABB, 35 (1972), S. 61.

312 Vgl. N. N.: ABB, 34 (1972), S. 48.

313 Vgl. Dautzenberg, Burtscheid und seine engeren Randgebiete, S. 125.

314 Vgl. Landeskonservator Rheinland (Hrsg.): Denkmälerverzeichnis, Bd. 1.2. Aachen übrige Stadtteile, unter Mitwirkung von Hans Königs, bearbeitet von Volker Osteneck, Köln 1978, S. 10.

315 Altenkrüger, Jan: Siedlung Branderhof Burtscheid, Abschlußübung Seminar Denkmalpflege, Lehrgebiet Denkmalpflege, Prof. Dr. Ingeborg Schild, Aachen [1974].

316 Altenkrüger, Siedlung Branderhof, 1977.

317 Vgl. ebd., S. 1f.

318 Vgl. Altenkrüger, Siedlung Branderhof, 1974, S. 27.

319 Vgl. ebd., S. 8, 16, 25.

320 Vgl. „Mehr Sicherheit für eine verkehrsreiche Kreuzung", in: AVZ, 25.08.1979.

321 Vgl. Altenkrüger, Siedlung Branderhof, 1974, S. 17f., 25f.

322 Vgl. Altenkrüger, Siedlung Branderhof, 1977, S. 30-32, 37f.

323 Vgl. Wernerus, „Burtscheid nach dem II. Weltkrieg", S. 20 und Maugé, M., „Kur- und Badezentrum Burtscheid", in: ABB, 55 (1980/81), S. 44-46.

324 Vgl. Hermann, Bad Aachen – eine Stadt in der Tasche, S. 200.

325 Vgl. Groetzner, Gerhard: „Kurwanderwege im Kurgebiet Burtscheid", in: AVZ, 15.08.1978.

326 Vgl. Altenkrüger, Siedlung Branderhof, 1977, S. 33f.

327 Vgl. ebd., S. 52-56.

328 Vgl. ebd., S. 1f., 23-26, 86.

329 Landeskonservator Rheinland, Denkmälerverzeichnis, Bd. 1.2., S. 39.

330 Altenkrüger, Siedlung Branderhof, 1977, S. 25.

331 Vgl. „Modernisierungsmittel 1976 zugeteilt", in: AVZ, [1976]

332 Siehe Anm. 25.

333 Siehe Anm. 117.

334 Siehe Anm. 58.

335 Vgl. Claessen, Emil/Peter Gülikers: „Herzlich willkommen. 60 Jahre: In den Heimgärten", [Aachen 1987] und Gülikers, Peter: „Straßenfest, ‚60 Jahre In den Heimgärten' am 30. August 1987", [Aachen] 1987.

336 Vgl. Raue, Helga: „Plötzlich klaffte mitten in der Friedrich-Ebert-Allee ein riesiges Loch", in: AZ, 01.02.1991.

337 Vgl. Stoffels, Alfred: „Tunneleinsturz in der Friedrich-Ebert-Allee – der Tag danach", in: AN, 02.02.1991 und „Neugierige pilgerten zum Krater", in: AN, 04.02.1991.

338 Vgl. Stoffels, Alfred: „Umgehungsstraße für das Burtscheider Loch", in: AN, 28.03.1991.

339 Vgl. „Frustriert und verärgert" [Leserbrief], in: AVZ, 17.06.1991 und Büttgens, Bernd: „Jetzt protestieren die Anwohner", in: AVZ, 22.01.1992.

340 Vgl. Sauerland, Dorothee: „Die wundersame Geschichte vom Burtscheider Loch", in: AN, 24.09.1992.

341 Vgl. „Anwohnern reicht es: Raser im Gillesbachtal", in: AVZ, 23.10.1991.

342 Vgl. Büttgens, „Jetzt protestieren die Anwohner", in: AVZ, 22.01.1992.

343 Vgl. Simons, Ulrich: „Burtscheider Loch: Nächste Woche wird auch noch gesprengt", AN, 17.11.1993 und Leisten, Hans-Peter: „Keine Angst vorm Knall!", in: AVZ, 17.11.1993.

344 Vgl. „Das Burtscheider Loch ist endlich verschwunden", in: AVZ, 05.04.1994.

345 Vgl. Klein, Hans-Dieter: „Im Freibad schwimmt der Müll", in: AN, 19.04.1990 und Stein, Nadja: „Alles verkommt. Grundstück, Gebäude und ein Schwimmbad", in: AN, 30.04.1991 sowie „Abriss des ‚Belgierbades' beginnt", in: AVZ, 23.07.1991. Der letzte Akt in Punkto Belgierbad wurde schließlich der Kahlschlag des Pappelwaldes im Jahr 1999 (vgl. dazu Czempas, Werner: „Ende für den Pappelwald", in: AN, 21.07.1999).

346 Vgl. „Im Kurgebiet: Ein Lagerplatz für Baustoffe", in: AN, 25.03.1994.

347 Vgl. Bittmann, Hanns: „Licht am Ende des Tunnels: Neuer Weg in Burtscheids Tiefen", in: AVZ, 20.05.1994 und Simons, Ulrich: „Kanalbauer knackten die letzten Zentimeter", in: AN, 20.05.1994.

348 Vgl. Klein, Hans-Dieter: „Kanalbaufirma meldet Konkurs an“, in: AN, 23.11.1994.

349 Satzung für die Erhaltung des Denkmalbereiches „In den Heimgärten“ vom 18.03.2005, § 3.

350 Vgl. Sellung, Peter: „Kindergarten und 32 Wohnhäuser“, in: AZ, 18.01.2005.

351 Vgl. „Aachen-Burtscheid. Ein neues Wohngebiet entsteht: Klostergarten“ [Anzeigen], in: AN, 27.08.2005.

352 Vgl. Schmetz, Oliver: „Burtscheid: Klostermauer soll einer Häuserzeile weichen“, in: AZ, 06.01.2004 und Dünnwald, Georg: „35 Wohneinheiten im Klostergarten“, in: AN, 18.12.2004 sowie Hautermans, Heiner: „Burtscheid: Ein Blick in den Klostergarten“, in: AN, 06.01.2006.

353 Vgl. Magazin AN/AZ, 26.04.2008.

354 Vgl. Bericht über Eingaben der Bürgerinnen und Bürger, Punkt 2.7.6.

355 Vgl. Stadt Aachen Planungsamt (Hrsg.): Gestaltungsvorgaben der Stadt Aachen zur Erhaltung und Entwicklung der Siedlung „In den Heimgärten“, Aachen [2005], S. 2.

356 Satzung über die Gestaltung baulicher Anlagen in der Siedlung „In den Heimgärten“ vom 25.05.2004; vgl. auch Lehrstuhl für Planungstheorie und Stadtentwicklung RWTH Aachen (Hrsg.): Zwei Jahre Stadtplanung. Über den Alltag kommunaler Siedlungsentwicklung. Eine Vorstudie am Beispiel der Stadt Aachen, Aachen 2006, S. 62-64.

357 Satzung für die Erhaltung des Denkmalbereiches „In den Heimgärten“ vom 18.03.2005.

358 Vgl. Machat, Christoph: „Arbeiter- und Wohnsiedlungen im Rheinland – Erfassung, Bewertung, Bedeutung“, in: Landschaftsverband Rheinland/Rheinisches Amt für Denkmalpflege (Hrsg.): Wohn- und Arbeitersiedlungen im Rheinland. Eine Zwischenbilanz aus denkmalpflegerischer Sicht, Arbeitshefte der rheinischen Denkmalpflege 67, Worms 2006, S. 94.

359 Vgl. Satzung für die Erhaltung des Denkmalbereiches, § 3.

360 Siehe Anm. 336.

361 Vgl. Bericht über Eingaben der Bürgerinnen und Bürger. Die folgenden Aussagen beziehen sich im Wesentlichen auf diesen Bericht.

362 Vgl. Kollosche-Baumann, Julia: „Siedlungsdenkmalpflege: Instandsetzung – Modernisierung – Nutzungsänderung“, in: Landschaftsverband Rheinland/Rheinisches Amt für Denkmalpflege (Hrsg.): Wohn- und Arbeitersiedlungen im Rheinland. Eine Zwischenbilanz aus denkmalpflegerischer Sicht, Arbeitshefte der rheinischen Denkmalpflege 67, Worms 2006, S. 153.

363 Vgl. Lehrstuhl für Planungstheorie und Stadtentwicklung RWTH Aachen (Hrsg.): Zwei Jahre Stadtplanung, S. 62.

364 Vgl. Bericht über Eingaben der Bürgerinnen und Bürger, Punkt 2.7.6.

365 Vgl. Landeskonservator Rheinland, Denkmälerverzeichnis, Bd. 1.2, S. 39.

366 Vgl. Machat, Christoph: „Arbeiter- und Wohnsiedlungen im Rheinland“, S. 81 und Sutthoff, Ludger J.: „Vom Firmensitz zum Einzeleigentum“, in: Landschaftsverband Rheinland/Rheinisches Amt für Denkmalpflege (Hrsg.): Wohn- und Arbeitersiedlungen im Rheinland. Eine Zwischenbilanz aus denkmalpflegerischer Sicht, Arbeitshefte der rheinischen Denkmalpflege 67, Worms 2006, S. 100.

367 Freundliche Auskunft von Herrn Dr. Thomas Goege, ehemals LVR, am 13.02.2022 und Frau Sophie Buggert, Bezirksregierung Köln, am 22.02.2022.

368 Vgl. Dux, Holger A.: „Gesicht einer historischen Siedlung erhalten“, in: AZ, 29.07.2003.

369 Vgl. Janßen-Schnabel, Elke: „Aachen-Burtscheid. In den Heimgärten, Siedlung“, in: Landschaftsverband Rheinland/Rheinisches Amt für Denkmalpflege (Hrsg.): Denkmalbereiche im Rheinland, Arbeitshefte der rheinischen Denkmalpflege 83, Petersberg 2016, S. 79.

370 Vgl. Satzung für die Erhaltung des Denkmalbereiches, § 3.

371 Vgl. „Gilles. Sanierung und Ausbau eines Siedlungshauses aus den 30er Jahren“, https://www.homify.de/projekte/551944/gilles-sanierung-und-ausbau-eines-siedlungshauses-aus-den-30er-jahren (letzter Zugriff: 01.07.2022).

372 Vgl. Bericht über Eingaben der Bürgerinnen und Bürger, Punkt 2.8.2.

373 Vgl. Goege, Thomas: „Widerstreit öffentlicher Interessen: Landespolitische Ziele der Energieeinsparung contra Denkmalpflege am Beispiel der Kölner Siedlung Vingst III“, in: Landschaftsverband Rheinland/Rheinisches Amt für Denkmalpflege (Hrsg.): Wohn- und Arbeitersiedlungen im Rheinland. Eine Zwischenbilanz aus denkmalpflegerischer Sicht, Arbeitshefte der rheinischen Denkmalpflege 67, Worms 2006, S. 167.

374 Vgl. „Förderprogramm: Energiesparende Maßnahmen im Gebäude“, https://www.aachen.de/DE/stadt_buerger/energie/gebaeude_effizienz/altbau/index.html (letzter Zugriff: 01.07.2022).

375 Vgl. Pop-Up Campus Zukunft Bau Fördern Forschen Entwickeln https://pop-up-campus.de/?tribe_events=in-den-heimgaerten (letzter Zugriff: 01.07.2022).

376 Vgl. Delonge, Andrea: „Wer ist hier eigentlich gefragt worden?“, in: AN, 17.03.2022 und dpa: „Ein neues Gesetz trotz vieler Proteste“, in: AN, 07.04.2022.

377 Vgl. Sutthoff, Ludger J.: „Erwartungen an die zukünftige Siedlungsdenkmalpflege“, in: Landschaftsverband Rheinland/Rheinisches Amt für Denkmalpflege (Hrsg.): Wohn- und Arbeitersiedlungen im Rheinland. Eine Zwischenbilanz aus denkmalpflegerischer Sicht, Arbeitshefte der rheinischen Denkmalpflege 67, Worms 2006, S. 184.

378 Vgl. ders., „Reaktion des Staates und der Kommunen“, in: Landschaftsverband Rheinland/Rheinisches Amt für Denkmalpflege (Hrsg.): Wohn- und Arbeitersiedlungen im Rheinland. Eine Zwischenbilanz aus denkmalpflegerischer Sicht, Arbeitshefte der rheinischen Denkmalpflege 67, Worms 2006, S. 135.

379 Vgl. Hollmann, Birgitta/Monika Nelißen: „Der Gillesbach – Aachens Felsenbach“, in: Ökologie-Zentrum Aachen e.V. (Hrsg.): Die Aachener Bäche, Aachen 2021, S. 71.

380 Vgl. Sutthoff, „Reaktionen des Staates und der Kommunen“, S. 134.

381 Vgl. ders., „Erwartungen an die zukünftige Siedlungsdenkmalpflege“, S. 197.

382 Vgl. Quix, Historisch=topographische Beschreibung der Stadt Burtscheid, S. 18.

383 Ein Chronogramm ist eine lateinische Inschrift, in der die Jahreszahl eines geschichtlichen Ereignisses versteckt ist. Man ermittelt sie, indem man den Zahlenwert derjenigen Buchstaben, die im Lateinischen zugleich Ziffern sind, addiert (vgl. PT, 07.09.1932).

384 Vgl. Quix, Historisch=topographische Beschreibung der Stadt Burtscheid, S. 27.

385 Vgl. Königs, „Der Branderhof“, 03.02.1960 und 04.02.1960.

386 Vgl. Schroeder, Geschichte der Beverau, S. 96.

387 „Ställe weichen einem Wohngebiet“, in: AZ, 10.10.2014.

388 Vgl. Hautermans, Heiner: „Bürger kämpfen gegen Bebauung auf der Beverau“; in: AN 01.07.2014 sowie ders., „Proteststurm schon gegen den Vorentwurf“; in: AN, 02.08.2014 und „Um verlassenes Gut Branderhof entsteht ein Wohngebiet“, in: AN, 06.08.2014 und „Im Hintergrund geht es auch um das große Geld“; in: AN, 09.08.2014.

389 Leisten, Hans-Peter: „Furcht vor einer zu hohen Häuserfront“, in: AN, 01.05.2021.

390 Vgl. Forst, Ludwina: „Aachen im Sucher. Fotos aus den Jahren 1939-1950“, in: Pohle, Frank et al. (Hrsg.): Der Krieg ist aus. Politik, Alltag und Medien in Aachen, Begleitband zu den Ausstellungen im Centre Charlemagne, Couven Museum und Internationalen Zeitungsmuseum anlässlich des 75. Jahrestages des Endes des Zweiten Weltkriegs, Aachen 2019, S. 151.

391 Vgl. Schimek, Michael: „Der Foto-Eisbär – Ein ungewöhnlicher Erinnerungsträger an schöne Augenblicke“, in: Hartmann, Andreas (Hrsg.): Die Macht der Dinge. Symbolische Kommunikation und kulturelles Handeln, Münster 2011, S. 430-440.

392 Vgl. Poll, Geschichte Aachens, S. 318.

393 Vgl. Bischops, 150 Jahre Schule Michaelsbergstraße, S. 70.

394 Vgl. Forst, Königs Weg, S. 65.

395 Vgl. EdG, 30.09.1927.

396 Vgl. EdG, 16.01.1932 und 17.06.1933.

397 Vgl. Adressbuch Aachen, 1933 und 1934.

398 Vgl. Jähner, Horst: Bert Heller, Berlin 1959, S. 46.

399 Hermanns, Will: Aachener Käuze. Straßenfiguren und Stadtoriginale aus der guten alten Zeit. Mit Federzeichnungen von Bert Heller, Aachen 1935.

400 Institut für Deutsche Kultur- und Wirtschaftspropaganda, Kreisleitung der NSDAP, Regierung und Stadtverwaltung (Hrsg.): Führer durch die Ausstellung „Schaffendes Grenzland“ Aachen vom 7. Oktober bis 16. Oktober 1938 im Neuen Kurhaus, Aachen 1938, S. 10 und PT, 04.10.1938.

401 Vgl. ebd., S. 32, 53 und PT, 08.10.1938.

402 Städtisches Verkehrsamt (Hrsg.): Kur- und Verkehrszeitung Aachener Leben, 1938/39, 1 und Intendant des Stadttheaters Aachen (Hrsg.): Dem Stadttheater zur neuen Spielzeit 1939/40. Graphische Gestaltung und Zeichnungen: Bert Heller, Aachen 1939/40.

403 Hermanns, Will/Nikolaus Peren (Hrsg.): Der neue Führer durch Stadt und Bad Aachen mit vielen Bildern und Plänen, Aachen [um 1940].

404 Vgl. Jähner, Heller, S. 6.

405 Vgl. Lang, Lothar: Bert Heller, Dresden 1970, S. 1f.

406 Vgl. Klee, Ernst: Das Kulturlexikon zum Dritten Reich. Wer war was vor und nach 1945, Frankfurt 2007, S. 232.

Abb. 205: Blick in die Heimgärten (Anfang 1950er Jahre)

Quellen- und Literaturverzeichnis

Archivquellen (Stadtarchiv Aachen):

3. Sitzung der Stadtverordneten-Versammlung im Stadtverordneten-Sitzungssaal des alten Rathauses, Freitag, den 20. Februar 1925, TOP 13, S. 49
6. Sitzung der Stadtverordneten-Versammlung im Stadtverordneten-Sitzungssaal des alten Rathauses, Freitag, den 30. Juli 1926, TOP 10, S. 103
6. Sitzung der Stadtverordneten-Versammlung im Stadtverordneten-Sitzungssaal des alten Rathauses, Freitag, den 27. Juli 1927, TOP 8, S. 77

Gedruckte Quellen und Literatur:

Asfur, Anke/Dietmar Osses: Neapel – Bochum – Rimini. Arbeiten in Deutschland. Urlaub in Italien. Katalog zur Ausstellung des Westfälischen Industriemuseums Zeche Hannover, Bochum 12. Juli – 26. Oktober 2003, Essen 2003

Bischops, Klaus: 150 Jahre Schule Michaelsbergstraße Aachen-Burtscheid (1862-2012), Aachen 2012

Bosch GmbH (Hrsg.): Bosch Küchenmaschine Bedienungsanleitung Rezepte, Stuttgart 1958

Buschmann, Walter: „Wohn- und Arbeitersiedlungen im Rheinland. Ein 30jähriges Forschungsthema mit Vorgeschichte“, in: Landschaftsverband Rheinland/Rheinisches Amt für Denkmalpflege (Hrsg.): Wohn- und Arbeitersiedlungen im Rheinland. Eine Zwischenbilanz aus denkmalpflegerischer Sicht, Arbeitshefte der rheinischen Denkmalpflege 67, Worms 2006, S.13-35

Bussiek, Dagmar: „Eintopf für die Volksgemeinschaft. Die Kultur des Alltags unter den Bedingungen der Diktatur“, in: Faulstich, Werner (Hrsg.): Die Kultur der 30er und 40er Jahre, München 2009, S. 43-55

Curdes, Gerhard: Die Entwicklung des Aachener Stadtraumes. Der Einfluß von Leitbildern und Innovationen auf die Form der Stadt, Dortmund 1999

Dautzenberg, Bernhard: Burtscheid und seine engeren Randgebiete einst – damals – heute, dargestellt in Daten von 997 bis 1976, Aachen 1976

Delille, Angela (Hrsg.): Perlonzeit. Wie die Frauen ihr Wirtschaftswunder erlebten, Berlin 1985

Delille, Angela/Andrea Grohn: „Komfort im Reich der Frau“, in: Delille, Angela (Hrsg.): Perlonzeit. Wie die Frauen ihr Wirtschaftswunder erlebten, Berlin 1985, S. 126-133

Dies.: „Wir wollten wieder schön sein. Mode, Schönheit, Hygiene“, in: Delille, Angela (Hrsg.): Perlonzeit. Wie die Frauen ihr Wirtschaftswunder erlebten, Berlin 1985, S.152-162

Detiège, Dieter: Kleine Familien- und Firmenfestschrift Hans Hugot u. Sohn GmbH u. Co. KG, Aachen 2000

Detiège, Dieter/Holger A. Dux/Kurt Jünger (Hrsg.): Burtscheider Lesebuch, Gesellschaft Burtscheid für Geschichte und Gegenwart e.V., Schriften Band 10, Aachen 2003

Doerenkamp, Helmut/Kurt Jünger: Die Zerstörung des alten Burtscheid im Zweiten Weltkrieg, Gesellschaft Burtscheid für Geschichte und Gegenwart e.V., Schriften Band 1, Aachen 1984

Doerenkamp, Helmut und Ingrid: St. Michael Aachen-Burtscheid, Aachen 1986

Dux, Holger A.: Burtscheid – wie es früher war, Gudensberg-Gleichen 2001

Ders.: Hier trinkt man Köppelchen! Vom Café ‚Einmal', dem Samstag-Badetag … und weiteren Ameröllchen aus dem alten Aachen, Kassel 2004

Ders.: Weißt du noch? Geschichten und Anekdoten aus Aachen in Wirtschaftswunderzeiten, Kassel 2007

Ders.: Aachen so wie es war, Düsseldorf 2011

Emunds, Paul: Mit 15 an die Kanonen, Aachen 1975

Engels, Ludwig: „Aus Alt-Burtscheid. Die Zwanzig Morgen einst und jetzt", in: Detiège, Dieter et al. (Hrsg.): Burtscheider Lesebuch, Gesellschaft Burtscheid für Geschichte und Gegenwart e.V., Schriften Band 10, Aachen 2003, S. 133-137

Ders.: „Zur Schulgeschichte der ehemaligen Stadt Burtscheid", in: Detiège, Dieter et al. (Hrsg.): Burtscheider Lesebuch, S. 139-160

Faulstich, Werner (Hrsg.): Die Kultur der 30er und 40er Jahre, München 2009

Ferchhoff, Wilfried: „Jugendkulturen in der NS-Zeit", in: Faulstich, Werner (Hrsg.): Die Kultur der 30er und 40er Jahre, München 2009, S. 71-89

Fischer, Barbara: „Kurze Entwicklungsgeschichte des Wohn- und Arbeitersiedlungsbaues im Rheinland", in: Landschaftsverband Rheinland/Rheinisches Amt für Denkmalpflege (Hrsg.): Wohn- und Arbeitersiedlungen im Rheinland. Eine Zwischenbilanz aus denkmalpflegerischer Sicht, Arbeitshefte der rheinischen Denkmalpflege 67, Worms 2006, S. 36-75

Forst, Ludwina: Königs Weg – auf den Spuren des 1. Aachener Stadtkonservators Hans Königs (1903-1988), Aachen 2008

Dies.: „Aachen im Sucher. Fotos aus den Jahren 1939-1950", in: Pohle, Frank et al. (Hrsg.): Der Krieg ist aus. Politik, Alltag und Medien in Aachen, Begleitband zu den Ausstellungen im Centre Charlemagne, Couven Museum und Internationalen Zeitungsmuseum anlässlich des 75. Jahrestages des Endes des Zweiten Weltkriegs, Aachen 2019, S. 150-161

Gasten, Elmar: Aachen in der Zeit der nationalsozialistischen Herrschaft 1933-1944, Diss. Köln, Europäische Hochschulschriften, Reihe 3: Geschichte und ihre Hilfswissenschaften, Bd. 541, Frankfurt a.M. 1993

Goege, Thomas: „Widerstreit öffentlicher Interessen: Landespolitische Ziele der Energieeinsparung contra Denkmalpflege am Beispiel der Kölner Siedlung Vingst III", in: Landschaftsverband Rheinland/Rheinisches Amt für Denkmalpflege (Hrsg.): Wohn- und Arbeitersiedlungen im Rheinland. Eine Zwischenbilanz aus denkmalpflegerischer Sicht, Arbeitshefte der rheinischen Denkmalpflege 67, Worms 2006, S. 167-171

Grafen, Heinz: Schule St. Johann Gruppe B, Kleverstraße 2-4. Ein Stück der Geschichte Burtscheids 1896-1965, Aachen um 1988

Gut, Albert: Der Wohnungsbau in Deutschland nach dem Weltkriege, München 1928

Hartmann, Andreas (Hrsg.): Die Macht der Dinge. Symbolische Kommunikation und kulturelles Handeln, Münster 2011

Hassel, Erich (Hrsg.): Deutsches Philologen-Blatt, 42. Jg., H. 46 (1934), „Schulgemeinde und Jugendwalter", Leipzig 1934

Heidtmann, Jan et. al.: Dinge, die es (so) nicht mehr gibt. Ein Album der Erinnerungen, München/London/New York 2015

Hermann, Rosemarie (Red.): Bad Aachen – eine Stadt in der Tasche, Handbuch 1979/80, Aachen 1979

Hermanns, Will: Aachener Käuze. Straßenfiguren und Stadtoriginale aus der guten alten Zeit. Mit Federzeichnungen von Bert Heller, Aachen 1935

Hermanns, Will/Nikolaus Peren (Hrsg.): Der neue Führer durch Stadt und Bad Aachen mit vielen Bildern und Plänen, Aachen [um 1940]

Hollmann, Birgitta/Monika Nelißen: „Der Gillesbach – Aachens Felsenbach", in: Ökologie-Zentrum Aachen e.V. (Hrsg.): Die Aachener Bäche, Aachen 2021, S. 67-74

Howard, Ebenezer: Garden Cities of To-Morrow, London 1902

Hugot, Yvonne: „Die Hitlerjugend in Aachen bis 1936", in: ZAGV, Bd. 107/108 (2005/2006), S. 437-466

Huyskens, Albert (Hrsg.): Deutschlands Städtebau – Aachen, Berlin-Halensee 1928

Institut für Deutsche Kultur- und Wirtschaftspropaganda, Kreisleitung der NSDAP, Regierung und Stadtverwaltung (Hrsg.): Führer durch die Ausstellung „Schaffendes Grenzland" Aachen vom 7. Oktober bis 16. Oktober 1938 im Neuen Kurhaus, Aachen 1938

Intendant des Stadttheaters Aachen (Hrsg.): Dem Stadttheater zur neuen Spielzeit 1939/40. Graphische Gestaltung und Zeichnungen: Bert Heller, Aachen 1939/40

Jähner, Horst: Bert Heller, Berlin 1959

Janßen-Schnabel, Elke: „Aachen-Burtscheid. In den Heimgärten, Siedlung", in: Landschaftsverband Rheinland/Rheinisches Amt für Denkmalpflege (Hrsg.): Denkmalbereiche im Rheinland, Arbeitshefte der rheinischen Denkmalpflege 83, Petersberg 2016, S. 77-79

Kerz, Philipp: Die Neue Stadtbaukunst – Aachen, Berlin/Leipzig/Wien 1928

Kirschgens, Albert/Gerd Spelsberg: Einigkeit statt Recht und Freiheit. Aachen 1933, Aachen 1983

Klee, Ernst: Das Kulturlexikon zum Dritten Reich. Wer war was vor und nach 1945, Frankfurt 2007

Kloß, Klaus-Peter: Siedlungen der 20er Jahre. Großsiedlung Britz Hufeisensiedlung – Waldsiedlung Zehlendorf, Onkel Tom's Hütte – Großsiedlung Siemensstadt – Weiße Stadt, Großsiedlung Schillerpromenade, Berlin 1982

Kollosche-Baumann, Julia: „Siedlungsdenkmalpflege: Instandsetzung – Modernisierung – Nutzungsänderung", in: Landschaftsverband Rheinland/Rheinisches Amt für Denkmalpflege (Hrsg.): Wohn- und Arbeitersiedlungen im Rheinland. Eine Zwischenbilanz aus denkmalpflegerischer Sicht, Arbeitshefte der rheinischen Denkmalpflege 67, Worms 2006, S. 148-155

Lammerz, Friedrich von: „Der städtische Wohnungsbau in Aachen in den Jahren 1925-1928, in: Huyskens, Albert (Hrsg.): Deutschlands Städtebau – Aachen, Berlin-Halensee 1928, S. 97-107

Landeskonservator Rheinland (Hrsg.): Denkmälerverzeichnis, Bd. 1.2. Aachen übrige Stadtteile, unter Mitwirkung von Hans Königs, bearbeitet von Volker Osteneck, Köln 1978

Landschaftsverband Rheinland/Rheinisches Amt für Denkmalpflege (Hrsg.): Wohn- und Arbeitersiedlungen im Rheinland. Eine Zwischenbilanz aus denkmalpflegerischer Sicht, Arbeitshefte der rheinischen Denkmalpflege 67, Worms 2006

Landschaftsverband Rheinland/Rheinisches Amt für Denkmalpflege (Hrsg.): Denkmalbereiche im Rheinland, Arbeitshefte der rheinischen Denkmalpflege 83, Petersberg 2016

Landschaftsverband Rheinland/Rheinisches Amt für Denkmalpflege (Hrsg.) Reihe: Die Bau- und Kunstdenkmäler von Nordrhein-Westfalen I. Rheinland, Pufke, Andrea: Siedlungen in Nordrhein-Westfalen, Rheinschiene, Band 1: Bergisch-Gladbach bis Köln, Band 2: Königswinter bis Wuppertal, Petersberg 2021

Lang, Lothar: Bert Heller, Dresden 1970

Lehrstuhl für Planungstheorie und Stadtentwicklung RWTH Aachen (Hrsg.): Zwei Jahre Stadtplanung. Über den Alltag kommunaler Siedlungsentwicklung. Eine Vorstudie am Beispiel der Stadt Aachen, Aachen 2006

Longerich, Peter: Deutschland 1918-1933. Die Weimarer Republik. Handbuch zur Geschichte, Hannover 1995

Machat, Christoph: „Arbeiter- und Wohnsiedlungen im Rheinland – Erfassung, Bewertung, Bedeutung“, in: Landschaftsverband Rheinland/Rheinisches Amt für Denkmalpflege (Hrsg.): Wohn- und Arbeitersiedlungen im Rheinland. Eine Zwischenbilanz aus denkmalpflegerischer Sicht, Arbeitshefte der rheinischen Denkmalpflege 67, Worms 2006, S. 76-96

Mai, Karl Heinz/Herbert Günther: Wir Kinder von früher. Bilder und Geschichten aus einer anderen Zeit, Leipzig 2011

Mann, Albrecht: Unser Aachen heute. Aachens Architektur im Stilwandel des 20. Jahrhunderts, Aachen 1998

Meyer, Lutz Henning (Bearb.): Denkmalbereich Aachen Innenstadt/Pufferzone Dom, in: Landschaftsverband Rheinland/Rheinisches Amt für Denkmalpflege (Hrsg.): Gutachten, Denkmalbereich Aachen Innenstadt, Gutachten in 2 Teilen, Teil 1, Pulheim 2008

N. N.: Dauergartenverein Branderhof 1923-1973, Aachen 1973

N. N.: 70 Jahre Familien-Dauergartenverein Branderhof 1923-1993, Aachen 1993

Ökologie-Zentrum Aachen e.V. (Hrsg.): Die Aachener Bäche, Aachen 2021

Osses, Dietmar, „Komm ein bisschen mit nach Italien. Deutscher Italienurlaub in den 1950er Jahren“, in: Asfur, Anke/Dietmar Osses: Neapel – Bochum – Rimini. Arbeiten in Deutschland. Urlaub in Italien. Katalog zur Ausstellung des Westfälischen Industriemuseums Zeche Hannover, Bochum 12. Juli – 26. Oktober 2003, Essen 2003, S. 35-41

Pape, Matthias: Umbrüche. Die Region Aachen vom Roer-Département zur Städteregion, Aachen 2009

Peter, Christof et al.: Spurensicherung. Spaziergänge entlang der Aachener Bäche, Aachen 1983

Petsch, Joachim: Eigenheim und gute Stube. Zur Geschichte des bürgerlichen Wohnens, Köln 1989

Pohle, Frank et al. (Hrsg.): Der Krieg ist aus. Politik, Alltag und Medien in Aachen, Begleitband zu den Ausstellungen im Centre Charlemagne, Couven Museum und Internationalen Zeitungsmuseum anlässlich des 75. Jahrestages des Endes des Zweiten Weltkriegs, Aachen 2019

Poll, Bernhard (Hrsg.): Geschichte Aachen in Daten, Aachen 1960

Pufke, Andrea (Hrsg.): Siedlungen in Nordrhein-Westfalen. Rheinschiene, Band 1: Bergisch-Gladbach bis Köln, Band 2: Königswinter bis Wuppertal, Petersberg 2021, hrsg. vom Landschaftsverband Rheinland/Rheinisches Amt für Denkmalpflege, Reihe: Die Bau- und Kunstdenkmäler von Nordrhein-Westfalen I. Rheinland

Quix, Christian: Aachen und dessen Umgebungen, Frankfurt 1818

Ders.: Historisch=topographische Beschreibung der Stadt Burtscheid, mit 61 Urkunden, Nachdruck der Ausgabe von 1832, Aachen 1976

Reiff, Friedrich: Die weitere Besiedlung Burtscheids zwischen 1920 und 1985, Gesellschaft Burtscheid für Geschichte und Gegenwart e.V., Schriften Band 3, Aachen 1986

Römling, Michael: Aachen. Geschichte einer Stadt, Soest 2007

Schäffer, Gisela: „New Look und Nietenhosen. Mode der 1950er Jahre“, in: Pohle, Frank et al. (Hrsg.): Der Krieg ist aus. Politik, Alltag und Medien in Aachen, Begleitband zu den Ausstellungen im Centre Charlemagne, Couven Museum und Internationalen Zeitungsmuseum anlässlich des 75. Jahrestages des Endes des Zweiten Weltkriegs, Aachen 2019, S. 233-236

Schimek, Michael: „Der Foto-Eisbär – Ein ungewöhnlicher Erinnerungsträger an schöne Augenblicke“, in: Hartmann, Andreas (Hrsg.): Die Macht der Dinge. Symbolische Kommunikation und kulturelles Handeln, Münster 2011, S. 429-442

Schmidt-Hermsdorf, Christian u. Gabriele (Bearb.): Stadtlesebuch. Ein historischer Längsschnitt durch die Aachener Stadtentwicklung, Lehrstuhl für Planungstheorie der RWTH Aachen, Werkberichte, Reihe Planungsgeschichte 2, Aachen 1984

Schroeder, Walter: Geschichte der Beverau, Aachen 2019

Schumacher, Fritz: Die Kleinwohnung. Studien zur Wohnungsfrage, Leipzig 1917

Schwartzenberg, Heinrich von: Zwischen Beverbach und Gillesbach, Gesellschaft Burtscheid für Geschichte und Gegenwart e.V., Schriften Band 2, Aachen 1985

Ders.: Alte Höfe in Burtscheid, Aachen 2000

Selle, Gert: Geschichte des Design in Deutschland, Frankfurt am Main/New York 1994

Servais, Albert: Der Wohnungsbau in Aachen in den Jahren 1920-1927, hrsg. im Auftrage des Oberbürgermeisters Farwick, Aachen 1927

Ders.: „Der Wohnungsbau in Aachen“, in: Huyskens, Albert (Hrsg.): Deutschlands Städtebau – Aachen, Berlin-Halensee 1928, S. 92-96

Siemons, Hans: Kriegsalltag in Aachen, Aachen 1998

Simeon, J.: Das Verkehrswesen des Aachener Gebietes in Vergangenheit und Gegenwart. Der Aachener Kleinbahn-Gesellschaft zum 50jährigen Bestehen 1930, Aachener Beiträge zur Heimatkunde, Aachen 1930

Sitte, Camillo: Der Städte-Bau nach seinen künstlerischen Grundsätzen, Wien 1889

Sowa, Axel/Ariane Wilson: Aachen nach 1945, Fakten und Debatten zum Wiederaufbau. Wissenschaftliche Schriften an der Fakultät für Architektur, Band 10, Aachen 2013

Storz, Bernd: Wir sind die Jungen der 50er und 60er Jahre, Gudensberg-Gleichen 2004

Sutthoff, Ludger J.: „Vom Firmensitz zum Einzeleigentum“, in: Landschaftsverband Rheinland/Rheinisches Amt für Denkmalpflege (Hrsg.): Wohn- und Arbeitersiedlungen im Rheinland. Eine Zwischenbilanz aus denkmalpflegerischer Sicht, Arbeitshefte der rheinischen Denkmalpflege 67, Worms 2006, S. 99-108

Ders.: „Erwartungen an die zukünftige Siedlungsdenkmalpflege“, in: Landschaftsverband Rheinland/Rheinisches Amt für Denkmalpflege (Hrsg.): Wohn- und Arbeitersiedlungen im Rheinland. Eine Zwischenbilanz aus denkmalpflegerischer Sicht, Arbeitshefte der rheinischen Denkmalpflege 67, Worms 2006, S. 181-200

Ders.: „Reaktion des Staates und der Kommunen“, in: Landschaftsverband Rheinland/Rheinisches Amt für Denkmalpflege (Hrsg.): Wohn- und Arbeitersiedlungen im Rheinland. Eine Zwischenbilanz aus denkmalpflegerischer Sicht, Arbeitshefte der rheinischen Denkmalpflege 67, Worms 2006, S. 127-141

Wernerus, Josef: „Burtscheid nach dem II. Weltkrieg. Planung, Wiederaufbau und Entwicklung als Teil der Stadt Aachen“, in: Gesellschaft Burtscheid für Geschichte und Gegenwart e.V., Band 9, 2003, S. 177-239

Wodarz, Corinna: Unser Haushalt in den 50er und 60er Jahren, Gudensberg-Gleichen 2007

Zanger, Octavia: „Veränderungen in den Lebensumständen und Wohnansprüchen der Bewohner von Siedlungen“, in: Landschaftsverband Rheinland/Rheinisches Amt für Denkmalpflege (Hrsg.): Wohn- und Arbeitersiedlungen im Rheinland. Eine Zwischenbilanz aus denkmalpflegerischer Sicht, Arbeitshefte der rheinischen Denkmalpflege 67, Worms 2006, S. 109-126

Zimmer, Dieter: Alles in Butter. Eine liebenswert-turbulente Familienchronik aus wirtschaftswunderlichen Zeiten, Bern und München 1980

Amtliche Texte (Stadt Aachen):

Verwaltungsbericht der Stadt Aachen, zugleich Bericht über den bisherigen Wiederaufbau (1. Dezember 1944 bis 31. Dezember 1946), Aachen, im Mai 1947

Statistisches Amt der Stadt Aachen (Hrsg.): Verwaltungsbericht der Stadt Aachen für das Jahr 1949, Aachen, im März 1950

Statistisches Amt der Stadt Aachen (Hrsg.): Verwaltungsbericht der Stadt Aachen für das Jahr 1951, Aachen im Aufbau 1951, Aachen, im April 1952

Statistisches Amt der Stadt Aachen (Hrsg.): Verwaltungsbericht der Stadt Aachen für das Jahr 1952, Aachen im Aufbau, Aachen, im April 1953

Statistisches Amt der Stadt Aachen (Hrsg.): Verwaltungsbericht der Stadt Aachen für das Jahr 1953, Aachen im Aufbau, Aachen, im April 1954

Stadt Aachen (Hrsg.): Aachen. Eine Stadt an der Grenze baut auf, Monographien des Bauwesens, Folge 14, Stuttgart 1965
Stadt Aachen (Hrsg.): Aachen Planung Aufbau Fortschritt, Monographien des Bauwesens, Folge 29, Stuttgart 1965

Statistisches und Meldeamt der Stadt Aachen (Hrsg.): Stadt Aachen 1955-1975. Zwanzig Jahre kommunale Arbeit. Bericht des Oberstadtdirektors, Aachen 1975

Satzung über die Gestaltung baulicher Anlagen in der Siedlung „In den Heimgärten" vom 25.05.2004

Satzung für die Erhaltung des Denkmalbereiches „In den Heimgärten" vom 18.03.2005

Stadt Aachen Planungsamt (Hrsg.): Gestaltungsvorgaben der Stadt Aachen zur Erhaltung und Entwicklung der Siedlung „In den Heimgärten", Aachen [2005]

Bericht über Eingaben der Bürgerinnen und Bürger [der Siedlung Branderhof] und Stellungnahme der Verwaltung, Punkt 2.0 bis 2.8.4, [Aachen] o. J.

Ungedruckte Manuskripte und Erinnerungen:

Altenkrüger, Jan: Siedlung Branderhof Burtscheid, Abschlußübung Seminar Denkmalpflege, Lehrgebiet Denkmalpflege, Prof. Dr. Ingeborg Schild, Aachen [1974]

Ders.: Siedlung Branderhof Burtscheid, Große Studienarbeit Lehrgebiet Denkmalpflege, Prof. Dr. Ingeborg Schild, Stolberg-Dorff 1977

Claessen, Emil/Peter Gülikers: „Herzlich willkommen. 60 Jahre: In den Heimgärten", [Aachen 1987]

Gülikers, Peter: „Straßenfest ‚60 Jahre In den Heimgärten' am 30. August 1987", [Aachen] 1987

Haak, Galina: Entstehung und Entwicklung einer denkmalgeschützten Siedlung in Burtscheid, dargestellt am Beispiel der Wohnsiedlung „Branderhof" im Zeitraum von 1927 bis heute, Facharbeit im Fach Euregio Maas-Rhein am Einhard-Gymnasium, Aachen 2006

Jonas, Adolf: „Erinnerungen an fast Vergessenes", maschinenschriftliches Manuskript, Aachen 1986

Lambertz, Paul: Vortrag zum 50jährigen Bestehen der Siedlung Branderhof, gehalten 1977 im Pfarrheim St. Michael, Zeise

Landschaftsverband Rheinland/Rheinisches Amt für Denkmalpflege (Hrsg.): Denkmalbereich Aachen Innenstadt, Gutachten in 2 Teilen, Teil 1: Meyer, Lutz Henning (Bearb.): Denkmalbereich Aachen Innenstadt/Pufferzone Dom, Teil 2: Janssen-Schnabel, Elke (Bearb.): Denkmalbereich Aachen-Innenstadt, Pulheim 2008

Löhrer, Heinz (1931-2020): „Kriegszeit, Erinnerungen“, maschinenschriftliches Manuskript, o. O. o. J.

Löhrer, Heinz (1931-2020): „Nachkriegszeit (1945-1949)“, maschinenschriftliches Manuskript, o. O. 2015

Löhrer, Heinz (1931-2020): „Mutters Briefe an Heinz. Zur Geschichte der Familie durch 12 ½ Jahre. 1952-1964“, maschinenschriftliches Manuskript, o. O. o. J.

Löhrer, Josefine (1900-1965): Brief an Käthe, Aachen 27.04.1944

Mathissen, Herbert: Siedlung Branderhof – Beobachtungen und Anmerkungen zu Architektur und Städtebau, Aachen 2021

Pauls, Hubert: „25 Jahre Gartengroßsiedlung Branderhof“, maschinenschriftliches Manuskript des Festvortrags zum 25jährigen Bestehen der Siedlung“, hrsg. von der IG Branderhof im Oktober 1952

Artikel aus Zeitschriften und Magazinen in chronologischer Reihenfolge:

Aachener Leben:
N. N.: „Kurz belichtet“, in: Kur- und Werbeamt der Stadt Aachen (Hrsg.): Aachener Leben. Kur- und Fremdenverkehrs-Zeitschrift der Stadt Aachen, Nr. 1, 1. Januar 1958, 4. Jahrgang

N. N.: „Aachen baut weitere Schulen“, in: Kur- und Werbeamt der Stadt Aachen (Hrsg.): Aachener Leben. Kur- und Fremdenverkehrs-Zeitschrift der Stadt Aachen, Nr. 17, 1. September 1960, 6. Jahrgang

Aachen. Bilder und Berichte (ABB):
Koppen, Bodo von: „Das Gillesbachtal. Ein Kleinod der Aachener Landschaft“, in: ABB, 6 (1962), S. 16-19

N. N.: ABB, 23 (1968), S. 43

Mähnhardt, A.: „Ein großer Sohn seiner Vaterstadt: Albert Servais“, ABB, 34 (1972), S. 40

N. N.: ABB, 34 (1972), S. 48

N. N.: ABB, 35 (1972), S. 61

N. N.: ABB, 37 (1973), S. 39

Maugé, M.: „Kur- und Badezentrum Burtscheid“, in: AAB, 55 (1980/81), S. 44-46

Stadtmagazin Bad Aachen:
Pilgram, Hermann Josef: „Einfamilienhaus-Siedlung Branderhof“, in: Bad Aachen, Dez. 1997, S. 10-12

Nelsen, Heike: „Happy Birthday, Fernsehen! Vor 50 Jahren eroberten die Flimmerkisten Aachen”, in: Bad Aachen. Das Stadtmagazin mit Durchblick, Oktober 2002, S. 48

Artikel aus den Aachener Zeitungen Aachener Volkszeitung (AVZ), Aachener Zeitung (AZ) und Aachener Nachrichten (AN) in chronologischer Reihenfolge:

„Aachen baut auf“, Sonderbeilage AVZ, Nr. 100, Samstag, 16.10.1948

„Es geht aufwärts in Burtscheid. Wiedereröffnung der Volksschule Michaelsberg“, in: AN, 21.01.1950

„Burtscheider auf dem Wege nach Kevelaer“, in: AVZ, 13.08.1955

Königs, Hans: „Der Branderhof und seine Besitzer“, in: AVZ, 03.02.1960 und 04.02.1960

„Heiztherme für Gaszentralheizung“, in: AVZ, 05.10.1961

„Als Aachens Uhren stehen blieben“, in: AVZ, 11.04.1964

„Modernisierungsmittel 1976 zugeteilt“, in: AVZ, [1976]

Groetzner, Gerhard: „Kurwanderwege im Kurgebiet Burtscheid“, AVZ, 15.08.1978

„Mehr Sicherheit für eine verkehrsreiche Kreuzung“, in: AVZ, 25.08.1979

Klein, Hans-Dieter: „Im Freibad schwimmt der Müll“, in: AN, 19.04.1990

Raue, Helga: „Plötzlich klaffte mitten in der Friedrich-Ebert-Allee ein riesiges Loch“, in: AZ, 01.02.1991

Stoffels, Alfred: „Tunneleinsturz in der Friedrich-Ebert-Allee – der Tag danach“, in: AN, 02.02.1991

„Neugierige pilgerten zum Krater“, in: AN, 04.02.1991

Stoffels, Alfred: „Umgehungsstraße für das Burtscheider Loch“, in: AN, 28.03.1991

Stein, Nadja: „Alles verkommt. Grundstück, Gebäude und ein Schwimmbad“, in: AN, 30.04.1991

„Frustriert und verärgert“ [Leserbrief], in: AVZ, 17.06.1991

„Abriss des ‚Belgierbades‘ beginnt“, in: AVZ, 23.07.1991

„Anwohnern reicht es: Raser im Gillesbachtal“, in: AVZ, 23.10.1991

Büttgens, Bernd: „Jetzt protestieren die Anwohner“, in: AVZ, 22.01.1992

Sauerland, Dorothee: „Die wundersame Geschichte vom Burtscheider Loch“, in: AN, 24.09.1992

Leisten, Hans-Peter: „Keine Angst vorm Knall!“, in: AVZ, 17.11.1993

Simons, Ulrich: „Burtscheider Loch: Nächste Woche wird auch noch gesprengt“, AN, 17.11.1993

„Im Kurgebiet: Ein Lagerplatz für Baustoffe“, in: AN, 25.03.1994

„Das Burtscheider Loch ist endlich verschwunden“, in: AVZ, 05.04.1994

Bittmann, Hanns: „Licht am Ende des Tunnels: Neuer Weg in Burtscheids Tiefen“, in: AVZ, 20.05.1994

Simons, Ulrich: „Kanalbauer knackten die letzten Zentimeter“, in: AN, 20.05.1994

Klein, Hans-Dieter: „Kanalbaufirma meldet Konkurs an“, in: AN, 23.11.1994

Dux, Holger A.: „Ein Haus für gut 13 000 Mark“, in: AVZ, 15.09.1995

Czempas, Werner: „Ende für den Pappelwald“, in: AN, 21.07.1999

Leisten, Hans-Peter: „Des Häuslebauers Glück auf 52 Quadratmetern. ECA-Siedlung auf Beverau feiert 50-jähriges Bestehen“, in: AZ, 09.05.2003

Dux, Holger A.: „Gesicht einer historischen Siedlung erhalten“, in: AZ, 29.07.2003

Schmetz, Oliver: „Burtscheid: Klostermauer soll einer Häuserzeile weichen“, in: AZ, 06.01.2004

Dünnwald, Georg: „35 Wohneinheiten im Klostergarten“, in: AN, 18.12.2004

Sellung, Peter: „Kindergarten und 32 Wohnhäuser“, in: AZ, 18.01.2005

„Aachen-Burtscheid. Ein neues Wohngebiet entsteht: Klostergarten“, [Anzeigen] in: AN, 27.08.2005

Hautermans, Heiner: „Burtscheid: Ein Blick in den Klostergarten“, in: AN, 06.01.2006

Magazin AN/AZ, 26.04.2008

Hautermans, Heiner: „Bürger kämpfen gegen Bebauung auf der Beverau“; in: AN 01.07.2014

Ders.: „Proteststurm schon gegen den Vorentwurf“; in: AN, 02.08.2014

Ders.: „Um verlassenes Gut Branderhof entsteht ein Wohngebiet“, in: AN, 06.08.2014

Ders.: „Im Hintergrund geht es auch um das große Geld“; in: AN, 09.08.2014

„Ställe weichen einem Wohngebiet“, in: AZ, 10.10.2014

Leisten, Hans-Peter: „Furcht vor einer zu hohen Häuserfront“, in: AN, 01.05.2021

Delonge, Andrea: „Wer ist hier eigentlich gefragt worden?“, in: AN, 17.03.2022

dpa: „Ein neues Gesetz trotz vieler Proteste“, in: AN, 07.04.2022

Internetquellen:

Karrasch, Anja: „Traum vom sozialen Möbel“, taz-Archiv, 01.11.1997, https://taz.de/!1375321/ (letzter Zugriff: 01.07.2022)

„Frankfurter Küche bis heute – Küchen im Wandel der Zeit“, https://www.schoener-wohnen.de/einrichten/wohntrends/die-reformkueche--1928---bild-2_12611786-12635764.html (letzter Zugriff: 01.07.2022)

„Was war wann? Möbel der 30er Jahre“, https://www.was-war-wann.de/moebel/moebel_der_30er_jahre.html (letzter Zugriff: 01.07.2022)

„Der Einzug des Kinderzimmers im 20. Jahrhundert“, Portal Alltagskulturen im Rheinland https://alltagskulturen.lvr.de/de/themen/Kinderzimmer/LVR/lido/5654704683ec03.77803150 (letzter Zugriff 01.07.2022)

„Aachener Straßennamen in der NS-Zeit“, http://www.aachener-geschichtsverein.de/Online-Beitraege/aachener-strassennamen-in-der-ns-zeit (letzter Zugriff: 01.07.2022)

Schilling, René: „Körner Superstar“, Zeit online, 08.11.2013, https://www.zeit.de/zeitlaeufte/koerner/komplettansicht?utm_referrer=https%3A%2F%2Fwww.google.com%2F (letzter Zugriff: 01.07.2022)

https://de.wikipedia.org/wiki/Jesco_von_Puttkamer-_(Raumfahrtingenieur) (letzter Zugriff: 01.07.2022)

„Einrichtungsstil der 50er Jahre. Wohnen wie im Film-Hit ‚La La Land‘“, https://bellevue.nzz.ch/design-wohnen/einrichtungsstil-der-50er-jahre-so-wohnen-sie-wie-im-film-ld.143894 (letzter Zugriff: 01.07.2022)

„Wohnkultur der 70er Jahre“, https://www.schoener-wohnen.de/einrichten/wohntrends/wohnkultur-der-70er-jahre---bild-6_12623988-12636324.html (letzter Zugriff: 01.07.2022)

„Gilles. Sanierung und Ausbau eines Siedlungshauses aus den 30er Jahren“, https://www.homify.de/projekte/551944/gilles-sanierung-und-ausbau-eines-siedlungshauses-aus-den-30er-jahren (letzter Zugriff: 01.07.2022)

„Förderprogramm: Energiesparende Maßnahmen im Gebäude“, https://www.aachen.de/DE/stadt_buerger/energie/gebaeude_effizienz/altbau/index.html (letzter Zugriff: 01.07.2022)

Pop-Up Campus Zukunft Bau Fördern Forschen Entwickeln https://pop-up-campus.de/?tribe_events=in-den-heimgaerten (letzter Zugriff: 01.07.2022)

Sonstige Quellen:

Aachener Adressbücher der Jahrgänge 1925 bis 1976, z. T. online unter: https://digitale-sammlungen.ulb.uni-bonn.de/topic/view/6234664

Digitalisate Aachener Zeitungsbestände der Jahre 1925-1943: Aachener Anzeiger – Politisches Tageblatt (PT), Echo der Gegenwart (EdG), online unter: https://zeitpunkt.nrw

Interviews:

Interview mit Frau Maria Staerck (Anwohnerin) am 07.06.2021
Interview mit Frau Maria von den Driesch (Anwohnerin) am 16.06.2021
Interview mit Herrn Kurt Jünger (1926-2020) am 01.07.2009

Abb. 206: Blick in die Heimgärten (Anfang 1930er Jahre)

Abbildungsnachweise

Aachener Adressbuch 1926: Abb. 9

Aachener Bild- und Tonarchiv e.V.: 1, 7, 25, 50, 64, 66, 68, 76, 77, 79, 96, 97, 100-102, 126, 139-141, 145-151, 163, 166, 167, 192, 205

Gesellschaft Burtscheid für Geschichte und Gegenwart e.V.: Abb. 10, 49, 74, 127, 142

Medienhaus Aachen: Abb. 131, 161, 162, 168

Privatbesitz Familie von den Driesch: Abb. 22, 35, 39-41, 43, 62 , 65, 78, 84

Privatbesitz Familie Köhler-Hochstetter: Abb. 21, 32, 44, 46, 48, 61, 172, 195, 206

Privatbesitz Familie Löhrer: Abb. 90-92, 128,129, 154-156, 180

Privatbesitz Prof. Andreas Terstegge: Abb. 98, 99

Privatbesitz Alfred Reinartz: Abb. 82, 83, 119, 122, 173

Privatbesitz Karola Engels: Abb. 144

Privatbesitz Maria Staerck: Abb. 51, 81, 88

Privatbesitz Dr. Paul Schmarling: Abb. 12, 15, 16, 52, 63

Privatbesitz Lothar Kämmerling: Abb. 85-87, 153

Privatbesitz Daniel Lohmann: Stadtplan S. 12, Abb. 164, 171, 174, 181

Privatbesitz Bernd Willscheidt: Abb. 17, 69, 191

Sammlung Bimmermann: Abb. 123, 124

Sammlung Königs: Abb. 8

Stadt Aachen, Untere Denkmalbehörde: Abb. 18

Stadtarchiv Aachen: Abb. 11, 53, 56 , 58, 73

Abbildungen aus Zeitungen, Zeitschriften und Büchern:

Aus Zeitungen/Zeitschriften:

Abb. 34, 54, 59, 60: Echo der Gegenwart

Abb. 199: Politisches Tageblatt

Abb. 6: Aachen. Bilder und Berichte, 26 (1969), S. 45

Abb. 33: Städtisches Verkehrsamt (Hrsg.): Kur- und Verkehrszeitung Aachener Leben, 12. Juni 1938, Nr. 5

Abb. 134: Diesen Monat in Bad Aachen, Juli 1968, S. 45

Abb. 200: Städtisches Verkehrsamt (Hrsg.): Kur- und Verkehrszeitung Aachener Leben, 1938/39, 1

Abb. 203: Kur- und Werbeamt der Stadt Aachen (Hrsg.): Aachener Woche, Nr. 3, 16. bis 31. Mai 1949

Abb. 204: Kur- und Werbeamt der Stadt Aachen (Hrsg.): Aachener Woche, 23 , Veranstaltungsübersicht vom 1. bis 15. Nov. 1952

Aus Büchern:

Abb. 5, 13: Servais, Albert: Der Wohnungsbau in Aachen in den Jahren 1920-1927, hrsg. im Auftrage des Oberbürgermeisters Farwick, Aachen 1927, S. 27

Abb. 14, 20: Kerz, Philipp: Die Neue Stadtbaukunst – Aachen, Berlin/Leipzig/Wien 1928, S. 40

Abb. 104-105: Wodarz, Corinna: Unser Haushalt in den 50er und 60er Jahren, Gudensberg-Gleichen 2007, S. 7, 23

Abb. 106: Bosch GmbH (Hrsg.): Bosch Küchenmaschine Bedienungsanleitung Rezepte, Stuttgart 1958, S. 46

Abb. 107: Stadt Aachen (Hrsg.): Aachen. Eine Stadt an der Grenze baut auf, Monographien des Bauwesens, Folge 14, Stuttgart 1965, S. 131

Abb. 125: Stadt Aachen (Hg.): Aachen Planung Aufbau Fortschritt, Monographien des Bauwesens, Folge 29, Stuttgart 1965, S. 58

Abb.136, 152: Altenkrüger, Jan: Siedlung Branderhof Burtscheid, Große Studienarbeit Lehrgebiet Denkmalpflege, Prof. Dr. Ingeborg Schild, Stolberg-Dorff 1977, S. 16 und S. 60

Abb. 137: Heidtmann, Jan et. al.: Dinge, die es (so) nicht mehr gibt. Ein Album der Erinnerungen, München/London /New York 2015, S. 70f.

Abb.142: Altenkrüger, Jan: Siedlung Branderhof Burtscheid, Abschlußübung Seminar Denkmalpflege, Lehrgebiet Denkmalpflege, Prof. Dr. Ingeborg Schild, Aachen [1974]

Abb. 165: Huyskens, Albert (Hrsg.): Deutschlands Städtebau – Aachen, Berlin-Halensee 1928, S. 106

Abb. 198: Institut für Deutsche Kultur- und Wirtschaftspropaganda, Kreisleitung der NSDAP, Regierung und Stadtverwaltung (Hrsg.): Führer durch die Ausstellung „Schaffendes Grenzland“ Aachen vom 7. Oktober bis 16. Oktober 1938 im Neuen Kurhaus, Aachen 1938

Abb. 201: Hermanns, Will/Nikolaus Peren (Hrsg.): Der neue Führer durch Stadt und Bad Aachen mit vielen Bildern und Plänen, Aachen um 1940

Internet Abbildungen:

Abb. 57: CC BY-SA 3.0, Username: Denniss, https://commons.wikimedia.org/wiki/Volksempf%C3%A4nger?uselang=de#/media/File:Volksempfaenger_02_KMJ.jpg

Abb. 202: CC BY-SA 3.0, Username: SpreeTom, https://commons.wikimedia.org/w/index.php?curid=954219Von

Alle anderen Abbildungen und Dokumente sind Privatbesitz der Autorin und urheberrechtlich geschützt. Jede Verwertung außerhalb der Grenzen des Urheberrechts ist ohne Zustimmung der Rechteinhaberin unzulässig und strafbar.

Abkürzungen

Abb.	Abbildung
ABB	Aachen. Bilder und Berichte
AN	Aachener Nachrichten
Anm.	Anmerkung
AVZ	Aachener Volkszeitung
AZ	Aachener Zeitung
Bd.	Band
Bearb.	Bearbeiter/in
ders./dies.	derselbe/dieselbe(n)
Diss.	Dissertation
ebd.	ebenda
EdG	Echo der Gegenwart
et al.	et alii (und andere)
f.	folgende Seite
ff.	folgende, auf den nächsten Seiten
H.	Heft
Hrsg.	Herausgeber/in
hrsg.	herausgegeben
Jg.	Jahrgang
N. N.	nomen nesci (Name nicht bekannt)
o. J.	ohne Jahr
o. O.	ohne Ort
o. S.	ohne Seitenangabe
PT	Politisches Tageblatt
Red.	Redakteur/in
StAAc	Stadtarchiv Aachen
u.a.	unter anderem/und andere
vgl.	vergleiche
ZAGV	Zeitschrift des Aachener Geschichtsvereins
zit. n.	zitiert nach

Danksagung

Für Informationen, Anregungen und Hilfe bei den Vorbereitungsarbeiten zu diesem Buch ebenso wie für Material bin ich folgenden Personen und Institutionen zu herzlichem Dank verpflichtet:

Aachener Bild- und Tonarchiv e.V.
Anke Asfur (Lektorat)
Reiner Bimmermann
Sophie Buggert, Bezirksregierung Köln
Charlotte Deen (1933-2021), Libertyville/USA
Dieter Detiège
Claudia Ellenbeck, Untere Denkmalbehörde, Aachen
Gesellschaft Burtscheid für Geschichte und Gegenwart e.V.
Ursula Hahn, Sammlung Königs
Monika Krücken, Abteilungsleiterin Denkmalpflege und Stadtarchäologie, Aachen
Hans-Peter Leisten
Prof. Daniel Lohmann
Georg Mölich, LVR
Michael Prömpeler
Ulrich Schirbach, Medienhaus Aachen
Stefan Schorn
Mechthild Schulte (Korrektorat)
Rainer Tiedeken, Stadtarchiv Aachen

Mein ganz besonderer Dank gilt den „ehemaligen Nachbarn“, die geduldig meine Fragen beantwortet haben und/oder mir Fotos und Dokumente zur Verfügung stellten:

Holger Brauer
Marie-Luise Braune
Karola Engels
Dr. Thomas Goege
Ingeborg Haffert

Hans und Guido Hugot
Lothar Kämmerling
Familie Kessler
Familie Köhler-Hochstetter
Familie Löhrer
Herbert Mathissen
Alfred Reinartz
Dr. Paul Schmarling
Prof. Andreas Terstegge
Bernd Willscheidt

vor allem aber Frau Maria Staerck und Frau Maria von den Driesch für die aufschlussreichen Interviews, ohne die dieses Buch nicht zustande gekommen wäre.

Qualität für Menschen

Gefördert mit Mitteln des Landschaftsverbandes Rheinland

Impressum

Ludwina Forst
Siedlungs-Leben.
Von der „Siedlung Branderhof"
zum Denkmalbereich „In den Heimgärten"

© 2022

Verlag Mainz GmbH Aachen
www.verlag-mainz.de

ISBN: 978-3-8107-0370-5

Layout, Satz, Umschlagsgestaltung:
Annette Löhrer
www.mixture.de

Das Werk einschließlich aller seiner Teile ist urheberrechtlich geschützt. Jede Verwertung ist ohne Zustimmung unzulässig und strafbar.

Abb. 207: Blick in die Heimgärten (2022), Foto: Ludwina Forst